新・消費社会論

間々田孝夫・藤岡真之・水原俊博・寺島拓幸 著

有斐閣

まえがき

　缶ジュースに憧れていたが，高くてめったに飲ませてもらえなかった。ストローは英語の元の意味通りわらでできていた。冷蔵庫は木製・非電化で，大きな氷で冷やしていた。洋服は母親の手作り品を着ていた。テレビと写真は白黒だった。排気量360 ccの軽自動車をもっている向かいの家が金持ちに見えた。……著者（間々田）の幼少期，日本の高度経済成長が始まった頃の話である。

　それから20年そこそこで，生活は著しく豊かになり，このようなエピソードはあっという間に昔話になった。そして，「消費社会」という言葉が幅を利かせるようになった。

　消費社会，それは豊かな社会である。最近では，日本は貧しくなっているという議論が盛んだが，上記のような生活と比べれば格段に豊かであり，その豊かさは，少々不況が続く程度では揺らぎそうもない。

　しかし，豊かであるのなら，あえて『消費社会論』なる書物を書く必要があるのか，疑問に思う人も多いことだろう。豊かでないことを問題にする本，豊かになるための本というのならわかるが，豊かであるという幸福な事態を，なぜわざわざ問題にするのだろうか。

　その答えの一つは，どうすればより豊かで幸福な生活になるのか，現在，人々は方向性を見失いがちだからである。

　さらに豊かになるとは，ファストファッションの店で月に何度も買物し，着用しきれないほど多くの洋服をため込むことなのか。懸命にお金を稼いで（ためて），高級ブランド品や外国車を手に入れ，おしゃれな街を闊歩することなのか。はたまた，ネット空間に入り浸り，SNSとゲーム，マンガ，ネットショッピングなどに，一日のほとんどを費やすことなのか。……どれも少し違う気がするのではなかろうか。

　もう一つの答えは，消費社会が，あまり人の目に入らない陰の部分をたくさんかかえているからである。チョコレートやコーヒーの生産の多くが，発展途

上国の，児童を多く含む人々の，低賃金で不安定な労働（カカオとコーヒー豆の採取）に支えられている。豊かさの象徴である肉食は，飼料作物の栽培・輸送，汚物や廃棄物の処理などによって，二酸化炭素（CO_2）排出の大きな原因となり，地球温暖化を加速させている。

消費社会は，さまざまな問題をかかえ，下手をすると人類の生存さえ脅かしかねない危険性をはらんでいるのである。

このように，豊かだが先が見えず，魅力的だが危険な消費社会について，われわれはよく知らなければならない。消費社会でどのように暮らし，それをどのようなものにしていくかは，われわれの幸福にとって非常に大きな意味をもつはずだから。

本書は，このような消費社会について，日本ではじめて本格的に取り上げ，詳しく論じた『消費社会論』（2000）の実質的な改訂版である。

『消費社会論』は幸いにも6回の増刷を重ねたが，その間消費社会は世界中に大きく広がり，また先進諸国の消費社会は大きく変容して，旧著の記述には時代にそぐわない部分が目立つようになった。増刷のたびに細かい修正は加えてきたが，もはや大幅な改訂なしにはテキストとしての価値を保てなくなってきたのである。そのため，新たに三人の著者に加わっていただき，書名も『新・消費社会論』として，新たな著作として刊行することとした。

本書は，序章，第Ⅰ部の三つの章，第Ⅱ部の六つの章，そして終章から構成されている。

まず序章では，消費社会という言葉の意味，消費社会の基本的要素，消費社会の成立時期など，基礎的な事項について解説している。

第Ⅰ部は，消費社会の基本的構造について考察したもので，第1章では資本主義と消費社会の関係について論じた。第2章では，広告等の消費を煽ろうとする企業活動について，その効果を検討し，それらが消費社会においてどんな意味をもっているかを明らかにした。第3章では，消費社会で発生しているさまざまな問題について，とくに最近の状況もふまえながら解説した。

第Ⅱ部では，大きく変化している消費社会に注目し，どのように変化してきたか，またこれからどう変化するかについて考察した。

その中で，第4章では消費社会における人間性の変化について，社会全体と

の関連に注目しながら論じた。第5章では，消費の内容がこれからどのような方向に向かうかを，消費文化の三つのタイプを設定しつつ分析した。この三つの消費文化は，本書全体を通じて，消費社会の分析を進めるための新しい理論枠組みとなっている。

　第6章では，近年注目されている健康被害，災害，犯罪などのリスクの増大＝リスク社会化が，消費社会にどのような影響を及ぼすかについて検討した。第7章では，20世紀末以来急速に進行し，大きな注目を集めている情報化に注目し，情報化の進展と消費社会の関係について，さまざまな角度から論じた。第8章では，消費社会における消費者と環境問題の深い関わりについて説明し，消費を通じて環境問題を解決するための方向性について論じた。そして第9章では，環境問題ほか消費社会が生み出したさまざまな問題を解決し，持続可能な消費社会を実現しようとするさまざまな動きについて解説した。

　最後に終章では，それまでの論述をふまえ，結局消費社会とはどんなものであるかを再確認し，その上で，消費社会がどんな方向に向かっているか，その中でわれわれは何を考えるべきかについて論じて，全体のまとめとした。

　20年以上を経てからの改訂ということもあって，本書では旧著をベースとしながらも大幅に加筆・修正がなされている。第6章，第7章，第9章は新設の章であり，いずれも新たな著者によって書かれたものである。旧著第5章は全面的に書き直され，旧著第6章は第5章に統合された。他の各章にも多くの修正が施された。この改訂でようやく本書は現実に追いつき，消費社会に関する基本テキストとしての面目を維持できたのではないかと思う。

　本書では，実例を数多く盛りこみ，図や表も適宜用いて，とくに予備知識がなくても理解できるよう，平明な記述を心がけた。

　本書を通じて，消費社会について理解を深め，それを通じて，自己と社会を新たな視線で見つめ直していただければ幸いである。

2021年2月

著者を代表して

間々田　孝夫

目　　次

第Ⅱ部　消費社会の変動

第4章　消費社会の人間像————————————————81

第5章　消費文化のゆくえ————————————————103

著 者 紹 介

間々田　孝夫（ままだ　たかお）　　　　　　　【担当：序章〜第 5 章，第 8 章，終章】
　立教大学名誉教授
　主要著作：『消費社会のゆくえ──記号消費と脱物質主義』有斐閣，2005 年。『21 世紀の
　　消費──無謀，絶望，そして希望』ミネルヴァ書房，2016 年。『経済社会を考える──
　　消費・産業の様式とアンサンブル』（坂井素思と共著）放送大学教育振興会，2019 年。

藤岡　真之（ふじおか　まさゆき）　　　　　　　　　　　　　　　　【担当：第 6 章】
　弘前学院大学社会福祉学部准教授
　主要著作：『消費社会の変容と健康志向──脱物質主義と曖昧さ耐性』ハーベスト社，
　　2015 年。

水原　俊博（みずはら　としひろ）　　　　　　　　　　　　　　　　【担当：第 7 章】
　信州大学人文学部教授
　主要著作：「消費主義者の政治問題関心──私生活化の展開／からの転回？」間々田孝夫
　　編『消費社会の新潮流──ソーシャルな視点 リスクへの対処』立教大学出版会，53-66，
　　2015 年。「社会空間の複合化──社会的現実の選択的構成」『応用社会学研究』第 60 号，
　　147-153，2018 年。

寺島　拓幸（てらしま　たくゆき）　　　　　　　　　　　　　　　　【担当：第 9 章】
　文京学院大学人間学部准教授
　主要著作：『SPSS による多変量データ分析』東京図書，2018 年。「量的調査の企画と準
　　備」「社会調査における IT 活用」宮本和彦・梶原隆之・山村豊編『社会調査の基礎
　　（第 4 版）』弘文堂，38-45，195-208，2019 年。「グローバリゼーション」杉座秀親・石
　　川雅典・菊池真弓編『社会学と社会システム』弘文堂，215-228，2021 年。

序　章　消費社会への視点

店頭のビルトインコンロに目を輝かせる家族。第二次世界大戦のしばらくあと，ふつうの人々が消費に幸福を感じることができる，豊かな時代がやってきた（Adobe Stock 提供）

1 消費社会とは何か

消費社会という言葉

星の数ほどある，というのは大げさとしても，太陽系の惑星数よりだいぶ多いのが，「○○社会」という言葉である。

20世紀半ばまでは，資本主義社会，市民社会，階級社会，大衆社会，産業社会といった言葉がよく用いられたが，20世紀末以降の社会の変化につれ，脱工業社会，情報社会，知識社会，高齢社会，共生社会，リスク社会，格差社会などの言葉が加わった。「消費社会」もその一つである。

「○○社会」という形の言葉が使われる場合，○○には，社会の一部に見られる特徴，あるいは変化が示される。たとえば，「資本主義社会」というときの「資本主義」は，経済が資本主義という独特の仕組みで運営されることを示し，「高齢社会」というときの「高齢」とは社会全体で高齢者の比重が高くなることを意味している。○○は，あくまでも広い社会の一部に起こった現象を示すだけである。

しかし，その後に「社会」という言葉を続けることによって，その一部の現象がもっと大きな意味をもつことが示唆される。「○○社会」という言い方は，社会の一部に起きた現象でありながら，それが社会全体のあり方，動向と関わりをもっていることを示している。社会の一部を取り上げながら，それを手掛かりにして，社会全体を特徴づけるところが，これらの言葉の興味深いところである。

消費社会という言葉にも，このことが当てはまる。「消費」は，人間の行動の一つであり，社会の一部を構成するに過ぎないものである。しかし，現代ではそれが一部のことというだけではすまなくなり，社会全体のあり方，変化と結びついている。この言葉には，そういった含意が込められているのである。

それにしても，「消費社会」という言葉は，やや漠然とした印象を与えるものである。消費は人間が大昔から行なっていることであるから，この言葉が，文字どおり「消費が行なわれる社会」を意味するなら，現代社会について何も

語ったことにはならないであろう。

　しかし実際には，「消費社会」というときの「消費」は，ただ消費が行なわれているということを意味するものではない。表向きは示されていないが，暗黙のうちに，多くの人々が高い水準の消費を行ない，それに対して熱心であることが想定されている。

　消費が高水準で熱心に行なわれ，そのことが社会的に大きな意味をもつようになった社会，それが「消費社会」だといえるだろう。

言葉の由来

　消費社会という言葉は，1980年代以降，世界的によく用いられるようになった。

　英語では，この「消費社会」を示す言葉は，consumer society である（以下，本書では，消費社会と英語の consumer society が同内容を示すものと考える）。

　著名な経済学者 J. K. ガルブレイスは，1984年に出された『ゆたかな社会』の第4版序文で，

　　　「……消費がおしなべて文化的な基礎の上に立っていることについては，今では大部分の経済学者が同意するであろう。もっと広汎な人々は『消費者社会』（consumer society）を云々するに至っている。この言葉は，本書が書かれたころ（1958年）は普通に使われてはいなかった……」[Galbraith，(1958) 1984 = 1990: 12]

と述べている。

　実際には，1950年代にもすでに consumer society という言葉が使われた例があるが [Potter，1954: 175]，ガルブレイスのこの記述と，1960年代後半から1970年代にこの言葉を使った著書が散見されることから [Jones，1965; Hirst and Reekie（eds.)，1977]，英語圏では，1970年をはさむ何年かの間に，consumer society という言葉が一般化していったものと推測される[1]。

　そして1980年代以降，消費への関心が高まり，フランスの社会学者 J. ボードリヤールの著書『消費社会の神話と構造』[Baudrillard，1970 = 1979] が邦訳され，消費論がブームになった頃からは，とくにこの言葉がよく用いられるようになった。

現在日本では，専門の事典のみならず国語辞典でも取り上げられる用語となっている[2]。

　「消費社会」という言葉は，フランス語では société de consommation，ドイツ語では Konsumgesellschaft［Tanner et al., 1998］であり，日本語と共通して「消費」＋「社会」なのに，英語では「消費者」＋「社会」になっている。これは，おそらく語感の問題によるものであり，実質的な意味の違いはなさそうである。逆に日本語では，「消費者社会」はいかにも語呂が悪い。

消費社会の 3 要素

　語源をせんさくするのはここまでとして，これから，消費社会とはどんなものか，もっと詳しく考えてみることにしよう。

　何と何の要素が含まれれば，その社会は消費社会といえるのだろうか。

　まず，消費社会とは，先に述べたように高い水準の消費が行なわれる社会でなければならない。

　ここで高い水準というのは，健康と安全をようやく維持しうる程度の慎ましい生活を超えた，余裕のある生活が実現していて，ある程度の便利さ，楽しさ，ぜいたくなどが可能となる水準ということである。

　そしてその水準は，狭い範囲ではなく広い範囲で達成されたものでなければならない。一部の人がぜいたくな生活をしているというだけなら，美食に明け暮れた古代ローマ帝国，貴族たちが華麗な装束に身を包み，風雅な暮らしを送った日本の平安時代などにも見られた現象である。しかし，消費社会という言葉には，幅広く一般庶民まで含めて豊かな生活を送っている，というニュアンスが含まれている。アメリカの経済心理学者 G. カトーナは大衆消費社会という言葉を使ったが，消費社会はまさにこの大衆消費社会でなければならない。

　このように広範に豊かな生活が営まれることから，消費社会での合計の消費量はこれまでになかったほど巨大なものになる。消費社会は，「大量」消費社会という意味合いももっているのである。

　以上は，消費社会の「外面」に注目したのだが，そこに生きる人間の「内面」に注目すると，消費社会では，人々が消費に対してこれまでになく熱心になる，という特徴が見られる。人々は消費に強い関心をもち，高い価値をおい

ているのである。

　消費という行為は，歴史上多くの場合，ほとんど意識されない「地味」な日常の行為として行なわれた。食事は毎日似たような内容で，とくにおいしいものを食べるわけでもなく，衣類は少数の服を繰り返し着るだけ，ファッションは存在せず，レジャーや趣味のための消費も日常的には行なわれない，淡々とした消費生活がほとんどだったのである。そこでは，消費は人々の関心を引くことではなく，楽しみなどではありえなかった。

　しかし，消費社会における消費生活はそれと正反対である。消費社会では，人々の欲望は大きくふくらんで，次に何を買おうかと買物に対する強い関心をもち，消費の過程では存分に楽しみ，人によっては，消費を生きがいや自分のアイデンティティを保つ手段にさえする。消費は常に意識にのぼる重要な行為であり，生活全体の中で大きなウエイトを占める事柄になるのである。

　以上で消費社会における「消費」の意味が明らかになってきたが，これだけではまだ消費社会とはいえない。これまでのところは，ただ消費そのもののあり方について述べただけである。消費「社会」と称するからには，以上のような消費がさまざまな形で社会と関係することにも言及しなければならない。

　消費に対する強い関心と高い水準の消費は，人類がこれまで経験したことのないものであり，人間，文化，社会，自然に対してさまざまな影響を与えた。

　消費社会は，それを実現するために，行政，生産現場，輸送，流通などの分野で，それに見合ったさまざまな制度や仕組みを必要とするようになった。

　また，消費社会はさまざまな問題をもたらしてきた。たとえば，消費に熱中して仕事を嫌がる人間と，逆に消費のために働き過ぎる人間を作り出し，買物でカード破産する人を激増させた。また，先進国の華やかな消費の陰で，発展途上国の誰かに犠牲を強い，大量の消費によって深刻な環境問題を引き起こしてきた。

　社会の変化は，そういった個別の問題にとどまらない。これまでの社会では，長い間貧困や欠乏が通常の状態だったが，豊かさが通常の状態になると，社会の仕組みが大きく変わって，これまでの常識が通用しない新しいタイプの社会になったように思われる。

　このように，消費社会はただ人々が楽しく買物をし，消費生活が豊かになる

表 序-1　消費社会の 3 要素とその具体的内容

物質的要素	大衆的規模での生活水準の向上（貧困でない生活の実現） 工場で大量生産された消費財の普及 耐久消費財，とくに機械製品の普及 サービス消費とレジャー消費の増大 消費財の機能とデザインの多様化
精神的要素	消費および消費財に対する強い関心 物質的欲望を肯定する態度 新しい機能や機能の改良を追求する態度 消費財を他人と自分の格付けや特徴付けに用いようとする傾向 流行を追い求め，それに沿わないことを恥ずかしく思う風潮
社会的要素	大量生産および大量販売のシステムの確立 マーケティング諸手段の発達 消費者信用の発達と支払手段の多様化 私的消費と公的消費のアンバランス 消費者問題の発生と消費者運動の展開 消費の階層格差 消費を通じたグローバルな社会問題の発生（発展途上国への影響，地球規模の環境問題など）

（出所）　筆者作成。

社会であるだけでなく，人々の内面と，人々が生きる社会のさまざまな変化をともなっている。

　それを整理すると，消費社会は外面的には高い水準の消費，内面的には人々の消費への強い関心，社会的にはさまざまな社会の仕組みや社会的影響という三つの要素を含んだものといえるだろう。筆者（間々田）は，それらを順に「物質的要素」「精神的要素」「社会的要素」と呼んでいる。表 序-1 は，これら三つの要素と，その内容として考えられる基本的な特徴をまとめたものである。これら三つの要素が揃った社会こそが，「消費社会」といえるのである。

消費社会の定義

　これら 3 要素を含めると，消費社会には，

　　「人々が消費に対して強い関心をもち，高い水準の消費が行なわれており，それにともなってさまざまな社会的変化が生じるような社会である」

という定義を与えることが適当であろう。

　定義というものは，論理学的にはあるものXをXでないものと区別するための最低限の条件を示せばよいのであり，その意味では，上記の定義の中では「高い水準の消費が行なわれる社会」というだけでも，大体の用は足りる。しかし，社会科学上用語を定義する場合は，それに加えてXの重要な性質を示したり，Xを扱う視点を示したりするほうがわかりやすいので，上記の定義では，さらに二つの要素を加えたのである。

　消費社会という言葉は，自然発生的に用いられてきた言葉ではあるが，これまでにいくつかの定義も試みられてきた。たとえば，P. エイキンズは，

　　「消費社会（consumer society）は，ますます多く，かつ多様な財・サービスを所有し，あるいは使用することを第1に目指すような文化となり，それを目指すことが個人の幸福や社会的地位，国家の成功への最も確実な道と見なされるような社会である」[Ekins, 1991: 245]

と述べており，精神的要素と物質的要素には触れている。しかし社会的要素についてはあいまいである。また，N. R. グッドウィンは，この定義を検討した後，結果的にはほぼ同様のとらえ方に帰着している [Goodwin, 1995: 3][3]。

　また，消費社会の語義は，国語辞典『大辞林』（第4版）では，

　　「高度に産業が発達し，生理的欲求を満たすための消費ばかりでなく，文化的・社会的要求を満たすための消費が広範に行われるような社会」

となっているが，これも物質的要素と精神的要素に注目したものである。

　しかし，筆者は「消費社会」という言葉で「社会」を強調するからには，社会的要素を含めたほうが，よりはっきりと消費社会の特徴を示せると考えているのである。

消費主義と消費文化

　以上のように「消費社会」をとらえると，それと並んでしばしば用いられる「消費主義」「消費文化」という言葉の意味も，自然と明らかになる。

　まず「消費主義」（consumerism）とは，

　　「人生の意味が，物を買ったり，予めセットされたサービスを経験することに見出されるようなイデオロギー」[Bocock, 1993: 50]

「消費財の獲得に熱中するような社会的傾向」[Pearsall, (ed.), 1998: 394]
といった定義に見られるように，これまで論じた，消費に強い関心をもつような人々の精神的傾向を意味する言葉である。従来，日常生活の中でほとんど意識にのぼらなかった消費という行為が，目標，欲望，憧れの対象などになり，その水準を上昇させることが積極的に追求されるようになった時，そのような意識や行動のあり方を，消費主義と呼ぶのである。

　日本語では，「主義」という表現のもつおおげさなニュアンスから，「消費主義」という言葉はそれほど普及していないが，英語では，メンタリティー，人生観程度の意味でも〜ism と表現することから，consumerism という言葉がしばしば用いられている[4]。

　一方「消費文化」(consumer culture) という言葉は，消費主義が広がるとともに出現した，文化のあり方を示すものといえる。

　著書『消費文化』の中で，C. リューリは「物質文化」(material culture) と「消費文化」を区別し，物質文化は，消費や物の使用のあり方一般を示すもの，消費文化のほうは，20 世紀後半に欧米社会に現われた特殊な文化を意味するものと考えている [Lury, 1996: 1, 29-36]。

　消費は，人間の生活する所ではどこでも必ず行なわれていることから，消費文化という言葉は，どんな時代，どんな社会にも存在する一般的な「消費に関する文化」という意味で用いられることがある。しかし筆者も，リューリと同じく，専門用語としては，現代の消費社会に固有の文化を意味するべきだと考えている。その内容としてはさまざまなものが含まれうるが，一般的に定義するならば次のようなものとなるだろう。

　　「消費社会にみられる，消費をめぐっての価値観，行動様式，事物のあり
　　方などで，消費者のみならず生産者にも広く共有されている文化的パター
　　ン」[間々田，2007: 6]。

消費社会研究の課題

　消費という現象は，いわゆる「学際的」な研究テーマの代表といえ，これまでさまざまな学問分野が触手を伸ばしてきた。最も関連の深い経済学のほか，社会政策論，経営学，心理学，社会学，歴史学，考古学，文化人類学，民俗学，

家政学など，研究対象の一つとして消費を取り上げる学問分野は数多い。

　その中で，社会学の消費研究は，消費という行為だけに関心を寄せるのではなく，消費行為と文化や社会との関わりに関心をもつ点に特徴がある。

　たとえば，自動車の消費を扱うとすれば，一方では通勤圏の拡大，外国映画等メディアの影響，大規模な広告・宣伝などの社会的条件と自動車の普及との関連を調べ，他方では，自動車の普及による生活の変化，都市形態の変化，環境問題の発生などの社会的影響を問題にすることになる。また，ダイエットのための消費を分析するときには，文化の変容や女性への役割期待の変化など，ダイエットの社会的背景を探り，ダイエットがどの程度普及し，食事やレジャー，生活態度，対人関係など人々の生活にどれだけの影響を与えているかを調べようとする。

　本書は，全体としての消費社会を分析しようとするものであり，このような個別のテーマを扱うものではないが，これらと同じく，消費のあり方自体ではなく，消費と文化，社会との関係に焦点を当てる点では共通している。

　これまで述べてきたように，消費社会とは，単に大量で高度の消費を行なう社会を意味するものではない。大量で高度の消費と，それに関係する文化，社会のあり方を含めた全体が消費社会である。そのとらえ方を具体化したのが，上記の３要素，つまり物質的要素，精神的要素，社会的要素なのである。

　消費社会の研究とは，これら３要素を合わせて分析するものであり，消費のあり方が文化，社会とどのように関連し合って，消費社会を形作っているかを明らかにするものといえるだろう。

　より具体的には，どのような背景やメカニズムによって，消費社会の大量で高度な消費が実現し，またその後変容していくのか，そういった消費の変化が，人間や社会，文化，さらには自然環境に対してどのような影響を与えているのか，といったことを分析するのである。

　本書では，このような分析を通じて，現代の消費社会が人間にとってどのような意味をもち，これからどのような方向に変化するかを解明していきたいと思う。

2　消費社会の成立と展開

消費社会の原イメージ——1950年代アメリカ

　消費社会はいつからこの世界に出現したのだろうか。

　その具体的イメージを歴史の中に求めようとすると，多くの人が思い当たるのが，1950年代のアメリカである。この時代，アメリカは他を引き離し世界第1位の経済大国となった。好調な経済のもと，大衆的規模で高い所得水準を実現し，満たされた衣・食・住，自家用車や家庭電化製品によって自動化された便利な生活，スポーツ，旅行，趣味などにもお金をかけることができる豊かな生活を謳歌していた。

　「"アフルエンス"は，単なるプロスペリティ（繁栄）よりもずっと強い意味をもっていた。それは一般大衆が，これまで金持ちのぜいたくと見られてきたものを買うことができるようになったことを示している。自動車やテレビセットはどの階級でもふつうのものとなった。労働を節約する機械，たとえば真空掃除機，電気冷蔵庫，電気洗濯機も一般化した。労働節約は，ラウンドレッド（セルフクリーニング店）や，ますます種類の増えるカン詰めや冷凍食品を売るスーパーマーケットをはやらせた。労働節約は，人々が以前よりお金を持つようになったと同時に，もっとひまな時間を持つようになったことを意味する。そして，娯楽がブームとなった。カフェ・バー，レストラン，ビンゴ・ホール，ボーリング場，ミュージカル・ショーが人々を集めた。ポピュラー音楽の愛好は，レコードやトランジスター・ラジオ，テープ・レコーダーを大量に売れるものにした」［海野，1989: 94-95］[5]。

　ちなみにこの時点（1960年頃）で，アメリカの全世帯のうち，自家用車の普及率は75%であり，電気冷蔵庫は90%，洗濯機は73%，掃除機は同じく73%，テレビは87%，水洗トイレは87%に達していた［Lebergott, 1993: 102-37］。家庭の基本的な機械化がすでに完了に近づいていたのである。

　このようなアメリカ消費社会は，現代日本の高年齢層には，かつてのアメリカン・ホームドラマの世界としておなじみであるし，中年層以下の年齢でも，

レンタルビデオ店の名画コーナーにある『理由なき反抗』『ティファニーで朝食を』『アメリカン・グラフィティ』などの映画から，イメージをつかむことができるだろう。

　貧困層の問題は残っていたものの，GDP（国内総生産）の圧倒的な高さと，豊かな生活を営む人口の比率からいって，おそらく世界史上空前の繁栄を誇っていたのが，この時代のアメリカであった。この繁栄は，アメリカの研究者自身によっても，先に示したように「ゆたかな社会」（ガルブレイス），「大衆消費社会」（カトーナ）と呼ばれ，かつてない高水準の消費が実現した時代として自覚された。

　このような消費生活を支えるために，工場は大量生産システムを確立し，流通は合理化され，スーパーマーケットやショッピングセンターが至るところに見られるようになった。広告やマーケティング活動は目覚ましく発達し，決済手段としてクレジットカードの普及もますます進んだ。大量消費を支えるさまざまな仕組みが出来上がっていった。

　しかしその一方で，浪費的な消費が目立ち始め，消費者問題が頻発し，公共消費（公園，公共施設，社会福祉など）と私的消費のアンバランスが指摘されるようになったのもこの時期であった［Galbraith，（1958）1984＝1990: 305-24］。さらに，1960 年代に入ると，公害問題や環境問題が顕在化し，消費主義的生活様式から離脱しようとする「カウンターカルチャー」運動の活発化も見られた［Shi，1985＝1987: 355-75］。消費社会の負の側面が注目され始めたのも，この頃だったのである。

　今日でも発展途上国のモデルとなっているような「豊かな消費生活」を，この時期のアメリカがほぼ実現したこと，それ以後も消費社会的な現象が持続・拡大していったこと，それ以前は第2次世界大戦をはさんで，大不況と戦争の時代であったこと，西欧諸国と日本もほぼ 10〜20 年の遅れでアメリカ的消費様式に近づいていったこと，などを考え合わせると，アメリカの 1950 年代〜60 年代前半を消費社会の成立時期とするのは，一つの自然な考え方であろう。

1920年代の繁栄？

　しかし，時代をもっとさかのぼることもできる。

　アメリカの経済学者 W. W. ロストウは，先に述べたように「高度大衆消費時代」という言葉を作り，それを経済発展の一つの段階と見なしたが，彼がそれを最も早い時期に実現したと考えたのが，1920年代のアメリカであった。ロストウは，自動車の爆発的な普及，著しい都市化と郊外生活化，家庭電化製品の普及などを根拠に，この時期に大衆消費時代が到来したと考えたのである [Rostow, 1960 = 1961: 15-16]。これにならって，この時期を消費文化の開花期，あるいは消費社会のはじめと考える者は少なくない [長沼・新川, 1991: 22-25；高田, 1994: 518-20]。

　たしかに，第1次世界大戦後のアメリカが，かつてない繁栄の時代を迎えたことは世界史の常識であるし，この時期，目覚ましい消費生活の変化が生じたことも事実である [Allen, 1931 = 1986: 158-226]。

　とくにこの時期のアメリカでは，自動車が爆発的に普及し，1930年時点で世帯普及率60%という，驚くべき数値が得られている [Lebergott, 1993: 130]。

　しかし，自動車以外の家庭電化製品は，まだこの時期には普及の途上であり，自動車と並んで消費社会を象徴するテレビは，まだ発明されてもいない。また，チェーンストアの発達はあったものの [Boorstin, 1973 = 1976: 131-34]，スーパーマーケットの出現は1930年代の出来事であった [Zimmerman, 1955 = 1962: 18-88]。

　消費的な価値観は，たしかに大都市を中心に広がっていっただろうが，禁酒法が施行され（1919年10月），大混乱を引き起こしたことに象徴されるように，この時代は，むしろプロテスタント的な禁欲倫理と消費主義的倫理の葛藤期と見なすべきであり，消費主義が十分広がっていたとは考えられない。社会階層の面でも，豊かな階層が出現した一方，貧困層がまだまだ多く存在していた。

　さらに，消費水準が上昇したとはいえ，消費者問題，環境問題の発生，公共財の不足など，消費社会的社会状況が十分認識された形跡はなく，消費の拡大が社会の諸分野にはっきりした影響を及ぼしたとはいいがたいようである。

19世紀以前の消費社会

消費社会の成立期を，もっとずっと以前に求める考え方もある。

20世紀末以来，欧米では消費生活の歴史学的研究が盛んになり，消費文化ないし消費社会の起源はいつかという問題が盛んに議論されてきた。

その中で，R. H. ウィリアムズは，『夢の消費革命』［Williams, 1982 = 1996］において，19世紀後半から第1次世界大戦までのフランスで「消費革命」，つまり大量消費時代への移行が生じたと論じた。この時期，万国博覧会の開催，デパートの出現，映画の普及などによって，人々は消費への憧れと関心を植えつけられ，また工業技術の発展とともに，生存に必要なレベルを超えた消費が，大衆的規模で可能になったと考えられている。

『消費社会の誕生』を著したN. マッケンドリックら［McKendrick et al., 1982］は，18世紀のイギリスにおいて，（服装の）ファッションが年々変化する傾向が現われたこと，陶器（ウェッジウッド等）の消費ブームが起こったこと，新聞広告の発達が見られたことなどから，産業革命と並んで「消費革命」が生じていたと考えた。

J. サースクは，17世紀のイギリスで，すでにさまざまな工業製品（編み靴下，安い陶器，リボンなど）が大衆向けに生産され，産業革命以前に広範囲な大衆消費市場が成立していたことを示した［Thirsk, 1978 = 1984］。

G. マクラッケンは，16世紀末，エリザベスⅠ世時代のイギリスで「壮観な消費ブーム」が起こり，伝統的な消費スタイルから，新奇さと個人の自己顕示を求める消費へと大きな変化が生じたことを指摘している［McCracken, 1988 = 1990］。

以上のように消費財や消費行動の実態を中心に分析するのではなく，消費者の精神的なあり方に目を向ける研究もある。

C. ムカージーは，ヨーロッパでは産業革命と資本主義の発展に先行して消費主義的文化が発生しており，M. ウェーバーが禁欲的倫理を身につけていると想定したプロテスタントの間にさえ，消費主義的要素が発見できると主張した［Mukerji, 1983］。

C. キャンベルは，近代産業社会はウェーバーが示した禁欲的職業倫理だけでなく，消費主義的な倫理が成立したからこそ発展できたと主張した

［Campbell, 1983］。そして，職業倫理の源がプロテスタンティズムだとすれば，消費主義の源は，18世紀末から19世紀にかけて盛んになったロマン主義の思想運動だと考えた［Campbell, 1987］。

このように，消費社会の発達史に関する研究は，さまざまな事実を明らかにしており，大衆消費市場の発達や消費主義的な生活様式が，予想外に古い歴史をもっていることを教えてくれる。

しかしながら，第1節で定義した意味での消費社会を考えるならば，これらの歴史的研究からは，16〜19世紀の西欧近代社会で，消費社会の要素が次々に出現してきたことがわかるに過ぎない。消費拡大は，まだ社会全体ではなく限られた社会階層の間でしか生じていなかったし，消費主義的価値観は，とうてい国民的規模で広がっているとはいえなかった。

彼らの研究は労多く有意義なものではあるが，消費社会の成立ではなく，消費社会に至る過程で，一部の社会階層に消費文化が広がったことを明らかにしたものと考えるべきだろう。

20世紀末の変容

他方これとは対照的に，消費社会という言葉がごく最近の社会を示すと考えられる場合もある。

　「消費社会とは，このような高度な生産段階に達した産業システムにおいて，モノ＝商品の体系の膨張と欲求の流れの多様化の波が次々にまき起こしていく状況をさしていうことが多い。この過剰なモノと欲求の氾濫する局面は，従来の機能的な必要という意味・感覚を超え，モードの論理に従って生起する，新しい遊び的な意味・感覚の世界を導き入れている」［内田, 1993］という記述が示すように，ここでは，大量生産された消費財が，不可欠な日用品とか便利な道具となる段階を過ぎ，目的のはっきりしない，遊びの要素が強い消費にシフトしていく時代が想定されている。具体的にいえば，次から次へと目先だけを変えた新製品が登場し，中身は同じでデザインだけ違うような商品が何十種類も出回り，余分な装飾や強烈な彩色がたっぷり施された品物が増え，商品がいやというほど何重にも包装されるような，そんな社会が消費社会だと考えられている。

仮に機能的な変化，たとえば冷蔵庫の製氷器の改良などがあったとしても，それはあまり重要でない，目先を変えるための改良に過ぎず，本当に重要な機能はもはや行き着くところまで行き着いていると考えられるのである（第5章第2節を参照）。

　このような消費がはっきり現われたと思われるのは，1950年代アメリカからもう少し時代を下り，消費水準がさらに上昇して質的に成熟（あるいは爛熟）していった時期であった。日本でいえば，製品差別化がマーケティング戦略として重視され，画一的大量生産から多品種少量生産へ重点が移ったといわれる時期がそれに当たる。その年代を特定しようとすれば，1970年代後半ないし80年代以降ということになろう。

　消費社会という言葉を，1950年代，60年代のような大量生産的な時期ではなく，むしろその後の，商品が多品種化し消費のシンボリックな側面が強まった時期に当てはめようとする見解は，とくに日本でよく見られるものである［堤，1996: 122-32］。

　しかし，消費社会をこのような時期に限定することが適当なのかどうか，このような時期とそれまでの消費社会がどう違うのかについては，慎重な検討が必要である。

消費社会化の道程

　以上，消費社会の成立時期についてはさまざまな考え方があるが，筆者自身は，ほぼ1950年代から60年代にかけて欧米先進国および日本で成立し，その後各国に広がってきたとするのが適当だと考えている。そしてこれは，イギリスの研究者たちの見方にも近いものである［Bocock, 1993: 21；Corrigan, 1997: 2］。

　筆者がそう考えるのは，この時期に，前節で定義したような3要素がほぼ出揃ったと考えられるからである。前節の表序-1では，それら3要素について，具体的な内容と考えられるものを示しておいた。それらは，個別に見るとおおむねこの時代に広く普及，あるいは定着し，社会の大勢となったと考えられる。それに対して，それ以前の時代には，これらはまだ存在していないか，一部の社会階層の間にしか普及，定着していなかったと考えられる。

ただし，この時期を成立時期と考えるからといって，消費社会がこの時期に一気に成立したとは考えないほうがいい。一般に，時期を区分する際には，法律の制定とか政治的な大きな変化を区切り目に用いることが多いのだが，この時期は，そのようなはっきりした区切り目となるものではない。

消費社会は，政治ではなく経済・社会・文化の変化であるだけに，ゆるやかに変化を続け，長く続く「消費社会化」のプロセスの中で形成されてきたものである。消費社会に向かう流れは，さかのぼれば近代のはじめに生じ，その後さまざまな変化がゆっくりと続き，産業革命を経て20世紀以降しだいに動きを速めていった。そして，この1950年代から60年代には，その動きがとくに急速だったのである。

ただし，動きはそこで止まったわけではない。その後もなお消費社会は変化し続けていることを，しっかり頭に入れておく必要がある。

課　題

1. 自分自身が，どの程度消費社会の精神的要素をもっているかを，表序-1に基づいて考えてみよう。
2. 親戚，知り合いの高齢者に話を聴き，1960年代後半の日本で，どの程度消費社会化が進んでいたかを確認してみよう。

注●────────────

1) なお，これに類似した言葉として，ロストウは「高度大衆消費時代」(high mass consumption age) という言葉を用い [Rostow, 1960]，カトーナは『大衆消費社会』(*The Mass Consumption Society*) という著作を残している [Katona, 1964 = 1966]。日本では，この「大衆消費社会」がよく使われたが，1970年代以降，しだいに消費社会という言葉が用いられるようになった。また，D. J. ブーアスティンの著作『アメリカ人』の中に登場する consumption communities という言葉が，「消費社会」と訳されたこともあった [Boorstin, 1973 = 1976 (上)：109]。

2) 専門の事（辞）典では，『新社会学辞典』(有斐閣)，『福祉社会事典』(弘文堂)，国語辞典では，『広辞苑』(岩波書店)，『大辞林』(三省堂) などで取り上げられている。また，英語では *The New Oxford Dictionary of English* (Oxford University Press) に記載されている。国語辞典で「消費社会」という言葉が取り上げられたのは，おそらく松村明・三省堂編修所編『大辞林』の初版 (三省堂, 1988) がはじめてである。

3) なお，その後も consumer society のとらえ方や定義について，英語圏ではとくに新しい動きはないようである。*Encyclopedia of Consumption & Consumer Studies*，とくに Consumer Society の項を参照されたい [Cook and Ryan (eds.), 2015: 145-50]。

4) consumerism は，日本語では「消費者中心主義」とか「消費者運動」と訳されることが多い。英

16

語では，まず前者の意味で用いられ，その後後者の意味でも用いられるようになったようである。なお，第2次世界大戦前には，後者の意味での consumerism とほぼ同様の意味内容が，consumptionism という言葉で表わされたこともあった［Leach, 1993: 266-69］。

5) 以下の文章は，ナサニエル・ハリス『四〇年代と五〇年代』からの引用であるが，原典が入手できなかったので，海野氏の著作からそのまま再引用させていただいた。

第 I 部

消費社会の基本構造

第1章　現代資本主義と消費社会

消費社会は資本主義経済のもとで発展し，どこでも似たような商品と，その販売方法を普及させていく。北京のショッピングセンターにて（撮影：間々田孝夫）

1 消費社会を実現したもの

資本主義への注目

　現代日本に住む多くの人々は，にぎやかで華やかな消費社会に生き，安楽で便利な生活を享受している。しかしこのような社会は，歴史の発展のある段階において，一定の条件のもとでのみ成立しうる社会であり，それが実現したのは，人類の歴史上ごく最近のことである。

　それでは，消費社会となるための一定の条件とはいったい何だろうか。どんな社会的メカニズムが，今日のような消費社会を実現したのだろうか。

　消費社会が実現するための条件，とくにその社会的メカニズムを考える時，真っ先に思いつくのは「資本主義」であろう。なぜなら，現在高度な消費社会を実現している国々は，共通して，私的所有権を認め，市場を中心に経済を運営する資本主義の経済体制をとっているからである。

　近年消費社会の仲間入りを果たしつつある中国や，それを目指すベトナムは社会主義を標榜しているが，こと経済面についていえば，大幅に資本主義的要素を強めている。従来の社会主義諸国は消費社会の到来を待たずして崩壊したし，それ以前の封建社会や絶対主義体制は消費社会とはほど遠いものであった。

　それゆえ，市場経済を旨とする資本主義こそ，豊かな消費社会を実現できる唯一の経済体制だ，という主張は説得力の強いものであろう。

　とはいえ，長い資本主義の歴史の中で，そのような見方が定着したのは，意外に最近のことである。むしろ，長い間これとは反対の見方が有力であった。

　若い世代にはもうほとんど知られていないことだが，最近まで，資本主義は人々を窮乏化させ，貧困層を大量に生みだし，社会的緊張をもたらし，自壊してしまう経済体制だと考えられていた。すべての人がそう考えたわけではないが，K.マルクスの影響を受けた経済学者，社会学者は，19世紀後半以来，基本的にそう考え続けてきた。

　しかし現実には，資本主義経済は激しい景気変動をともないつつも拡大していき，第2次世界大戦後にはとくに安定的な発展を示し，消費社会を実現して

しまった。窮乏と貧困の予想はすっかり外れたのである。

　今なお，資本主義国は貧困を絶滅できておらず，近年では所得格差が拡大しているし，のちに述べるように，先進資本主義国が発展途上国の貧困と引換えに豊かさを確保しているという面もある。しかし全体としては，資本主義経済が広範な大衆に至るまで幅広い所得水準の上昇をもたらし，豊かな消費社会を実現したということは疑えないであろう。

資本主義の不安定性

　しかし，ここで理解しておくべきことは，資本主義は，市場経済の基本的な仕組みだけで豊かさをもたらすことはできない，ということである。資本主義にとって，市場はなくてはならない中心的要素であるが，市場での経済活動を自由にするだけで，豊かな消費社会を実現することはできないのである。

　資本主義経済は，その発展過程で産業革命による工業化を実現し，莫大な生産能力をもつに至った。しかし，資本主義は供給を増大させるメカニズムは備えているものの，それに見合った需要を増大させるメカニズムは不備であり，それゆえ常に供給過剰になる危険性をはらんでいる。19世紀以来，このことは資本主義に大きな不安定性をもたらすと考えられてきた［熊谷，1980: 553］。

　資本主義経済には景気変動の波があり，好況の波に乗ったときは需給のバランスがとれ，供給不足になることもあるが，不況は必ず周期的にやってきたし，いったん不況になると供給過剰に陥り，しばしば深刻な恐慌や長い不況に悩まされた。その結果，一般国民の生活は必ずしも安定的に豊かになってはいかなかった。

　このように需給のアンバランスを構造的にかかえた資本主義は，市場で不足する需要を人為的に作り出すためのさまざまな方策を動員しながら存続してきた。

　一つの方策は外部に市場を広げることであった。国内市場で売りさばけない生産物を国外に輸出し，あるいは国内の余った資本を輸出して国外に投資し，国内の需要不足を補うのである。

　こういったことは，現在ますます活発に行なわれているが，かつては，経済進出のみならず軍事的進出をともない，アジア・アフリカ等への軍事的進出と

植民地化が進められた[1]。このような資本主義のあり方は「帝国主義」と呼ばれ，のちに強く非難されることになった。

軍事支出も需要創出の役割を果たしてきた。実際に戦争を行なう場合はもちろん，戦争に備えて軍備を増強する場合も含めて，軍事支出は規模が大きく，関連諸産業への幅広い需要をもたらす。たとえば，第2次世界大戦前，ドイツは，ヒトラー政権の軍備拡大政策によって長い不況から脱出した［木村他，1997: 321-22］。またアメリカは，第2次世界大戦にともなう軍需生産により，不況を克服したばかりでなく大幅な経済成長を実現し［油井・古田，1998: 72-77］，その後も一貫して大きな軍事産業の需要に支えられた［Galbraith，1967 = 1968: 265-67］。

資本主義を補完するシステム

しかしながら，これらの方策はとかく摩擦を生みがちで，戦争につながる危険性も大きく，それだけで資本主義経済を安定させることはできなかった。

そこで，より平和的で長期的に資本主義を安定させる方策として採用されたのが，政府の財政支出によって公共投資を増やし，需要を喚起しようとする政策（いわゆるケインズ政策）であった。政府が財政支出を通じて，道路建設，港湾整備，工業用地造成，上下水道整備などの事業に投資すると，それに関連して膨大な需要が発生し，景気を押し上げると考えられたのである［Keynes，1936 = 1995］。

公共投資は，政府の支出増大により景気を回復させ（あるいは景気を下支えし），それを通じて国民の所得水準と消費を上昇させるものであったが，もっと直接に国民の所得を支え，消費水準を高める方策も存在した。累進課税や社会保障を通じた所得再分配，失業対策事業による雇用維持政策，企業の平等主義的な賃金分配の仕組みなどは，一般消費者の所得を高め，消費支出を拡大させる役割を果たした[2]。

このような諸政策がとられるにつれ，第2次世界大戦後の資本主義経済は安定軌道に乗った。景気の波はあるものの，大恐慌を経験せず，好況の期間が長くなり，平均的にはそれまでと比べて格段に高い経済成長を続けた。資本主義はようやく国民の生活水準を安定的に上昇させうるシステムとなったのである。

P. A. サミュエルソンら近代経済学者は，そういった体制を，資本主義に社会主義的要素が加わったという意味で「混合経済」と呼び［Samuelson and Nordhaus, 1989 = 1992:（上）37-48］，混合経済によって資本主義は不安定性を克服したと考えた。

また，主流派経済学の外部にいた研究者たちや，反資本主義の立場のマルクス経済学者も，それらの補完的な政策によって資本主義が新しい段階，いわゆる「現代資本主義」の段階に入ったことを認識するようになった。

先進諸国に誕生した消費社会は，このような「現代資本主義」の成立した時代に生まれたものである。消費社会は，明らかに資本主義のもとで生じたものであるが，けっして市場原理のみによって実現されたものではない。現在の消費社会のもつ大衆性（多くの人々を豊かにしていること），および安定性（極端な不況を回避してきたこと）は，市場原理を補完する社会的なシステム，すなわちさまざまな政策，あるいは社会の仕組みが整えられた結果として実現されたと考えられる。

一部に消費に熱心な社会階層が存在するというだけのことなら，どんなに不安定で格差の大きい社会でも実現可能であろう。しかし，序章で述べたような意味での消費社会は，単に自由な市場経済を重視するだけの社会では，実現困難であろう。

現代資本主義と消費社会

そして，いったん消費社会が成立すると，消費の拡大はとどまるところを知らず，資本主義の欠くことのできない重要な要素となっていく。

現代資本主義は，海外進出や軍事支出，公共投資などに支えられる部分もあるにせよ，その発展のかなり多くの部分を消費，とくに一般消費者の消費に依存するようになった。つまり，消費者が消費水準を上げ，物やサービスをより多く買ってくれることを通じて，経済成長が生じ，企業が収益を増やせるという性格を強めていった。

現在では，個人や家計の消費支出は先進各国の国内総支出（GDP＝国内総生産と等しい）の過半を占めており，消費の増加は，経済成長と密接な関連をもっている。それを生産する消費財関連の企業は，消費者の需要量増加によって

収益が増加する，という意味で消費者に直接依存しているし，生産財関連の企業も，消費財を生産する企業が収益を増すことによって自らの収益を増やしうるという意味で，消費者に間接的に依存している。

　その逆に，いったん消費者が消費を減らせば，企業の収益は下がり，たちまち経営危機に陥るし，それが経済全体に広がれば深刻な不況が訪れる。2020年の新型コロナウイルス流行による消費縮小が，著しい不況をもたらしたことは，その典型例であろう。

　以上のような意味で，現代資本主義は明らかに消費社会に依存している。現代の資本主義社会は，消費者が熱心に消費を続けてくれなければ維持できない社会であり，さまざまな手段を使って消費を増加させなければ，前へ進んでいかない社会なのである。

2　消費社会の二つの見方

もう一つの需要拡大策　「消費プロモーション」

　以上のような現代資本主義の性格を考えると，それを支える補完的なシステムとしては，もう一つ大きなものを想定する必要があると思われるかもしれない。それは，消費者になるべく多くのものを買ってもらおうとするシステムである。

　資本主義の企業が消費者に強く依存している以上，企業は消費者になるべく熱心に消費をしてもらおうと努めるだろう。これまで述べたような方法でも，需要は所得増加を通じて自然に伸びていくだろうが，企業の立場からすれば，もっと手っ取り早いやり方として，直接消費者の欲望を喚起し，たくさん買ってもらえるよう働きかけることになりそうである。

　このような努力を行なうシステム（社会のさまざまな仕組み）が，現に，現代資本主義の中に確固とした位置を占めていることはいうまでもない。各企業はすでに消費社会の成立当初から（部分的にはそれ以前から），消費者のニーズに合いそうな商品を製造し，消費者が買いやすいように小売店舗を配置し，消費者を惹きつける広告を作り，巧妙なセールス活動を行なう，といった努力を盛

んに行なってきたのである。

このような活動は，一般に「マーケティング」と呼ばれるものに近いが，ここでは政府などの活動も含めたもう少し広い意味を含ませるため，また第三者的な立場から考えるために，「消費プロモーション」という言葉を使うことにしよう。

ガルブレイスは，この消費プロモーションのシステムを，現代資本主義の重要な構成要素と考えた。

主著の一つである『ゆたかな社会』において，彼は企業が消費者の需要を作り出す側面を強調し，有名な「依存効果」という言葉で表わした［Galbraith,（1958）1984＝1990]。依存効果とは，消費者の欲望が生産側に依存すること，つまり消費者の自律的な欲望から需要が発生するのではなく，供給サイドである企業の宣伝と販売術によって他律的に需要が形成され，消費行動が生じることを意味している。

この言葉を通じて彼が主張しようとしたのは，現代の資本主義には，企業が消費者の欲望を喚起して需要を作り出すメカニズムが備わっており，そのメカニズムを通じて，資本主義の安定化と拡大がはかられている，ということであった。

ガルブレイスの場合，消費プロモーションの中でも中心に考えられたのは広告（宣伝）であり，おもに広告（宣伝）によって欲望がかき立てられるメカニズムに関心をもったようだが，ほぼ同時代に，V. パッカードは，広告だけでなくそれ以外の消費プロモーションについても詳しく言及している。

彼は，現代の資本主義は，使い捨て化により購入頻度を増やす戦略，保有数を増やす戦略，計画的に製品が早く壊れるように設計する計画的廃物化，継続的なモデルチェンジによって従来の製品を古く見せる心理的廃物化，安売りやクレジットによる販売など，製造・販売段階のものを含めて，幅広く消費プロモーションを論じている［Packard, 1960＝1961]。そして，このような活動によってもたらされる莫大な「浪費」が，アメリカの資本主義経済を支えていることを批判している。

ガルブレイスやパッカードが指摘したような企業戦略は，現在ではさらにソフィスティケートされ，企業は一段と多様なマーケティング戦略を試みるよう

になった。市場には，新製品がより短いサイクルで次から次へと投入されるようになったし，広告はインターネット広告を含む複雑で手の込んだものとなった。店舗形態は，コンビニエンスストアやショッピングモール，アウトレットなどが出来て多様化したし，販売方法としてもカタログ販売，オンラインショッピングなどが開発されてきた。

　現在の消費者は，商品を買わせるために企業が作り出す膨大な刺激の中で生活している。その効果が大きいものと考えれば，次のような結論に到達するだろう。

　　「……生産者は巨大な資力をもって消費者の欲望を操作することができる。かれらは消費者が買いたいものを売るのではなく，かれらが売りたいものを売る。言い換えると，売りたいものを買わせるのである」［大門，1970: 207］。

消費は作り出せない!?──反対の見方

　このように，現代社会においては消費プロモーションが盛んに行なわれているのだが，意外なことに，消費を真正面から分析してきたはずの経済学においては，こういった消費プロモーションの活動はあまり大きく取り上げられていない。

　たとえば，経済学の権威であるJ.E.スティグリッツらによる『入門経済学』では，消費プロモーションは扱われておらず［Stiglitz and Walsh, 2006 = 2012: 82-93］，他の多くの経済学概論，経済学入門書でも大同小異である。このような扱いになっているのは，経済学が，長らく消費者が理性的で主体的に行動するという前提に立ってきたからであろう。消費者は，外からの刺激に影響されて消費するものとは想定されてこなかったのである。

　それゆえ，消費プロモーションは，ガルブレイスなど非主流派が取り上げることはあっても，またのちに一部の理論経済学者，計量経済学者が専門的な研究を行なったものの，基本的にあまり経済学者が関心をもたないテーマであった。

　消費プロモーションを，ケインズ的政策等と並ぶ需要創出策であり，資本主義の安定と発展をはかる有力な手段である，と認める経済学者はほとんどおらず，主流派に属さない経済学者が，時おり消費プロモーションの重要性を指摘

するにとどまってきた［伊東，1971: 225-41；佐伯，1993: 24-39］。

　他方，「経済心理学」の創始者であるカトーナは，経済学とは違う立場から，消費プロモーションの効果に疑問を呈した。

　カトーナは，現代アメリカ経済においては，所得水準の上昇により，消費者の支出が必需的支出のレベルを大幅に超えており，買っても買わなくてもすむような「自由裁量的支出」の比重が高まっていると指摘した［Katona，1964 = 1966］。この点では，同時代のガルブレイスやパッカードと同じような見方だが，彼はこのような自由裁量的支出の水準を決めるのは消費者自身であり，この決定は消費者がその時々の心理状態に応じて気まぐれに行なうものと見なした。企業側は消費者次第で売上げを左右され，景気は，消費者の動向いかんで良くもなり悪くもなると考えたのである。

　そこで彼は，企業や政府が，そのような消費者の動向に早めに適応していくことが重要だと考え，消費者の動向を事前に予知するために，世論調査を通じた経済心理学の研究を進めていった。

　カトーナは，消費者が企業によって操られるというガルブレイスらの見方に，心理学の立場から反対しており［Katona，1964 = 1966: 74-84］，むしろ消費者を自律的で能動的な存在としてとらえている。その点で，カトーナは主流派の経済学者と同じような見方をとったといえるだろう。

消費社会批判の立場

　今から半世紀以上も前に現われた以上の二つの見方は，現在もなお受け継がれている。

　一方では，広告その他の消費プロモーションが，資本主義の不足しがちな需要を押し上げる役割を果たしているとする立場があり，他方では，消費者はむしろ自律的で自由な消費行動をとっていると見なし，消費プロモーションが資本主義経済の維持・拡大策として機能しているとは考えない立場がある。

　このような見方の違いは，消費社会の形成要因について正反対の認識をもたらすが，それだけでなく，資本主義や消費社会の評価についても，大きな違いを生じさせている。

　もし，ガルブレイスが指摘したように，消費プロモーションがもともとは存

在しなかった消費者の欲望を喚起し，多くの需要を生みだす役割を果たしているとすれば，消費の拡大はあまり意味のないものになる。

　喚起された欲望は，喚起しないでも痛切に感じられる欲求と比べれば重要度が低く，満たされなくても，あまり不都合は生じないものである。企業が寄ってたかって煽りたてて消費を作り出しても，それほど褒められたことではない。そのような消費を実現している現代の豊かな社会は，余計なことをしているだけの社会になってしまう。

　実際，現在消費者が新たに購入している物の中には，なくてもよかった物（買ったきりでお蔵入りのみやげ物，ほとんど使われない電化製品など）や，必要量を超えている物（過剰な食物摂取，過剰な車の買替えなど）がかなり多く，浪費的な消費傾向が強まっている。消費プロモーションがこのような消費を生じさせているとすれば，それは無益であるだけでなく，有害なものであろう。

　消費社会では，欲望を満たすことによる弊害，あるいは副作用をともなうようになってきた。行き過ぎた快楽追求による精神の荒廃，過剰な支出による家計の破綻（カード破産など），物の大量消費による資源の枯渇，環境汚染などである（第3章参照）。消費者の欲望充足は，本来人間を幸福にするはずなのに，その裏側でさまざまな問題が発生してきたのである。

　もしも消費者が消費プロモーションに操られてこれらの問題を引き起こしたのだとすれば，その責任は操った企業のほうにある，ということになろう。企業が消費者を通じて社会に害悪をもたらす，という図式になる。

　企業にとっては，消費者が物やサービスを買ってくれさえすればいいのであり，その後どんなことが起ころうと，あまり関心はない。後のことはかまわずに消費者を刺激し続ける。消費者のほうは，それなりに豊かさを達成しているので，必需性のないものを，あまり深く考えることもなく，企業の刺激に応じて消費していく。そういった状況を通じて多くの問題が発生し続けるとすれば，企業の消費プロモーションによって，消費社会が芳しくない方向に導かれていることになるだろう。

　消費プロモーションと消費社会の諸問題を結びつけるこのような見方は，その後幅広く共有され，定着していった［暉峻，1989；見田，1996；Barber，2007＝2015］。そこでは，現代資本主義と消費社会は，問題をまき散らしながら，量

的拡大の道をばく進していくものとしてとらえられる。消費プロモーションは，そのような好ましくないシステムを駆動させるエンジンの役割を果たすのである。

消費社会の成果と消費者主権

しかし，消費プロモーションが大きな役割を果たさないと考える人々は，多くの場合消費社会のこういった側面には注目しない。むしろ現代資本主義が，消費社会の好ましい面を実現したことを強調する。その考えをまとめると次のようなものとなるだろう。

――第2次世界大戦後，アメリカを始めとする先進資本主義国は，所得の増加分を衣食住の豊富化，清潔と安全，快適な設備や便利な機械など，まさに生活を豊かにするような消費に向けてきたのであり，決して浪費が主な中身だったわけではない。それらは，明らかに好ましい機能をもっており，決して価値の乏しい消費だという言い方はできないだろう［Lebergott, 1993: 145-46］。

このような豊かな生活が実現したのは，ほかでもない，消費者が自分たちの生活に役立ち，生活を彩るさまざまな商品を，主体的に選び取ってきたからではなかろうか。そして，企業側も，なるべく消費者の欲求に応え，消費者を満足させるような商品を作り，販売し続けてきたからではないだろうか。もし，そそのかされ操られた消費だったとしたら，これほど多くの財やサービスが受け入れられ，定着することはなかっただろう。そして，これほど快適な生活が実現することもなかっただろう［Lebergott, 1993: 16-20］。

現代資本主義のもとでの消費社会は，資本主義の成立後もなかなか実現できなかった，消費者の生活水準を継続的に豊かにしていくという目標を，ようやく実現できるようになった社会である。それが可能になったのは，生活向上意欲をもった消費者と，それに奉仕する企業の好ましい協同関係が成立したからであり，新古典派経済学が理想とした「消費者主権」が成立しているからにほかならない。

消費社会のエンジンは，消費プロモーションではなく，消費者の生活向上意欲であり，消費財の主体的な選択なのだ。――

消費社会を肯定する立場からは，おおよそこのような考えが示される。

　このような考えも，けっして珍しいものではなく，繰り返し主張され，広く一般に定着してきたものである。むしろ，社会の主流を占める考え方なのかもしれない。

消費社会理解のためのポイント

　これまで述べてきたように，消費社会は資本主義と密接な関わりをもっている。

　ただし，そこでの資本主義とは，単なる市場経済ではなく，さまざまな補完的システムを整備した後の「現代資本主義」である。

　現代資本主義においては，広告その他の消費プロモーションが盛んに行なわれているが，それがどんな役割を果たしているかについて，大きく見方が分かれている。

　一方では，消費プロモーションによって消費者が操られ，消費を喚起されてきたという見方があり，他方では，消費プロモーションは大きな役割を果たさないものと考え，消費者の主体性を強調する見方がある。

　このどちらの見方をとるかということと，現代資本主義や消費社会の評価とは結びつくことが多い。前者からは，現代資本主義は消費プロモーションを通じて無意味で無駄な消費社会を築き上げ，さまざまな問題を引き起こしてきた，という評価がなされるし，後者からは，現代資本主義は，消費者が示すニーズに企業が応えつつ，かつてない豊かな消費社会を実現してきた，と主張されるだろう。否定的と肯定的，まったく異なった消費社会像が浮かび上がるのである。

　実際には，二つの見方は，多くの社会で何となく併存してきた，というのが実情であった。両者は相いれないものであろうが，議論が闘わされる機会はあまりなく，何となく平行線のまま今日に至っている。

　またそれに対応して，一般市民の現代資本主義観，消費社会観も，プラスとマイナス両方のイメージをもった，アンビバレント（両義的）なものとなったようである。

　しかし，この点がはっきりしないと，消費社会の基本構造について何も理解

したことにならない。われわれはもっと立ち入って，消費プロモーションの本質について考えなければならない。それが第2章の課題である。

課題

1. 資本主義という言葉はさまざまな意味で使われる。いくつかのテキスト，専門書を見て，そこに書かれた特徴を書きだし，本書の内容と比べてみよう。
2. 本書では，このあと消費社会の好ましい面と好ましくない面についてさまざまなことが述べられるが，それに先立って，ふだんの生活の中で感じる消費社会の好ましい点，好ましくない点をメモしてみよう（のちに，本書を読み終わった時，その印象がどう変わるかが，本書の勉強の成果を示すことだろう）。

注●────

1) ただし，植民地化はこのような海外市場確保の動機のほか，海外の安価な資源を確保しようとする動機，余剰人口を分散させようとする動機，政治的ないし軍事的な動機などさまざまな要因が重なって生じたものと考えられる。
2) このほか，もっと間接的に需要を喚起する経済政策として，減税，金利政策，通貨管理，独占の排除などもあるが，経済学的なテーマなので，本文では割愛した。

第2章　消費社会を作るもの

──広告と企業活動

広告は至るところに現われ，熱心に，あるいはさりげなく人々に働きかけている。

それが消費社会に及ぼす効果は，果たしてどのようなものなのだろうか。
横浜中華街にて（撮影：間々田孝夫〔上，下〕）

1 広告にできること・できないこと

ガルブレイスの依存効果論

朝早くからにぎやかな音をたてるテレビ CM（コマーシャルメッセージ），繰り返しかかってくるセールスの電話，開くのもめんどうな大量のメール広告など，消費社会に生きるわれわれは，「消費プロモーション」（第1章第2節を参照）の活動を通じて，絶え間なく情報を与えられ，誘惑されている。

しかし，そういった活動は果たして強い効果をもっているのだろうか。もしそれらが強い効果をもっていないなら，何が消費社会の消費の形を作り出し，活発化させているのだろうか。本章では，この問題を考えていくことにしよう。

前章で述べたように，かつて消費プロモーションの働きを強調した論者の代表格はガルブレイスであった[1]。彼は，アメリカが世界に先駆けて消費社会らしい消費社会を作り上げた 1950 年代に，ちょうど時期を合わせるかのように，消費プロモーションの働きに注目した。

「近代的な宣伝と販売術は，生産と欲望をいっそう直接的に結びつけている。宣伝と販売術の目的は欲望をつくり出すこと，すなわちそれまで存在しなかった欲望を生じさせることであるから，自律的に決定された欲望という観念とは全然相容れない。これを行なうのは，直接または間接に財貨の生産者である。……生産者は財貨の生産と欲望の創出という二重の機能をもつことになる」[Galbraith, (1958) 1984 = 1990: 215-16]。

彼はこのような現象を，欲望が生産者に依存するという意味で「依存効果」と呼んだ。現代の消費社会は，広告やセールスによって作られた欲望によって消費者の需要がかき立てられ，それに応じた生産がなされることによって維持されていると考えられる。

そしてガルブレイスは，現代社会の消費は，依存効果によって人為的に作られたものなので重要とはいえず，それゆえに，資本主義経済全体の価値も疑わしいと考えている。消費社会は，消費者が望むものではなく，企業が望むものを生みだしているに過ぎないというのである。

このような考え方は，半世紀以上前に示されたものであるが，今日まで，なお少なくない人が共感する考え方のように思われる。

しかし他方では，このような考え方に疑問を感じる人，反対意見をもつ人も少なくないはずである。上記の文章からわかるように，ガルブレイスは企業（生産者）が欲望を作り出す力を非常に大きく見積もっているが，本当にそうだろうか。消費者は，彼の考えるように単純に欲望を刺激され，企業の考えるままに操られるものなのだろうか。さらに，上記の文章からわかるように，彼は広告を中心とする販売促進活動を欲望創出のおもな手段と考えているが，本当にそうなのだろうか。

以下こういった点を，ガルブレイスが強調し，一般的にも注目されることの多い「広告」を中心に検討していくことにしよう。

広告効果への疑問

広告は，毎日，テレビや新聞，雑誌，インターネットなどのメディアと接触する中で目にする，一番身近な消費プロモーションの形である。

2019 年の時点で，日本における広告費の総額は 7 兆円近くにのぼっており，GDP の 1.2%程度が広告に費やされている[2]。ガルブレイスによれば，アメリカでは，1974 年においてすでにそれとほぼ同額（当時の為替レートで 250 億ドル）の宣伝費が投じられていた［Galbraith,（1958）1984＝1990: 215］。このような巨大な消費プロモーション活動が，消費者に影響を与えないわけはない，と誰もが思うであろう。

たしかに，素朴に考えれば，広告は消費者に影響を与えるはずである。それは，広告が消費者にそれまで知らなかったことを知らせる「情報提供機能」を果たすからである。消費者は，存在を知らない物を買うことはあまりなく，逆に，存在を知らせれば，その物を買う人がある程度増えることだろう。

このような効果については，実感している人も多いであろう。街はずれに開業した居酒屋の売上げが伸びないので，駅前で何度かビラを配ったら客が入るようになった，テレビ CM で有名タレントが宣伝した食品がさっそくスーパーの店頭でよく売れた，といったことは現実にしばしば起こっていると考えられる。

しかし，このような広告の効果については，立ち入って分析してみると，いくつかの疑問が生じてくるはずである。

　まず，よく指摘される疑問は，いくら広告しても売れない物は売れないし，それとウラハラに，広告をしないでもどんどん売れる物もあり，したがって，広告にそれほど大きな力があるとは思えない，というものである［Schudson, 1984: 32-43］。

　たしかに，いくらビラをまいても売上げが伸びない店はあるだろうし，巨額の費用を投じてテレビ CM を行なっても，売上げに結びつかない例は多い。広告のすべてに効果があるわけではないのである。しかしそうだとすると，広告は，平均的に一定の効果をもち，広告費に見合う利益の増加をもたらしているといえるのだろうか。それを通じて，消費社会を維持するほどの役割を果たしているのだろうか。

　次に，広告が果たして持続的な消費増加につながるか，という問題がある。

　大々的なテレビ CM，繰り返し行なわれるビラ配布，執拗なダイレクトメールの発送など，広告を活発に行なえば，たしかに当初は売上げが増加するかもしれない。

　雑誌『暮らしの手帳』の編集長を長く務めた花森安治は，次のように述べている。

　　「……いい加減な，粗悪な商品でも，巨大な費用を投入して，くり返しくり返し派手な宣伝を打ちこんでゆくと，おどろくほど売れるようになる。……こういった巨大な宣伝力にものをいわせて，文字通り，有無をいわさず，売りつけてしまうというやり方は，戦後，というより，ここ十年くらいのことで，これは，あきらかにアメリカの，ものの売り方をマネたものである」［花森，1968］。

　しかし問題は，その影響が長続きするかどうかであろう。たとえば，中身は変わらないが，パッケージだけ少々変えたインスタント麺を，鳴り物入りで宣伝したとしよう。その場合，発売時にはもの珍しく感じられ，売上げが伸びるかもしれない。しかし，やがて消費者が，とくにおいしくもなく，価格が安くもなく，とくにメリットがないことに気がついたら，その商品は注目されなくなり，売上げが減少することだろう。

筆者（間々田）は，こういった広告のマイナス面を「引き潮効果」と呼んでいる。

　引き潮効果は，消費の成果がはっきりしないもの（家庭薬，サプリメント，化粧品の一部など）や，商品間の品質の差異を感じにくいもの（調味料，化学製品，単純な電化製品など）についてはあまり強く作用しないが，逆に引き潮効果を無視して，多くの広告効果が長続きすることを主張するのは，非現実的だろう[3]。

　広告の効果については，さらにもう一つ大きな問題が存在する。それは，たとえ広告が有効に作用したとしても，その効果は特定企業の特定商品の売上げを伸ばすだけなのではないか，という問題である。

　たとえば，K社のキッチン用洗剤のテレビCMが成功を収め，売上げが大幅に伸びたとしよう。しかし，その結果，同業のL社，M社のキッチン用洗剤は，その分だけ売上げが減少すると考えられる。その結果，各社とも多額の広告費を投入したにもかかわらず，キッチン用洗剤という品目全体の売上げは増加しないだろう。

　このようなことは，会社ではなく業界についても同様に考えられる。たとえば，ワイン業界をあげてキャンペーン広告を打ち，業界全体の売上げが増加したとしよう。しかし，その場合でも，ワイン需要増加の煽りをくって，日本酒や焼酎，ビールなどが売れなくなり，日本人のアルコール消費量全体は変わらない，ということが起こりそうである。

　広告には，消費のどの範囲に効果を及ぼすか，という効果のレベルの問題が存在する。そのレベルは，下から（範囲の狭いほうから）特定商品，ブランド，品目，当該産業（あるいは業界），消費全体といった順序になろう。その中で，広告には特定商品，ブランドといった比較的下位のレベル（ミクロのレベル）についてのものが多く，実際，多くの企業は広告を特定商品やブランドレベルでのシェア争いを目指すものとしてとらえている［Schudson, 1984: 9］。それなのに，ガルブレイスらは，広告が特定の産業，あるいは消費支出全体という上位のレベル（マクロのレベル）でも効果をもつと考えているようである。

　しかし，シェア争いで互いに食い合いをしているのに，それらの企業の広告が，全体としてその品目全体（あるいは産業全体）の需要を伸ばすといったこ

とがありうるのだろうか。下位のレベルで効果が観察できたとしても，それらが打ち消し合って，より上位のレベルになるにつれ効果がなくなると考えるほうが自然ではなかろうか[4]。消費者のほうも，よりよい製品を一定の予算のもとで購入しようとするのだから，広告された商品やブランドをそれほど過剰に購入することはなさそうである。

筆者は，こういった広告のマイナス面を「相殺効果」と呼んでいる。

これら三つの問題は，関連し合って，ガルブレイスらの依存効果論，すなわち広告が消費者の欲望を刺激して消費支出全体を増加させ，それが現代資本主義を支えるという見方に疑問を投げかけるものである。

広告は，個別の商品や個別ブランドというミクロのレベルで，短期的には効果を発揮するかもしれないが，引き潮効果によって長期的には効果を失う可能性が大であるし，相殺効果によってマクロのレベルでは効果を失うように思われる。そうだとすれば，広告の効果も，平均的に利益を確保し，現代資本主義を支えるというほど大きいかどうか，あやしくなるのではなかろうか。

広告効果研究の結論

消費社会の成立期以降，広告効果については，経営学のマーケティング論や応用心理学の分野で数多くの実証研究が行なわれてきた。こういった研究によって，上記三つの疑問に対する結論を導き出すことができるだろうか。

結論から先にいうと，上記三つの疑問に対して，実証研究が答えられることはあまり多くない。

なぜかといえば，そもそもこれらの研究の多くがマーケティング研究や消費心理学の分野で行なわれ，特定の商品やブランドについてのミクロレベルの効果のほうに焦点が当てられてきたからである。

しかも，ミクロレベルの効果についても，これらの研究は四苦八苦を続けてきた。

というのは，消費者行動に影響する要因は広告のほかにも数多くあり，その中で広告だけがとくに大きな働きをしていることを，容易には確認できなかったからである［亀井・疋田編著，2005: 190］。

たとえば，商品 X について，A 市では広告を出し，B 市では出さないで，

広告を出した A 市の売上げのほうが多くなれば，広告の効果があったように思える。しかし，A 市と B 市で，年齢構成，地理的条件，歴史的条件などが違えば，そのせいで売上げに違いが出た可能性も十分あり，純粋に広告の影響で売上げが増えたと判断するのは早計である。

　また，同じ会社の同じ製品（たとえばエアコン）の広告を増やしたときに売上げが増えたかどうかを調べ，増えたとすれば広告の効果があったのかというと，そうともいえない。広告を増やした時期に，たまたま猛暑で売上げが伸びただけかもしれないし，その時期，環境規制によってエアコンの価格が上がることが予想されるため，早めに買っておこうと思う人が増えたせいかもしれない。

　そのほか，商品自体に差がある場合，セールス活動が行なわれた場合，競争相手が同じく広告に力を入れた場合なども，広告の効果に影響を与えるから，他の要因の影響を除いた広告の「純効果」を調べるのは容易でない[5]。

　さらに，そもそも広告の量をどう測るかという問題もある。単なる投入した広告費で測れればいいが，広告にはさまざまな種類があるし，巧拙の違いがあることも日常経験的には明らかである。

　このようなさまざまな問題がともなうことから，ミクロレベルの広告効果の研究においては，古くから広告の消費行動への効果を厳密に調べることは困難だと考えられており［Colley，1961 = 1966: 19-23］，むしろ行動以前の段階，つまり広告の認知（広告を見たかどうか），商品名の記憶，購買意図など，心理面の効果が中心となる傾向にあった。近年でも，広告効果が直接消費（売上げ）に与える影響の研究が進められてはいるが［竹内，2010: 89-104］，依然として，純効果を取り出すのは容易ではない。

　さて，話を本題のマクロレベルに戻そう。

　マクロレベルというのは，品目レベル，産業レベル，消費支出全体のレベルのことであるが，こういったレベルで広告の効果が確認されてこそ，先に示した「平均的に」広告に効果があるといえるか，という疑問に答えることができ，ガルブレイスらの依存効果論の実証につながる。たとえば，広告費の多い企業や産業ほど売上げが大きいとか，広告費が多い国では消費支出が大きいといったことである。ミクロレベルでの研究では，どんなに精密に分析したとしても，

「この商品については」とか，「このブランドでは」といった限定的な結論にしかならないが，マクロレベルでは，全体としてどうなのかがわかるはずである。

　しかし，実はマーケティング研究者や経済学者の間では，古くから広告費は消費支出全体の水準を決定する主な要因とは考えられてこなかった［Borden, 1942＝1968: 118-19；Backman, 1967＝1968: 17］。そのためこういった研究は，ミクロレベルと比べるとはるかに少ない。また，その研究にはミクロレベル同様に困難がつきまとう。

　まず，データ自体が集めにくいという問題が，とくに品目のレベルでは存在する。政府の統計は比較的おおざっぱな品目のくくりでしか存在せず，各企業は当該品目の出荷量，販売量等のデータを公表していないことが多いからである。

　さらに，それ以上に問題なのは，広告の純効果を取り出すことがますます難しくなることである。品目レベルでは，企業の売上げが広告以外のさまざまな企業経営のあり方や外部条件に依存することはいうまでもなく，とくにどれだけ有力な商品を作り，売っているかということが大きな影響を与える。産業全体，消費支出全体（消費財産業全体）となれば，その要因はますます複雑なものとなる。とうてい広告の純効果を取り出すほどの精密な研究はできないのである。

　消費支出全体については，意外にも広告費が伸びる時期は消費支出も伸びるという関係が，ある程度確認される［金子，1995: 2-3；根本他，1995: 89-96］。しかし，その理由としては，消費が伸びる時期は好況で企業の収支バランスがよく，広告費を多く投入する余裕があり，またそういう時期には新製品も多く出され広告の機会が増える，といったことがあげられることが多い［金子，1995: 4］。広告が消費を伸ばすのではなく，消費が伸びた（あるいは伸びそうだ）から広告が増えたという，逆の因果関係が想定されるのである。この解釈のほうが，日常の経験にも合うものであろう。

　以上のように，現在までのところ，広告が一つの品目全体や，一つの消費財産業全体，一国の消費支出全体を押し上げるというマクロレベルの広告効果については，それを支持するはっきりした成果が得られていないのである。

消費プロモーションをどうとらえるか

　これまで述べてきたとおり，素朴な実感としての広告の影響と，ガルブレイスが述べた資本主義や消費社会を支えるという大きな広告の働きの間には，明らかにギャップがある。身近に広告の効果が実感される例があったからといって，広告が社会的・経済的に大きな役割を果たしている証拠にはならない。

　むしろ，これまでの検討から明らかになったことは，広告がマクロレベルの効果をもっているとはいいがたいこと，つまり，資本主義経済を駆動させ，消費社会化を進めるに足るだけの，持続的で強い欲望あるいは需要を呼び起こすとは考えにくいということであった。

　その根拠は，まず理論的，あるいは思考実験的にさまざまな難点があるからであり，次には実証研究でも明らかにできていないからである。

　さらに付け加えるなら，さまざまな個別事例で，マクロレベルの効果がありそうかどうかを考えてみれば，それに当たる事例はなかなか見つからないし，見つかったように思えても，よく考えると，製品の性能や見た目のよさに原因があると考えられる場合が多いであろう。

　消費プロモーションには，広告のほかに人的販売（いわゆるセールス），販売方法の工夫（特売，景品，試供品提供等），店舗上の販売促進（ショールーム設置，店頭広告等），イベント開催，CI（コーポレートアイデンティティ），パブリシティ（マスコミ等への情報提供）などが含まれるが［田村，1998: 67-72］，その効果については，ほぼ広告と同様の結論が出せるだろう。それらは，個別の広告については効果が確認できることも多いが，全体的，マクロ的には効果を実証することが難しいのである。

　それゆえ，広告やセールスなどの消費プロモーションは，基本的に企業間の競争手段であり，需要を生みだし，消費社会を前へ推し進めるようなものではないと考えられる。

　以上のような考え方に対して，一つの素朴な反論が予想される。それは，現実に多くの企業が莫大な広告予算をつぎ込んでいることこそ広告効果がある証拠であり，あまり効果がないのだったら，企業が広告に巨費を投じたりするはずはない，という反論である。

　しかし，このような反論をする人は，これまで述べてきたことをまったく理

解していない。筆者の中心的主張は，広告のマクロレベルの効果は疑わしいということであるが，企業が直接広告等に求めるのはミクロレベルの効果，つまり自社の新製品がよく売れるとか，同業他社との競争でシェアを伸ばすといった効果であろう。マクロレベルの効果がなくても，ミクロレベルの効果が上がる（可能性がある）ならば，企業は巨額の広告費を惜しまないはずである。

　また，効果が不明であっても広告費用が投じられることは少なくない，という点にも注目すべきであろう。家庭薬の市場がいくら大きくても，家庭薬の効果が大きいとは推論できないように，また，宗教団体への寄付金がいかに巨額にのぼろうと，その御利益が十分かどうかわからないように，人間は，結果がはっきりしなくても，不安を和らげ，少しでも自分に利益がありそうなものであれば，たっぷりと金銭を注ぎ込む心性をもっている。企業の広告もそれと同様で，広告の効果が不明であっても，企業は広告を出し続けるのである[6]。

　さて，以上のとおり，広告の効果は単純に考えるよりは不確かである。そのことは，実は企業自身も実感してきたことであり，企業は常にどのような広告を打つかについて模索を続けてきた。次節では，この点に注目しつつ，本節とは別の角度から，広告のもつ意味と影響力について検討することにしよう。

2　消費社会の変化と広告

消費社会初期の広告観

　前節で述べたガルブレイスのような，あるいは花森安治のようなとらえ方は，少し深く考えさえすれば，その単純さと疑わしさが明らかになるのだが，実際には今なお多くの人を惹きつけるものである。それは，選挙はひたすら運動員を増やして候補者名を連呼すれば勝てるという見方や，好きな人には徹底的にアタックすればいつかは好意をもってくれるという考え方に似て，シンプルでわかりやすく，現実に成功例も時々見られるからであろう。

　しかし，消費者の意向や心理状態を無視して勝手に欲望を作り出せるという見方は，考えてみればずいぶん消費者を見くびったものである。消費者は，犬をしつけるときのように広告に指示されて商品を買う存在であり，また，無邪

気な子供が小賢しい大人に言いくるめられるときのように広告に丸めこまれると考えられた。現在の消費者を思い浮かべると，それはあまりにも素朴な人間像であったが，消費社会の成立当初，ガルブレイスが活躍した時代にはある程度現実味のある見方だったかもしれない。

　一つには当時，広告，とくにテレビ広告や雑誌広告は物珍しいものであり，消費者は広告の本質（必ずしも真実を伝えないこと，誇張が多いことなど）にはまだ十分認識が及ばず，それに左右されやすかったということが考えられる。

　また，消費社会の初期は一般的に経済成長率が高く，新しい商品がふんだんに供給され，消費者の側も購買力が着実に高まっていった。そのため，実際には商品自体の魅力が消費者を消費に向かわせたのかもしれないのに，同時に行なわれたにぎやかな広告が消費の原因であるかのような錯覚を起こさせた，という面もあるだろう。

　このような消費社会初期の広告と消費者の関係が，ガルブレイスらの素朴な広告観をもたらしたのかもしれないが，広告と消費者の関係はけっして固定的なものではない。その後消費者との関係で広告はさまざまな変化を遂げていくことになる。

　なお，もう一つ付け加えるなら，消費社会の成立当初は，マスコミ効果の研究で「皮下注射的効果」と呼ばれたものが，まだある程度有力視されている時期であった［Klapper, 1960＝1966: 21］。その見方では，広告はまさに皮下注射のように，有無をいわさず消費者の心の中に入り込んで，商品を買わせると考えられた。これは，元をたどれば人間の行動は外部からの刺激でいかようにでも操れるという，20 世紀はじめの古典的な行動主義心理学に行きつくものである[7]。

　ガルブレイスらも，知らず知らずこのような見方に引きずられたのかもしれない。

イメージ広告の流行

　しかし，そのような素朴な広告と消費者の関係が現実性をもったのは，経済成長と所得上昇が着実に生じていた時期，日本でいえば高度経済成長期に限られた。

石油ショックを経て，高度経済成長が終わった後の 1975 年，日本経済新聞社は「雨，あられのよう」な無差別大量広告の効果は急激に落ちていると指摘している［日本経済新聞社編，1975: 144］。消費者は，以前のように広告に単純に反応しなくなったと考えられ，より高度な表現や手法が求められるようになった。

　そこで，テレビ広告や雑誌広告でしだいに盛んになっていったのが「イメージ広告」と呼ばれるものであった［久保村・村田，1969: 279］。イメージ広告とは，商品の存在とその属性，性能を知らせる広告とは違って，商品に好ましいイメージを与えようとするもので，「感情広告」と呼ばれたこともある［柏木編著，1988: 52］。

　その特徴は，直接商品と関係ないが好ましいイメージをともなう風景，動物，タレントなどを用い，映像，画像の表現には美術作品も顔負けのテクニックを駆使し，巧みなナレーションやキャッチコピー，時にはギャグなども適宜散りばめる点にある。そこで訴えられるのは，機能，性能が優れていることよりも，むしろ商品のかっこよさ，親しみやすさ，高級感など，商品の付加的な特性が多い。まとめていえば，商品を好ましいイメージをもつシンボルに変えるために行なわれるものといえる［山本，（1966）1985: 19-26］。

　イメージ広告は，広告の黎明期から存在してはいたが，消費社会の経済成長が鈍化し，企業間の競争が激化するにつれて盛んになり，日本では 1980 年代中葉に最も華やかで面白い時代を迎えたといわれる［岸・田中・嶋村，2017: 222-24］。

　イメージ広告が多くなると，広告の効果という面でいくつかの変化が生じてきた。まず，イメージ広告はその投入量ではなく質的な卓越性がものをいうから，広告の売上げへの効果はますます実証しにくいものになった。前節で述べた平均的に効果があるかどうか確認するといったことが，いっそう困難になっていった。

　また，イメージ広告は機能，性能を訴えるよりは好ましいイメージを付与することに重点をおいたから，消費者が機能，性能への期待を裏切られるということは，あまりないことになる。広告につられて買ったのに，実質の性能がともなわなくて 1 回しか買わず，広告効果が消滅するという「引き潮効果」は少

なく，そのイメージが維持される限りは，むしろ効果が持続的であることが期待された。

　他方，効果のレベルということでいえば，イメージ広告は，企業間のシェア争いの目的で行なわれることが多く，「相殺効果」が働きそうであり，産業レベル，消費財全体のレベルでの効果をもつとはますます考えにくいものとなった。またイメージ広告にはある程度抽象的な内容のほうが適していることから，個別の商品の広告よりはブランドや企業のイメージを高める広告の比重が相対的に高まっていった。

　そして，イメージ広告の繁栄は，広告の効果があいまいにされ，広告が販売促進と分離していくという奇妙な結果をもたらした。広告は，販売を増加させる効果とは別の，それ自体の評価基準をもつようになった。つまり，効果がなくても（効果があるかどうかわからなくても）いい広告はいい広告であり，面白い広告は面白い広告として評価されるようになった。企業は広告が評価され，企業のイメージさえアップできれば，直接の販売増に結びつかなくても満足したし，消費者は，商品を買わなくても，出来のいい広告を歓迎しそれ自体を楽しんだ。

　イメージ広告の流行は，経済効果の棚上げによって，広告がそれ自体の洗練，高級化，芸術性，面白さなどを追求することを可能にし，「文化としての広告が語られる」時代が到来したのである［須田，2010: 32-4］。

消費の変化と広告の危機

　イメージ広告が隆盛を誇る間，消費社会初期のような著しい経済成長は見られなかったものの，基本的に経済は成長局面にあった。そしてこの条件のもとで，イメージ広告を中心として広告費は著しく増加していった。

　1970年という高度経済成長真っただ中の時期から1990年のバブル経済真っ盛りの時期まで，石油ショックやしばしば訪れる不況にもかかわらず，日本の広告費は1兆円足らずから6兆円を超えるまで増大し続けた。その間，GDP（国内総生産，名目値）は1970年度の75兆円から90年度の452兆円まで約6倍に増えているが，ほぼその伸びに歩調を合わせて増加していった[8]。

　しかし，このように経済と広告が好調であったにもかかわらず，この時期の

後半になると，広告は効かない，広告は行き詰っているといった言説が繰り返し出現するようになった。

　イメージ広告が華やかであったはずの 1980 年代半ば，広告の当事者であった広告代理店博報堂は，消費者がすでに情報誌，口コミなどさまざまな情報チャンネルをもっているから，また，それぞれの消費者が多様な価値観を身に付けているから，（イメージ広告も含め）従来のような大量広告では消費を喚起できない，といった見方を示した［博報堂生活総合研究所編，1985: 34-37］。

　日本がバブル経済の頂点にあった 1990 年，森俊範は消費者ニーズの多様化，情報源の多元化，テレビ CM の「飛ばし見」などに見られる，消費者による情報の取捨選択に言及しつつ，広告が効かなくなったという見方を支持している［森，1990: 9-26, 99-109］。

　この傾向はその後も続き，21 世紀初頭，IT バブル崩壊の時期，梶祐輔はイメージ広告を念頭において次のような批判を行なっている。

　　「20 世紀が終わったいま，日本の広告はどうもすこしヘンである。……いまの広告が消費者大衆を動かす力をもっているかといえば，首をかしげざるを得ない。流行をつくりだす力も，いまの広告にはない。広告の表現だけは騒々しく華やかだけれど，まことに幼稚で，子供っぽい」［梶，2001: 12］。

　これらはいずれも，イメージ広告が隆盛であるにもかかわらず，その経済効果については疑わしいことを指摘したものといえよう。

　こういった言説は，当初は推測の域を出ないものであった。

　しかしその後には，本当に広告の効果（とくにマクロレベルの効果）を疑わざるをえない事態が生じてきた。

　それは，日本の消費自体がほとんど伸びなくなったということにほかならない。膨大な広告費支出も空しく，いわゆるバブル崩壊後，日本の消費の伸びはわずかで，しかもその状態が長く続くようになった。多くの企業，多くの産業分野で売上げは低迷を続けた。

　そして，多少なりとも好況が訪れた時期には広告費が伸びたものの，バブル崩壊直後，IT バブル崩壊後，リーマンショック後などには，かつてはありえなかった広告費の減少が生じるようになった。たとえば，2008 年のリーマンショック前に 7 兆円に達した日本の広告費は，その後 2〜3 年で 6 兆円を下回

るまで激減してしまった。

　これは，企業の業績悪化による面もあるが，同時に広告の効果があまり期待できなくなったためかもしれない。前節で筆者が述べたような広告の本当の姿が，しだいに企業社会でも認識され始め，広告に対する幻想が覚めていったとも解釈できるだろう。

　まさに広告という消費プロモーション手段全体が，危機的状況に陥ったのである。

インターネット広告の隆盛

　テレビを通じて流される大量で画一的なイメージ広告が主流であった時期に，広告とは無関係な，それどころか対照的な性格をもつものとして登場してきたのがインターネットであった。インターネットは Windows 95 の登場（1995年）によって急速に普及したが，当初はマスコミのような大量情報伝達手段ではなく，非商業的で，個別的な情報を交換するものというイメージをもたれていた。

　しかし，その後インターネットは，驚異的な発展を遂げるとともに，商業的にも盛んに利用されるようになった。その一つが，インターネット広告であった。

　パソコンやスマートフォンの画面で特定の場所を占める「ディスプレイ広告」（バナー広告を含む），検索サイトやツイッター，フェイスブックなどで通常の記事やメッセージと同じようなスタイルで登場する「ネイティブ広告」，メールマガジンや個別のメールとして配信されるメール広告など，さまざまな形式で登場するインターネット広告は，1990 年代後半に登場した当初は，広告費の中でわずかな比率を占めるだけの存在であったが，パソコン，スマートフォンの普及とともに劇的な発展を遂げた。2019 年，インターネット広告の広告費は，とうとう長い間王座を占めたテレビ広告の広告費を追い抜いてしまった[9]（図 2-1）。

　インターネット広告は，このようにとかく量的な拡大に目が向きがちであるが，消費者との関係において，また従来の広告と比較して，大きな変化をもたらしたことに注目しなければならない。

図 2-1 「テレビメディア広告費」と「インターネット広告費」の比較

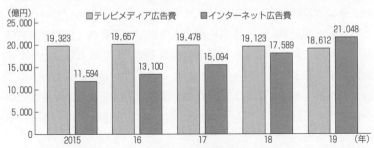

（注）　2019 年インターネット広告費には今回追加推定の「日本の広告費」における「物販系 EC プラットフォーム広告費」1064 億円も含む。
（出所）　株式会社電通ホームページ「2019 年 日本の広告費」。

　インターネット広告は，その「個別性」に最大の特徴がある。

　「ターゲティング」と呼ばれる広告の技術が発達し，消費者の検索記録からわかる趣味，関心や，ショッピングサイト等の登録時に申告した属性（性別，年齢など）に応じて，同じサイトを見ていても，人によってまったく異なる内容の広告を配信することが可能になった。これは同時に，消費者が与えた情報に広告主側が反応して，個別に広告内容を変えるという，ある種の「双方向性」を示すものでもある。

　他方，インターネット広告は，消費者が閲覧，利用する千差万別のサイトに登場するものであり，一斉に大量の情報を流すには適さない。また，消費者が広告に目を向けるだけでは完結せず，クリック（あるいはタップ）という能動的行為によってはじめて，より詳細な商品の紹介，企業 HP，直販サイトなどに進み，広告の意味をもつ。

　そしてそのことから，好イメージを植えつけて無関心な人たちに関心をもたせるというよりは，潜在的ないし顕在的に関心のある人々を対象として，特定商品のメリットや，より詳細な性能等を知らせるという意味合いが強くなる。

　こういった特徴は，いずれもテレビを通じて大量に流されてきたイメージ広告とは対照的であり，同じ「広告」という言葉を使うことが適切かどうか疑われるほどである。これまで広告は，個別的なセールス等の販売促進活動と区別されてきたが，インターネット広告はある意味で販売促進のほうに近づき，そ

の垣根をあいまいにしている。

　このように広告の主流がインターネット広告に移りつつあるということは、広告というものが、強引に、あるいは巧みな表現で消費へと誘う説得的機能を求めるものから、関心のある層に適切な情報を提供して購入機会を増やす、情報提供機能を中心とするものへと変化しつつあることを物語っている。

　広告は、さまざまな模索の末に、企業が消費者を刺激して、存在しなかった欲望を作り出すというガルブレイスの想定からは、大きく異なったところへ行き着いたのである。

インターネット社会の中の広告

　インターネット広告は、今や広告の中の花形であり、その急速な増加によって、広告業界全体としては、以前の広告費の水準を回復している（2020年時点）。インターネット広告の技術的進歩も著しく、配信はますます柔軟で個別対応的に、広告表現はHTML化、動画化などによりますます多彩になっている。

　しかし、インターネット広告が隆盛を誇っているということは、消費者がおもにインターネット広告の影響で消費していることをまったく意味しない。なぜなら、インターネット広告以上に、インターネットを中心とした消費者の情報収集と情報処理が活発化していると考えられるからである。

　インターネットが一般に利用される以前から、情報社会の到来は周知の事実であり、その一つの表われとして、消費者が多様な情報を利用しつつ消費行動を行なっていることが指摘されてきた。インターネット以前には、各種情報誌や専門雑誌の発達、テレビ番組（CMでない部分）の影響、直接対面しての口コミなど、インターネット発達後はネット掲示板、口コミサイト（レビューサイト）、企業のホームページ（企業サイト）[10]、SNSでのブロガーやYouTuber等の影響、SNSによる知人との情報交換など、消費者を取り巻く商品情報は爆発的に増加しており、インターネット広告はその一つに過ぎない。

　しかも、消費者はそのような多様な情報環境の中で、一般的には中立的な情報、つまり売る側ではなく第三者的立場からの情報を求めており、インターネット広告はその要望には沿っていない。

近年，企業が非常に力を入れているインターネット広告であるが，消費者側から見ればそれほど好ましい存在ではなく，むしろ中立的な情報群の中に無理やり（あるいはこっそりと）割り込んでくるやっかいな存在でもある。日本インタラクティブ広告協会（JIAA）が行なった「2019年インターネット広告に関するユーザー意識調査」の調査結果によれば，インターネット広告の表示のされ方に嫌悪感を覚える回答者が5割を超え，広告の表現内容への嫌悪感，ターゲティングされていることへの嫌悪感がともに4割を超えている[11]。

　また，インターネット広告は，ターゲティングを行なう際，プライバシー保持に関する微妙な問題を抱えていて，制度的にも安定しているとはいえない状況にある。

　このような状況をふまえると，インターネット広告は，広告の新しい方向性を示すものというよりも，むしろ，情報社会における広告の意味を再検討する必要を示すものと考えるべきであろう。

3　消費社会の基本メカニズム

消費プロモーションとしての生産と流通

　これまで本章では，消費社会の消費のあり方が何によって形作られてきたかを考えてきた。その際，前2節では広告やセールスなど，積極的に消費者に働きかける活動を中心に検討してきた。これらの活動は，よく目立つし，しばしば話題にされ，批判の的にもなってきたからである。

　しかしながら，これまでの検討の中で見えてきたのは，消費における「消費財そのもの」の意味の大きさである。

　先に述べたように，消費社会では華々しい広告や強力なセールスがなされるので，それによって消費が発生したように見えるが，実は消費財そのものに魅力があったためと考えられる場合は多い。また逆に，消費財にとくに長所が感じられない場合には，広告やセールスを盛んに行なったとしても，その効果が「引き潮効果」によって減退していきそうである。

　このように消費財自体の価値がもつ意味が大きいとすれば，消費財そのもの

がもつ価値を高めようとするさまざまな工夫，すなわち消費者の役に立ち，消費者が喜ぶような消費財を製造，販売しようとする営みについても，考慮に入れないわけにはいかない。

現代の消費社会では，多くのメーカーが，現在何が求められているかについて考えをめぐらし，市場調査を行なって消費者のニーズを確認し，慎重に企画を練り，技術を開発し，製品の仕様を決め，試作品作りや実験販売を繰り返して，さらに消費者に受け入れられるように改良し，その上で製品を世に出そうとしている。

流通の場合にも，企業はさまざまなデータを利用しつつ，消費者のニーズを想定し，消費者が好むと思われる商品を仕入れようとする。また消費者の行動パターンを予測して，なるべく消費者が好む場所，好む時点，好む価格で商品を供給しようとし，そのための流通経路，運送体制を整備し，在庫保管の体制を作っている。

このような活動も，もう一つの有力な消費プロモーション手段といえるのではなかろうか。

生産活動も流通の活動も，極端な場合には，このような消費者への配慮なしで行なわれることがある。企業側がいわゆる「売り手市場」の立場にあり，供給されるものについて配慮する必要を感じない場合や，昔気質の企業で，消費者に目が向かず，作るもの，売るものに関して企業のポリシーを押し通す場合，あるいは企業が消費者を受動的な存在と見なし，もっぱら広告やセールスによって売上げを伸ばせると考えている場合などには，消費者の意向やニーズを無視することが多くなるであろう。

しかしながら，消費社会はしだいに供給が過剰となる社会であり，消費者も消費経験を豊富に積んでいく社会であるから，このような消費者を無視する立場はしだいに成立しがたくなる。消費者の情報を集め，消費者に寄り添った商品を作る（売る）「消費者志向」は，多くの企業にとって不可欠となり，現在では，そのために多くの予算，人材，時間を投入するようになっている。現在「マーケティング」と呼ばれるもののかなり多くの部分は，このような活動に振り向けられているのである。

そう考えると，直接消費者に向けられたものではないが，こういった活動が

消費プロモーションの一翼を担うものであることは明らかであろう。

消費プロモーションの本質

　それでは，広告やセールスなどの消費者に直接働きかける消費プロモーションと，生産・流通における消費者志向の消費プロモーションとでは，どちらが有効なのだろうか。どちらが消費のあり方を決めるのだろうか。

　まず広告やセールスについては，本章第1節と第2節でかなり多くのことを述べてきた。

　第1節では，広告，セールスなどの働きは限定的であること，ミクロレベルで，つまり企業の売上げ競争での効果はある程度見られるにせよ，それを超えて，特定の消費品目を長い間定着させ，特定産業を発展させるマクロレベルの効果があるとはいえないことを指摘した。一時的で小規模な効果はある程度認められるが，消費社会のあり方を決めるような長期的，全体的な効果は見出しがたいというのが結論であった。

　第2節では，広告の効果についてはしばしば疑問が投げかけられていて，無差別大量の広告，イメージ広告，インターネット広告などさまざまな試みがなされたが，いずれも十分に効果があったとは考えられず，現在は消費者を説得する役割よりも，情報提供的な役割に重点をおく方向に向かっていることを指摘した。

　それでは，生産，流通場面での消費プロモーションについてはどうだろうか。

　広告やセールス等が，「引き潮効果」によっていずれ効果が減少する可能性があったのに対し，生産や流通のあり方を工夫し，消費者にそれ自体の価値を認められる商品を届けるとすれば，実質がともなうので，長期的な需要の増大が見込めるだろう。とくにおいしくもないチョコレートを，さもおいしいかのように宣伝する場合より，本当においしいチョコレートを作るほうが，持続的な消費の増加につながりそうである。

　また，広告やセールスは「相殺効果」により同業者の足の引っ張り合いに終わり，より高いレベルの消費拡大をもたらさないと考えられるが，生産，流通の場面で，商品自体の価値を高くすれば，同様のものを作る競争相手も同じように売上げを伸ばすことができ，より高いレベルでの消費拡大が見込めるだろ

う。

　何か新しい製品，たとえばパソコンが発明され，最初は特定企業が独占したとしても，多くのメーカーが作れるようになれば，どこであれ売上げを伸ばすことができる。パソコンという品目レベルで消費が増え，それが関連の消費に波及すれば情報産業全体のレベル，さらには消費支出全体での消費増加にもつながるだろう。

　こういったことから判断すると，ある消費財が長期的に，マクロレベルで消費されるおもな原因は，消費財そのものにあり，それが消費者に価値を認められるからだと考えるのが最も自然な考え方のように思われる。消費社会の消費を形作っていくおもな要因は，広告やセールスではなく，生産や流通における消費財自体のあり方であり，消費財の価値を高めることが消費社会を前へ進めていくのだと考えられる[12]。

　このような結論は，統計的に実証することは容易でないが，多数の例についてより説得的なのはどちらかを検討してみれば，その妥当性は明らかであろう。

消費プロモーションの非本質的要素

　以上のような考え方は，企業側から見れば，よいものを作る（売る）ことが企業の成功のための基本であるといったことを示しており，古い商家の家訓に遺され，また企業の社是や経営理念として，ホームページの冒頭に掲げられそうなものである。

　これに対して，きれいごとに過ぎない見方であり，現実はそのとおりではないと反論する人もいることだろう。

　たしかに，価値が高いはずの商品があまり売れず，価値が低いと思われる商品なのによく売れるという現象はしばしば指摘されている。また，それほど商品の性能，利点に違いがない現代の消費社会では，結局は広告やセールスの力がものをいうという見方もある。

　筆者は，そういったことが一部現実に生じていることは否定しない。しかしながら，逆に広告やセールスが消費のあり方を決めると考え，消費財そのものを無視ないし軽視する見方は，よりいっそう現実をとらえ損なったものだと考える。

ガルブレイスが生産活動と広告やセールスによる欲望創出を二つに分け，消費を作り出すのがもっぱら後者であるかのように論じたのは，まさにそのような見方であった。彼は，どのように消費が作り出されるかについて，単純すぎる見方をしていた。

　たしかに，ある企業がさしたる特徴もない商品を大量の広告によって売った（消費を作り出した）という事実は，数多く列挙することができるかもしれない。しかしそのことは，たとえば人々が経済成長につれて豊かな食生活を求め，量的のみならず質的に多様な食品を消費するようになったという事実，パソコンやスマートフォンなどの情報機器が発明され，すっかり定着したという事実などとはまったく次元を異にするものである。

　前者は一時的でミクロレベルの消費現象であるが，後者は長期にわたって定着するマクロレベルの消費現象である。ガルブレイスは，このような区別をせず，単純に前者から後者を類推してしまった。しかし実例を考えてみれば，後者については，生産，流通の改善によると考えたほうが説得的な場合が，圧倒的に多いはずである。

　また前者についても，広告やセールスによるように見えて，実は製品の新しさや品質のよさが前提にあり，それを知らせたからよく消費されたと考えられる場合が多いはずである。この場合，広告やセールスと製品とはセットになって効果を発揮しているが，効果の中心は製品のほうにあると考えざるをえないであろう。

　広告やセールスの力だけを強調する見方は，さらに，価値のある消費財を作り出す生産側（企業側）の働きを無視するという大きな問題をもたらす。企業は，ただ何となく消費財を作り，それを売りつけるだけの存在とされ，消費社会における生産と流通という巨大な営みの意味が，著しく矮小化されてしまう。

　そして，広告やセールスの好ましくない説得的機能（誇張したり，うるさくつきまとったり，イメージで包み込んだりといった側面）を強調することによって，企業は基本的に支配的で消費者の利害に反するものと見なされ，両者が利害を共有し，企業が消費者の味方となる道筋を見えなくしてしまう。

　実際には，広告やセールスの中には，商品のよさを正直に伝え，広める情報提供的なものも少なくなく，実際，第2節で示したとおり，淡々と商品の存在

を知らせるインターネット広告が盛んになっている。そして本節で論じたとおり，広告やセールスではない，生産や流通面の工夫，すなわち，経済学や経営学で「イノベーション」といわれる製品の発明，改良，（サービス業などでの）作業上の改善等による消費プロモーションが，非常に大きな役割を果たしている。

それらを視野に入れるなら，広告やセールスの好ましくない説得的側面は，消費プロモーションの非本質的で付随的な要素にとどまると考えるべきだろう。それなのに非本質的要素ばかりを強調し，本質的要素を無視するなら，それは著しくゆがんだ消費社会像を描いたものといわざるをえないのである。

消費を作り出すもの

以上，消費社会の消費を形作っていくおもな要因は，生産や流通における消費財自体のあり方であるという結論に達したが，ここで注意すべきは，その結論は消費社会を作り出しているのが企業であることを意味しない，ということである。なぜなら，たしかに企業は生産，流通上の工夫（イノベーション）によって消費財の価値を高めようとするが，その際，勝手に消費財を作り出すのではなく，消費者に向き合い，寄り添わなければならないからである。現在の市場経済のシステムを前提とする限り，消費者に受け入れられない商品を作っても（売っても），そっぽを向かれるだけであろう。

かといって，消費社会を作っているのは消費者でもない。消費者は，漠然としたニーズや欲求はもっていたとしても，自ら新しい製品を作り出すことは容易でなく，企業が供給する製品に対し，購買行動を通じて支持‐不支持を表明することが活動の中心となるからである。

そう考えると，消費社会を作り出すのは，企業と消費者の相互作用である，という見方が適切となる。企業は消費者の反応を予測しながら商品を供給し，消費者はそれに対して支持‐不支持の反応を示す。不支持の場合は，企業は商品を変化させて再び提供する。それに対して，また消費者が反応する——そういった相互作用の繰り返しを通じて，消費の内容と量が決められていくのである。

そして，さらにいえば，消費社会を作り出すのは，企業と消費者だけではな

い。先に見たように，消費者の反応は，もっぱら自分の主体的な欲求に基づいて行なわれるというものではなく，消費者を取り巻くさまざまな環境に対する反応という面をもっている。したがって，外部の環境要因もまた消費社会を作り出す一因といえるだろう。

　一例だけあげると，冷凍食品が普及した原因を，食品メーカーが広告などを中心に売り込んだことだけに見出すのは不適切である。消費者もそれを受け入れる要素をもっていたからこそ普及したのである。その要素の一つは，消費者がもともと時間や手間を省きたいという潜在的欲求をもっていたことであろうが，さらに，女性が就労する機会が増え調理に充てる時間が限られてきた，といった環境要因が，さらにそれを強めたと考えられる。

　結局，消費社会は，所与の外部環境を条件として，企業と消費者が相互作用し合った結果形成されるというのが最も適切な見方であろう。消費社会は何者かが「作る」ものではなく，さまざまな要因が重なり合って作用した結果として「作られる」ものなのである。

消費社会の倫理性

　最後に，消費社会は，企業と消費者の相互作用によって作られるからといって，けっして幸福で理想的な状態になるとは限らないことを強調しておきたい。

　企業が消費者にとって価値のあるものを作り，流通させると聞くと，消費社会では，人々にとって非常に好ましい状態が実現されるような印象が与えられる。しかし，価値のあるものというとき，そこには実質的な意味は乏しいもの，身体に悪影響がありそうなもの，環境を汚すもの，倫理的に望ましくないもの，下品なものなども多く含まれている。

　たとえば，あまり効果がなく，気安めに過ぎないような化粧品であっても，パッケージが豪華で，人に見せびらかせるようなものであれば，消費者は買い続け，化粧品会社は作り続けるだろう。また紙オムツは，環境の汚染源になりうるとわかっていても，消費者は便利なので使い続け，メーカーは売れる限り作り続けるだろう。評論家や教育者からさんざんこき下ろされるような映画でも，一般の消費者にとって面白ければ，客が多く入り，上映が続けられるだろう。消費者が価値を認めることと，社会的に好ましい結果が生じることはけっ

して一致していないのである。

　このように，企業も消費者も，ともに社会的に好ましくない行動をする可能性があり，その意味で消費社会は倫理的な社会になるとは限らない。企業と消費者が共同で作り上げているということは，必ずしも好ましい結果を生むとは限らず，それどころか企業と消費者が共犯で社会的に好ましくない事態を引き起こすということも，十分ありうるのである。

　本章で論じてきたのは，簡単にいえば消費社会がどのようにして作られるのかという問題であったが，この問題は，消費社会が倫理的な社会であるかどうかという問題とはまったく別のものである。それなのに，これまではこの二つの問題が知らず知らず結びつけられることが多かった。つまり，企業が消費社会を作るから，消費社会には好ましくない事態が生じるのであり，消費者が参加すれば消費社会はよくなる，という見方が有力であった。

　しかし筆者は，このような見方は単純で，今では現実との乖離が著しいものだと考えている。この点については，次章以降，順次明らかにすることにしよう。

課　題

1．　今の日本の消費社会で，広告の効果がはっきりしていると思う例，広告の効果がなかったと思う例を，それぞれ三つずつ示してみよう。
2．　同じ企業が，テレビ広告とインターネット広告の両方を行なっている例を探し，両者で広告の対象者および広告内容がどのように異なっているかを考えてみよう。
3．　自分が最近買った比較的値段の高い物一つを取り上げ，その購買行動に広告やセールス，消費財の性能，デザイン，値段など，本章で取り上げた要因がどのように作用したかを分析してみよう。

注●

1）　ただし，アメリカのジャーナリスト F. L. アレンは，すでに 1930 年代初頭，広告が大きな働きを示すようになったことに注目している［Allen, 1931 = 1986: 186-226］。
2）　日本の広告費については，広告代理店電通が毎年各メディアを通じて発表している。2019 年については，インターネットで「2019 年 日本の広告費——電通」を検索されたい。
3）　ただし，引き潮効果に乏しい消費財について，広告によって一時的に市場シェアを高め，得られた利益に基づいて大きな設備投資を行ない，それによって製造コストを削減し，市場支配力を強め，永続的に高い市場シェアを確保する，という場合は少なくない。

4） 広告が直接の広告対象だけでなく，消費に対する関心を高めるので，上位のレベルで効果をもち，人々を消費全般に対して熱心にさせるという考え方も存在するが［Potter, 1954: 166-88］，このような見方にはとくにデータ上の根拠があるわけではないし，なぜそれが可能かの理論的根拠もはっきりしない。

5） かつて R. H. キャンベルは，このような諸条件の影響を排除する周到な実験を行ない，テレビ広告を行なうことによりマーケットシェアが高まることを確認した［Campbell, R. H., 1969 = 1971, 206-11］。しかし，実験条件を変えるとこれほどきれいな結果は出ないという指摘もある［八巻・梶山, 1983: 162-64］。

6） なお，広告には購買促進効果のほかに，流通業者に信頼感や関心をもたせる，自社の社員を鼓舞する，経営者の自尊心を満足させる，といった効果ももつといわれている。

7） こういった人間行動のとらえ方については，『行動理論の再構成』［間々田, 1991］の第 1 章を参照されたい。

8） 広告費については，日本経済新聞社『広告白書』各年版による。なお，この間広告費の算出法に変化があり，実際の変化はもう少し小さいと考えられる［木村, 2014］。

9） 電通のインターネット上のニューズリリース記事「2019 年日本の広告費」による。https://www.dentsu.co.jp/news/release/2020/0311-010027.html

10） 企業のホームページは，販売促進的効果をもつことがあるが，通常はインターネット広告に含めない［日本インタラクティブ広告協会編著, 2019: 22］。

11） 次のインターネットサイトで調査結果を見ることができる。https://www.jiaa.org/wp-content/uploads/2020/01/20191211_jiaa_user_survey_report_2019.pdf

12） 以上の結論は，マーケティング論でしばしば主張されてきた 「需要はけっして創造することができない。それは一般に，発見し開発することができるだけである」［Stuteville and Roberts, 1975: 10］といった命題にほぼ対応するものであろう。

第3章　消費社会の諸問題

高品質の物も，便利なサービスも，容易に手に入る消費社会だが，子育ての補助という最も基礎的なサービス＝保育サービスは，今なお十分に供給されていない。国会議事堂前で保育園充実を訴える人々（朝日新聞フォトアーカイブ提供）

1　消費社会のアンバランス

消費社会の不安定性

　第2章で示したように，消費社会は，企業と消費者が相互作用を繰り返しながら作り上げてきた社会である。

　現代の消費社会は，企業と消費者の間に相互依存関係を生み出しており，前者の利益獲得と後者の欲求充足が同時に実現されるような仕組みになっている。企業は消費者に魅力的な消費財を提供し，消費者は購買行動を通じて企業に利益を与えている。

　消費者は，企業によって次々と供給される商品の中から，気ままに好きなものを選んで欲望を満たせる立場におり，その限りでは，消費社会はかつてない幸福な社会だといえる。

　しかし，だからといって，消費社会は平穏で何も問題のない社会となるわけではない。それどころか，消費社会はそれに特有のさまざまな問題を発生させている。消費者と企業のどちらにとっても好ましい社会でありながら，なお社会的な矛盾が蓄積され，さまざまな問題が発生してくる。なぜなら消費社会は，消費以外の部分を忘れ，生産と消費だけが暴走しがちな社会であり，社会全体としてはバランスが崩れやすい不安定な社会だからである。

　以下，本章では，消費社会で生じる社会問題について，具体的に検討していくことにしよう。

私的消費と公共消費のアンバランス

　まず私的消費と公共消費のアンバランスの問題がある。

　ここで私的消費とは，これまで単に「消費」と呼んできた，民間企業によって生産され，販売される財・サービスの消費を意味する。それに対して公共消費とは，民間企業ではなく，社会的に提供される財・サービスの消費を意味する。そういった財・サービスは経済学で「公共財」と呼ばれるから，公共消費とは，公共財を消費することだともいえる。

社会的に提供されるといっても，政府や地方自治体から供給される場合と，ボランティア活動やNPO，協同組合などを通じて提供される場合とがあり，その内容は複雑であるが，ここでは，これまでよく論じられてきた前者の場合を中心に考えよう。

　公共消費には，警察，消防，学校教育，公衆衛生，環境保全，社会福祉といったサービスの享受，公営住宅や道路，公園，図書館，公民館など公共施設の利用などが含まれている。

　これらは，私的消費と違って，費用の一部または全部が，利用者ではなく社会的に負担されているため，無料で供給されるか，料金が割引されていることが多い。しかし，消費者が何らかの物やサービスの提供を受け，それによって生活を便利で充実したものにするという点では私的消費と同じである。そのため，ここでは消費の一つのタイプとして考え，「公共消費」と呼ぶことにする[1]。

　消費者は，さまざまな欲求を満たそうとすると，一部は必ず公共消費を行なわざるをえない。ふつうの意味での消費（つまり私的消費）だけでなく，公共消費が十分行なわれてこそ，生活全体が充実し，豊かになるのである。

　それにもかかわらず，資本主義経済のもとでは，公共財の供給は私的消費財の供給と比べて遅れがち，不足しがちであるといわれてきた［Galbraith, (1958) 1984＝1990；暉峻，1989］。

　たとえば，私的消費の水準が上がってどんどんゴミの量が増えるのに，ゴミを処理する施設が不十分でゴミがあふれだすとか，若者向けの娯楽施設はたくさんあるのに，高齢者が安心して過ごせる福祉施設が大幅に不足している，といった現象がしばしば見られた。最近の日本では，地震や水害などの防災体制の不備，保育施設の不足，高齢者福祉の脆弱さなどがしばしば指摘されている。

　こういったアンバランスは，以前は市場経済に基づいて経済を発展させようとする資本主義の仕組みが存在する限り避けがたいものと考えられていた。しかし現実には，消費社会が発展し，一通り私的消費への欲求が満たされると，公共消費の充実を求める世論はしだいに強くなり，政府，地方自治体はその充実に努めざるをえなくなった。

　実際日本でも，高度経済成長期以降，公共財（サービスを含む）の供給は大

幅に増加し，道路，下水道などの基礎的社会資本（社会的共通資本，社会インフラともいわれる），体育施設，公共ホールなど市民向けの公共施設，さまざまな福祉施設と福祉事業などが次々に整備されていった。現在では，資本主義経済のもとでは公共財が一様に供給不足になるという見方は説得力を失っている。現在でも不足している公共財は多いが，その一方で，一部の道路，文化施設など，利用率が低く，過剰に供給されたと思われるものも多く現われるようになり，無駄な公共事業，ハコモノ行政などの言葉で批判されるようになった［五十嵐・小川，1999］。

　他方，その後公共財は供給不足とは別の問題に悩まされることになる。それは維持・管理が行き届かなくなるという問題である。公共財は，いったん施設や制度が作られると，その維持・管理に固定的な費用がかかる。しかし，地方自治体の財政難，高齢化や人口減少による利用者減などにより，その固定費を賄うのが容易でないものが増えてきた。とくに日本では，経済の停滞と人口減少が顕著になった21世紀以降，この問題が大きく顕在化してきた。

　今後は，高度経済成長期に作られた道路，橋梁，ダムや堤防などの物的公共財（社会資本）が，大量に改修（ないし補修，再建）を必要とする時期に差し掛かり，ますます問題が深刻化することが予想される［インフラ再生研究会，2019］。

　こういった状況のもと，政府や自治体の財政支出を増やすというこれまでの方向とは逆に，民間に経営を任せるという「民営化」の動きが顕著になってきた。公共交通，高齢者福祉施設の民営化はよく知られており，最近では水道事業の民営化が注目されている。

　民営化を支持する新自由主義の立場からは，民営のほうが，効率上優れているしサービスが向上すると主張されるが，民営化は安全性の軽視，受益者の偏り（富裕層や大都市部への偏り）などを招くという批判も少なくない。

　以上のように，現代消費社会では，公共消費への需要と公共財の供給とのバランスが，十分とれているとはいえない状況にある。前章で述べたように，消費社会は私的消費を充実させるためのシステムを巧みに作り上げてきたが，公共消費については，まだ安定的なシステムを作り上げたとはいえない。

　公共消費は，購買行動をともなわないことが多いので，消費者は公共消費へ

の要求を直接，即座に示すことが難しい。また，公共消費はとかく消費の実感がないものなので，要求（欲求）自体をはっきり自覚しにくい面がある。供給側も，売上げなどの指標が乏しく，何を基準にどれだけ公共財を供給すればいいかについて，適切な判断が難しい。さらに，供給を増やそうとしても，法的，政治的プロセスが必要なことが多く，機動性に欠ける場合が多い。

　こういった難しさを克服して，どのように公共消費を充実させ，私的消費とバランスをとっていくかは，現代の消費社会に課せられた大きな課題だといえよう。

消費者問題の発生

　消費とは，人間にとって有用な財・サービスを入手して利用することである。したがって，本来ならば人間には好ましい結果，すなわち欲求の充足，目標の達成が生じるはずである。消費によって好ましくない結果が生じることは，経済学では基本的に想定しなかったし，日常生活でも，実際に経験しない限り想像のつかないことである。

　しかし現実には，消費の過程で健康被害や経済的不利益など，好ましくないことが起こることは珍しくない。

　消費過程において，消費者が被る健康被害や経済的不利益は，一般に消費者被害といわれるが，単に個別に被害が生じるだけでなく，社会的な広がりをもって生じる場合に，「消費者問題」と呼ばれることが多い［横山，1989: 222］。

　たとえば工業製品では，道具類や電気製品の思わぬ破損によってけがをしたり，薬品，化粧品等に含まれる化学物質によって，健康被害が生じたりすることがある。食料品については，従前からある腐敗と細菌による被害に加えて，残留農薬や食品添加物による健康への悪影響が懸念されてきた。商業，金融の分野では，詐欺的な商品やセールス，マルチ商法，悪質金融業者による法外な高金利などがしばしば問題となってきた。

　最近では，輸入農産物の安全性問題，電子商取引（ネットショッピング）をめぐるさまざまな不正，手を替え品を替え発生する振り込め詐欺など，新しい消費者問題も次々に生まれている。

　消費者問題は古くから存在していたものであろうが，深刻化し，社会問題と

して認知されるようになったのは，まさに消費社会が実現した時期であった。

アメリカでは，消費者問題が深刻化してきた1962年，「消費者保護に関する特別教書」が議会に提出された［巻，1987: 42-44］。この教書ではじめて消費者問題が公に認知されるとともに，消費者保護が政策課題として取り上げられた。また，その後間もなく，ラルフ・ネーダーらによって，消費者運動，つまり市民の消費者問題への取り組みも活発化していった［Warne and Morse, 1993 = 1996: 212-37］。

そういった動きをうけて，先進各国では，しだいに政府・自治体の消費者行政と，市民による消費者運動が発展し，消費者問題に対処する体制が整えられるようになった。

日本でも，戦後の高度経済成長とともに消費者問題が頻発するようになり，岡山県を中心に乳幼児の死者130名，中毒患者1万2000名といわれる大惨事となった森永ヒ素ミルク事件（1955年），1000名もの肢体の不自由な新生児が産まれたサリドマイド事件（1960年代前半），米ぬか油に含まれた化学物質PCBにより1万人以上に特異な身体的被害が出たカネミ油症事件（1968年）などが起こった。

その惨禍と，アメリカにおけるコンシューマリズム（消費者中心主義）の高まりの影響で，日本でも消費者問題が認知されるようになり，1968年に消費者保護基本法が制定された。また，それとともに，さまざまな形で消費者行政が展開されるようになった。

その後も，各自治体に消費生活センターが設置され，さまざまな消費者関連の法令の整備が進み，2004年には上記の消費者保護基本法は消費者基本法に改められ，2009年には消費者庁が設立されるなど，基本的な方向としては消費者行政の整備が進んでいった。

また，当時の市民運動活発化の風潮の中で，消費者運動もしだいに盛んになり，さまざまな消費者団体が設立された。

それにしても，消費者がちやほやされ，最も幸福であるはずの消費社会で，このように消費者にとって好ましくない事態が顕在化してきたのは，皮肉なことである。

消費社会で消費者問題が頻発する原因を考えてみると，一つには，活発に技

術開発が行なわれ，矢継ぎ早に新商品（サービス，情報も含む）が生産されるからだといえる。このような社会では，企業，消費者ともに，新しい商品の性質，とくにその危険性をよく理解できておらず，対策も十分でなく，思わぬ被害が生じることが少なくない。

　また，消費社会が激しい企業間競争をともなう社会であることも一つの原因である。競争の激しい社会では，企業が売上げを増やすために，品質管理の手抜きをしたり，製品の危険性を避けるための費用を惜しんだり，不正な販売方法をとったりといったことが起こりやすくなる。

　さらに，本来公共の利益を考えるはずの中央官庁や地方自治体が，消費者保護を十分に行なわないことによって消費者問題が発生してしまうことも少なくなく，行政の体制不備，企業寄りの姿勢，怠慢や官僚主義も原因の一つと考えられる[2]。また，公共消費の場合には，これら行政機関自体が供給元となり，消費者問題を発生させることもある。

　消費者行政は，21世紀に入ってからは，行政効率化のため予算の削減，担当職員数の抑制，消費生活センターの統廃合などが行なわれ，後退傾向が懸念されている[3]。

　また，現在消費者運動は全般に停滞気味であり，若い世代の無関心や担い手の高齢化が問題となっている。

　他方，インターネット情報の拡散により，問題を起こす企業や官庁が明るみに出されバッシングされることが多くなり，その意味では市民による消費者問題への監視が強まっているという面もある。

　消費者問題が消費社会の重要問題であることが十分認識され，政府や地方自治体が行政課題としてきちんと取り組んでいくかどうか，また消費者が消費者問題の防止に関心をもち，対応する意欲を示し続けるかどうか，今のところ予断を許さない状況である。

消費の階層間格差

　消費社会は豊かな社会であり，収入が少ない人でも満腹感のある食事をとることができ，ほとんどの家に主要電化製品や自家用車が普及し，ほとんどの人がある程度までレジャーを楽しむことができるような社会である。一部の金持

ちだけでなく，多くの人々が消費生活を享受できるようになった社会だともいえるだろう。

　しかし，ここで注意すべきは，このように全体的に豊かになることと，その豊かさが均質であることとは違うということである。

　消費社会の発展期である第2次世界大戦後しばらくの間は，幸いにして，全体的に豊かになる傾向と，豊かさが均質になる傾向が同時に生じていた。

　この時期，日本をはじめとして多くの先進国では，経済が成長しただけでなく所得格差の縮小傾向が見られた[4]。そのため，消費社会は，全体的にあまり豊かさの程度が違わない，誰でも似たような消費生活を送るような社会だ，という期待（あるいはイメージ）をもたれるようになった。豊かさと平等が同時に達成される傾向にあったので，それが消費社会の本質のように感じられたのである。

　しかし，その後の変化は，当初の期待（イメージ）を裏切るものだった。

　消費社会である多くの先進諸国で，1970年代以降，所得格差を示すジニ係数は上昇傾向を示すようになり，格差が拡大していった[5]。

　その原因は複雑であるが，直接的には，非正規雇用の増加，企業内での成果主義化あるいは能力主義化，産業間の格差拡大，税制の変化，社会保障制度の機能不全（や後退）などが，背景要因としては，平等の実現よりも自由競争を重視する新自由主義的な経済思想が主流となったことがあげられるだろう。

　その結果，消費社会をリードしてきたアメリカでは，富裕層の所得が著しく増大し，2010年には，人口の10％の高額所得者の所得だけで国民所得全体の50％近くを占めるまでになり［Piketty, 2013 = 2014: 336］，超格差社会といわれている。

　日本では，戦後（第2次世界大戦後），1970年代まで格差の縮小傾向が見られたが，1980年代以降，所得格差は拡大傾向に転じ，他のさまざまな格差と合わせて「格差社会」が流行語となった。

　経済成長が著しく消費社会化が進んだ東アジアや東南アジア，ロシアや中南米諸国でも，原因は異なるにせよ，所得の格差が拡大するという点においては同様の傾向にある。

　そして，これらの諸国では，所得格差が拡大するだけでなく，資産（財産）

の格差も拡大しているといわれている。

　こういった格差の拡大は，消費社会のあり方にどのような変化をもたらすのだろうか。

　一つの可能性は，消費の余力が乏しい（消費に回せる金額が少ない）階層の人々が，不満を募らせ，社会を不安定化させるということである。

　上記のとおり，消費社会は多くの人が似たような豊かな消費生活を送れると期待された社会であった。そして，消費社会はマスメディア等を通じて，どの階層に対しても均等に欲望を刺激する。そのため，どの階層の人々も同じような消費の欲望をもちそうである。

　そうすると，消費の余力が乏しい人たちは，消費余力のある人たちのように消費できないことに，不平等や不自由を強く実感することになるだろう[Miles, 1998: 148-52]。社会学でいう「相対的剥奪感」である。

　それを解消しようとすれば，無理な長時間労働をしたり，過剰なローンを組んで後から苦しんだり，といった結果につながりやすい。また場合によっては，ギャンブルにのめりこむ，犯罪や非行に走るといった事態も生じてくる。さらに，格差が経済政策の不適切さによるものと考えられた場合には，政治的対立が激化し，社会が混乱する可能性がある。

　しかし，そうはならない可能性もある。消費が十分でない人たちは，どうせ実現しないのだからと消費への刺激をやり過ごし，それぞれの階層で異なった消費のスタイルを作り出し，「階層化された消費社会」となるかもしれない。

　たとえば，ある階層では子供の大学進学を当たり前と考え，持ち家を手に入れ，老後のための貯蓄をし，何度か海外旅行をするかもしれない。しかし別の階層では，日々の食事や車には一定のお金をかけるが，進学は考えず，家は借家でもかまわず，将来への貯蓄の備えはせず，身近な娯楽で満足する，といった暮らし方をするかもしれない。それぞれの階層で，それなりに実現可能な消費生活を実現しようとするのである[6]。

　この場合，一定の豊かさが確保された上で，人々が望む消費生活が多様化し，それぞれの階層で落ち着いた生活が送られるので，欲求不満はあまり生じないかもしれない。

　しかしそれは，かつて期待された均質な豊かさが実現されるような消費社会

とは，大きく異なったものになってしまう。また，経済が不調になると，ある
いは大きく産業構造が変化すると，より余力のない階層に失業，倒産，収入減
などが集中し，それまでの消費生活が崩壊してしまう可能性が高い。

　以上のどちらの傾向が強まるかは，社会情勢によってさまざまであろうが，
どちらにせよ，階層格差の拡大は消費社会にとって好ましいものではない。不
満に満ちた豊かさ，分裂した豊かさをいかにして避けるかは，消費社会が真に
豊かな社会になるための避けられない課題であろう。

消費社会における精神の問題

　以上は，序章で述べた消費社会の三つの要素でいえば，物質的要素と社会的
要素に関わるものだったが，もう一つの精神的要素に関わる問題も起こりうる。
それは，生産と消費のバランスの問題である。

　消費社会では，人間は豊かさを実現するために，一般的には，熱心に働いて
生産を拡大し，収入を増やそうとする。消費と豊かさは目的であり，生産はそ
の手段となる。

　ところが，そういう関係とは別に，生産と消費には対立する面がある。なぜ
なら，消費は，物やサービスを利用しながら楽しい時間を過ごすことを目指し
ているのに，生産の時間や，生産に求められる態度は，消費とは相いれないこ
とが多いからである。働いている間は消費できないし，生産活動に必要な緊張
した態度は，気楽に過ごす消費の態度とは相いれないであろう。

　そこで，消費社会が実現すると，もう豊かさが達成されたので，働くことは
ほどほどにして，消費と快楽を追求しようとする態度が現われる。生産に精を
出す人間から見て遊び人で，現在の楽しみばかりを重視するような人間が増え，
それ以上の豊かさへの関心が低下する［Bell, 1976 = 1976］。そしてその度が過
ぎると，経済活動の停滞，後退につながっていく。こういった事態については，
実際 20 世紀後半の先進各国でしばしば論じられた。

　他方，そうはならない可能性もある。ひたすら働き続け，ひたすら消費水準
の上昇を目指すということである。

　しかし，その場合には何を消費するのかが問題になる。人々が豊かさを目指
したのは，もともとは足りないものがあり，不自由があったからだが，それが

実現されてしまうと，その先，消費の内容はあってもなくてもいい「過剰」なものになりかねない。不要なものをたくさん買いあさること，流行を追うこと，人に見せびらかすこと，必要ないほどの便利さや高性能を求めること，などが目的となってくる。そして，そのような目的のためにひたすら働き続けることが，果たして健全な生き方であるかどうかが疑われるようになる。最近の先進各国では，こういった事態についても懸念されている［Schor, 1992 = 1993；中野，1992］。

　いずれにしても，消費社会では，適切な消費のために適切な生産（仕事）を行なうという，バランスのとれた経済運営は容易でないのである。

　この問題については，引き続き第4章，第5章で論じることにしよう。

2　消費社会のグローバルな問題

消費社会と発展途上国（1）

　現代の消費社会は，孤立して存在しているのではなく，グローバル化する世界の中で，他の社会との相互関係のもとで成り立っている。その中には，経済力に差がある発展途上国との関係が必然的に含まれている。

　消費社会（多くは先進国）と発展途上国との関係はさまざまであるが，以下，とくに重要な関係ごとに，多くの社会問題が発生していることを示していこう。

　まず，発展途上国が消費社会で必要な原材料の供給元となる，という関係がある。

　この関係は，欧米が植民地支配を行なっていた時期から続いており，発展途上国はコーヒー，カカオ，バナナ，砂糖，綿花，タバコ，ゴムなどの農産物，水産物，（宝石の）原石，金鉱石，その他鉱物資源を生産し，それを消費社会に輸出している。

　ここで長い間問題とされてきたのは，輸出価格が低水準に抑えられ，賃金も低く，不公正な取引になりがちだということであった。たとえば，先進国の喫茶店のコーヒー価格が400円として，そのうち現地のコーヒー生産者に渡る金額はわずか2円程度，といった具合である［辻村，2012: 81-106］。

綿花の採取に駆り出された子供たち　アフガニスタンにて　（時事通信社提供）

　このように輸出価格が低いだけでなく，価格が不安定であること，一般的には価格が低下傾向にあることなどから，原材料輸出に特化した地域の人々は，容易に貧困を脱出できないといわれている。さらに，貧困ゆえの児童労働，輸出用農水産物の生産に特化したための日常生活用食料の不足，機械，農薬，種子などを先進国から買うことによる負債の増大なども，しばしば指摘されている[7]。

　次に，発展途上国が消費社会向けの工業製品を作る，という関係がある。これは，工業化が進み始めた地域でしばしば見られるものである。

　消費社会の人々は，使用している衣類や雑貨など軽工業製品が発展途上国の製品であることを，日常よく目にしているであろう。

　先進国の企業が発展途上国に工業製品を発注するのは，少しでも人件費を安くし，生産コストを下げるためであるから，工場は賃金が安くても労働者が集まるような，人口過剰で貧困な地域に立地することが多い。そのため，賃金は低く，労働環境は劣悪となりがちである。また，原材料の場合と同じく，児童

労働に頼ることも多くなる。

　こういった劣悪な条件の工場は，1990 年代以降消費社会（先進国）で広く注目され，「スウェットショップ（sweatshop，搾取工場）」と呼ばれるようになった。スウェットショップを例外的なケースだと思う人がいるかもしれないが，実際には多くの人気ブランド，有名な企業が関与を疑われており，けっして例外的なものではない［Werner and Weiss, 2003 = 2005］。

　スウェットショップが問題視される中，2013 年には，バングラデシュのラナプラザ・ビルが倒壊し，中にあった縫製工場で，死者 1134 人，負傷者 2500人以上を出す大事故が起こった。この事故は，スウェットショップの悲惨な状況を象徴するものとして，世界中から注目され，批判の的となった[8]。

消費社会と発展途上国（2）

　3 番目に，発展途上国住民が消費社会に移動し労働者となる，という関係がある。

　消費社会では，すでに数多くの外国人労働者が働いていて，当該国民に敬遠される肉体労働，単純作業，深夜労働，サービス業などに従事している。

　このような労働者は，低賃金，劣悪な労働環境，不安定な雇用，子女の教育問題，差別問題など，多くの問題に遭遇している。しかし，彼らがいなければ成り立たない産業は数多く，その中には，鉱業，建設業などのほか，飲食店，食品製造業（コンビニ弁当など），小売業，農業など，消費関連の産業も少なくないのである。

　4 番目は，発展途上国向けに消費社会が消費財を供給する，という関係である。

　消費社会は，自国の需要が減った，あるいは自国の生産が過剰になった消費財を，しばしば発展途上国に輸出する。たとえば，禁煙が進んだために需要が減ったタバコ，少子化で生産が過剰になった粉ミルクなどである。

　こういった輸出は，適切に行なわれれば現地の人々を利するはずであるが，実際には必ずしもそうではない。

　1970 年代以降，アジア・アフリカ諸国で，消費社会から輸出された粉ミルクで乳児が死亡するという痛ましい事件が非常に多く発生し，世界的に大きな

問題となった［Schudson, 1984: 122-25；アースデイ日本編, 1992: 38-39］。その原因は, 製造元の企業が販売に熱心であるにもかかわらず, 輸出先の母親たちにきちんと使い方を示さなかったためとされている。

それだけでなく, 消費社会で有害とされた物資（医薬品やタバコなど）を, 規制のゆるい発展途上国に輸出するといったことも少なくない［日本消費者連盟, 1990: 86-116］。

また, 有害ではないにせよ, 食物などについて（たとえばファストフード）, 消費社会の商品を強引に普及させることもあり, それによって発展途上国の固有の文化を破壊しているという批判がなされている。

そして近年は, 消費社会の売れ残り商品や中古品が大量に発展途上国に輸出, あるいは寄付されている（衣料品など）。これらは現地の生活を支える場合もあるものの, 過度に低価格のため, 現地の産業を壊滅させてしまうことがある。

最近では, 発展途上国の低所得層向け商品を供給する BOP（base of the pyramid）ビジネスが盛んになっているが, これもやり方しだいでは, 現地の健全な産業発展を損なう可能性があるといわれている。

最後に, 消費社会が発展途上国へと廃棄物を移動させる, という関係がある。

消費社会では, 大量生産, 大量消費によって生じた廃棄物の処理に多額の費用がかかり, また廃棄場所自体が不足する傾向にある。そこでそれらを発展途上国への移動という形で処理するのである。

しかし, その捨て方は多くの場合, 場当たり的であり, 安全性に配慮したものではない。それどころか, 消費社会の環境基準, 安全基準が高いので, そのためのコストを削減するために発展途上国に廃棄するという傾向が強い。そのため, しばしば発展途上国の環境汚染や健康被害などをもたらし, 産業用地（農地, 漁場など）を圧迫するなどの影響も見られる。

日本はプラスチックゴミをアジア諸国に大量に輸出してきたが, 近年は輸出先の国々で処理しきれなくなり, また現地の環境汚染の原因となったので, 輸入を拒否する国が多くなってきた。そのためゴミの行く先がなくなり, 大きな問題を生じさせている。

以上のように, 消費社会はその繁栄の裏側で, 発展途上国にさまざまな問題を生じさせる。消費社会の消費財を少しでも安くするために発展途上国労働者

の賃金が抑えられ，消費社会の余り物や廃棄物で発展途上国の社会が混乱している。消費社会の消費者は，けっしてこれらの問題に無知，無関心でいてはならないのである。

資源と環境の問題

　発展途上国との関係とは別に，消費社会では，グローバルな資源問題と環境問題が深刻化する傾向にある。

　消費社会は大量の資源を消費する社会で，資源への需要はますます増大しており，エネルギー資源，鉱物資源，水産資源（魚介類），森林資源は，いずれも枯渇の危険性を指摘されてきた。資源をどのように安定的に供給するかは，これからの消費社会にとっての死活問題である。

　また，消費社会が排出する膨大な排出物，廃棄物は，大規模な自然破壊と環境汚染を引き起こしてきた。

　環境問題は，はじめは鉱山や工場がもたらすもので，消費社会とは直接関係しないものと思われていた。しかし時の経過とともに，消費財の生産・流通にともなう排出物や，消費そのものにともなう廃棄物の問題へと比重が移り，消費社会との関連を強めていった。

　家庭用エネルギーの消費増加による温室効果ガス（CO_2等）の発生増加，自家用車の排ガスによる窒素化合物排出，家庭排水による水質汚染の悪化など，消費者の生活が便利になったことにより，環境問題を深刻化させている例は少なくない。

　それとともに，はじめは地域的な公害問題であった環境問題は，しだいに規模が大きくなって国家単位の問題となり，さらには，酸性雨，オゾン層破壊，地球温暖化などのグローバルな問題，すなわち地球環境問題へと拡大した。地球環境問題は，消費社会が発展し消費者の豊かな生活が広範に広がったことによって発生してきたものである。

　現代の資源問題と環境問題は，消費社会と深く絡み合った問題であり，極端にいえば，消費社会そのものが原因であるとさえいえるものである。

　消費の拡大と物質的豊かさの実現は，人類の長い間の夢であった。その夢の実現自体がこのような深刻な問題をもたらしたのである。

この問題にどう取り組むかは，消費社会の喫緊できわめて重要な課題となっている。

　詳細は第8章で論じるので，ここでは問題の重要性を指摘するだけにとどめたい。

消費社会の構造と問題

　以上のように，消費社会は満たされた豊かな社会でありながら，多くの問題を抱えた社会でもある。公共消費が私的消費とバランスがとれるように供給されているとはいいがたく，欲望を満たすはずの消費が消費者問題を生み，豊かさが均等に実現されずに格差が広がり，生産と消費に携わる人々の精神のあり方が問われ，発展途上国に矛盾がしわ寄せされ，資源・環境問題が深刻化するのが消費社会なのである。

　これらは，改めて考えると，消費社会において当然起こってもおかしくない問題であるともいえる。

　資本主義のもとでの企業と消費者の相互作用システムは，もともと私的消費を最大限拡張し，消費者の当面の欲求を存分に満たそうとするものであった。しかし同時に，それ以外のことには配慮していないシステムであり，消費の結果どんなことが起ころうと，社会にどんなに歪みが生じようとお構いなしのシステムでもあった。だから，論理的に考えれば，これらの問題が生じないはずはないといえるだろう。

　それゆえ，これらの問題を解決するためには，企業と消費者の相互作用システムに，何らかの補完的システムを加えなければならない。

　第1章で見たように，資本主義は，安定的に成長するために，ケインズ的政策，福祉政策など，いくつかの補完的システムを作り上げた。それによって，資本主義は飛躍的に成長して消費社会が実現した。

　しかし，消費社会は，そのままでは，以上のようなさまざまな問題を招来する不完全なシステムである。消費社会に対しても，以上の問題を解決するための補完的なシステムを整えなければならない。

　その試みはすでに始まっているが，まだまだ不十分である。物質的豊かさを最優先課題としそれを実現した今，われわれは，本章で論じてきた問題にもっ

と正面から向き合わなければならないのである。

変貌を続ける消費社会

　問題を抱えながらも，消費社会は成長を続けている。ますます便利な機械やサービスが登場し，ますます大量の物資が生産され，ますます多様な商品が国境を越えて行き来している（消費社会の物質的要素）。

　他方，上記のようなさまざまな問題が発生しているので，それに応じたさまざまな補完的システムが求められ，一部実現しつつある（消費社会の社会的要素）。

　消費者自身の精神のありようも変化している。前節最後に示したように，豊かさを実現しつつある時期と，ほぼ実現してしまった時期とでは，人々の心のありようは同じではありえない。豊かさを実現したあとに，人々はそれまでとは違う態度や価値観を示すと考えられる（消費社会の精神的要素）。

　そしてさらに，消費社会の外部環境も大きく変化している。消費社会の初期に見られた東西冷戦は解消されたものの，それ以外の国際紛争の終息は見られず，けっして世界が平和で安定したとはいえない。科学技術はますます発展しているが，便利になっただけでなく，危険度も増しているように思える。その中でもとくに IT 技術の発達は著しく，驚くべきスピードで情報社会が発展しているが，IT が世界の安定と混乱のどちらの方向に作用するかはまだわかっていない。西欧先進国や東アジアでは高齢化が進行し，社会の基本構造を維持できるかどうかすら，あやしくなっている。

　これらの変化は，消費社会の外部にありながら，消費社会にも大きな影響を与えざるをえないだろう。

　以上のように，消費社会は一定の構造を保ちながらも変貌し続けている。それを考えると，これまでのように消費社会を構造や仕組みといった観点だけからとらえるのは不十分であろう。

　第Ⅱ部では，消費社会がどのように変化しているのかという「変動」の視点から，消費社会についてさらに詳しく検討していくことにしよう。

課　題

1. 消費者問題だと思われるもののうち一つを取り上げ（本文中例示したものでも可），参考文献，インターネットサイトなどで詳しく調べて，まとめてみよう。
2. 任意の消費財三つを取り上げ（たとえば食事，クルマ，レジャーなど），自分自身，自分の所得水準より高い階層，自分の所得水準より低い階層で，それぞれどんな違いが生じるかを具体的に考えてみよう。
3. 消費社会のグローバルな問題について，本文中に例示したエピソードのどれか一つを取り上げ，参考文献，インターネットサイトなどで詳しく調べて，まとめてみよう。

注●

1) 経済学では，公共財の利用，使用などについてはとくに呼び名がなく，消費の一つとも見なしていない。したがって，公共消費という言葉はほぼ筆者の造語である。
2) 非加熱製剤による1800名にもおよぶ大規模なHIV感染の被害が生じた薬害エイズ問題（1980年代）では，公共機関である病院や監督官庁である（旧）厚生省が，訴訟で責任を問われた。
3) 全国消費者団体連絡会による次のレポートを参照。
https://www.cao.go.jp/consumer/iinkai/2019/291/doc/20190214_shiryou3_1.pdf
4) 第2次世界大戦後の所得格差縮小傾向については，次の資料を参照。内閣府『世界経済の潮流2017年I』，第1章「グローバル化と経済成長・雇用」の章末「参考1：世界における所得格差」
https://www5.cao.go.jp/j-j/sekai_chouryuu/sh17-01/s1_17_1_3.html
5) 先進各国のジニ係数上昇傾向については，次の厚生労働省資料を参照。
https://www.mhlw.go.jp/wp/hakusyo/kousei/17/backdata/01-01-03-01.html
6) いささか時代的には古いが，階層的消費社会のイメージが，P. ブルデュー『ディスタンクシオン』第Ⅲ部第5章～第7章に示されている［Bourdieu, 1979 = 1990］。また，若者についてのみであるが，日本での階層的消費社会のイメージを伝えるものとして，原田曜平『ヤンキー経済』を参照されたい［原田，2014］。
7) こういった原材料生産地の問題については，すでに多くの文献で紹介されている。たとえば，J.-P. ボリス『コーヒー，カカオ，コメ，綿花，コショウの暗黒物語』などを参照されたい［Boris, 2005 = 2005］。
8) スウェットショップの直接的な雇用主は，現地の下請企業であり，先進国企業は責任を負わないことが多かった。また，現地政府も先進国企業が他国に移動しないよう，スウェットショップを放置しがちであった。なお，ラナプラザの事件については，話題を呼んだドキュメンタリー映画「ザ・トゥルー・コスト」（THE TRUE COST）で紹介されている。

第 II 部

消費社会の変動

第4章　消費社会の人間像

消費社会は人々の人間性をどう変えていくのだろうか。遊び終わったあと，路上でたむろする若者たち。1990年代末の渋谷センター街，朝の風景（撮影：石渡雄介）

1 消費志向的人間への着目

生産志向と消費志向

　消費社会ではどんな人間が多くなるだろうか。それによって，社会にどのような変化が生じるのだろうか。——本章で論じたいのはこのような問題である。

　消費社会は，第1章で述べたように資本主義経済のもとで生まれたものであるが，他方では高度な科学技術と，積極的に生産活動にいそしむ人々の活動を通じて実現されたものである。社会のこういった側面は「産業社会」と呼ばれるが，産業社会において，消費財の生産能力が飛躍的に高まったからこそ，豊かな消費が可能となり，消費社会が成立したのである。

　産業社会は，それまでとは違う新しいタイプの人間を必要とした。それはまず，発達した科学技術に対応しうる，知識を尊重する理性的な人間であり，また，生産の水準を上げていくために，熱心に仕事に取り組み，効率的な業務遂行を目指す人間である。さらに，資本を蓄積するための貯蓄と投資への意欲，着実な生産を目指す計画性，将来の豊かさを積極的に追求する発展志向なども必要かもしれない。

　このような，産業社会に見られる生産を促進するような人間の生き方を，本書では「生産志向」と呼ぼう。

　生産志向的な人間は，もともとは18，19世紀頃に登場したと思われるが，現在では産業化（工業化）と経済発展を実現しようとする社会で，共通に必要とされる人間像と考えられている。消費社会の豊かさは，このような人間が活発に生産活動を行なった結果，実現されたと考えられるのである。

　ところが，消費社会が実現すると，このような生産志向的な人間とは大きくイメージの異なる人間が出現する。序章第1節で示したように，消費社会は人々が消費に対して強い関心をもつ，消費主義と呼ばれる心理的傾向が広がった社会であるが，消費という行為においては，高度な知識も，熱心な仕事も，効率的な業務もとくに必要としない。消費社会においては，むしろ，感覚的に心地よいことを求め，生活を楽しみ，時間や規則にしばられず，自由奔放に生

きることが，好ましいとされるだろう。そのような生き方が，消費というもの
を，より人間らしい姿で，満足のいく形で実現できると考えられるからである。

　ここでは，このような消費社会の進行とともに現われる生き方を，「消費志
向」と呼ぶことにしよう。

　消費志向的な人間は，生産志向的な人間とは大きく異なっており，むしろ対
照的な価値観や性格をもっている。生産と消費はもともと対照的な行為であり，
生産が物を作るのに対して，消費は作られた物を消耗させていくものである。
生産が複雑で緊張の必要な作業を必要とするのに対して，消費は単純でそれほ
ど精神の緊張を必要としない。そのため，生産に必要な人間の精神構造と，消
費に向けられる人間の精神構造は大きく違ってくるだろう。

　そして，市場経済と産業社会が発展し，豊かな消費社会が実現するにつれ，
人々のエートス（精神的特質）は，生産志向から消費志向へと重点を移してい
くであろう。

　経済発展の緒についた段階で，まだそれほど豊かでない時期には，人々は生
産志向的性格を強くもち，熱心に経済発展を目指して努力する。しかし，高度
に経済が発展し，しだいに生活が豊かになるとともに，人々は消費への関心を
強め，消費志向的になっていく。こういった傾向は，欧米や日本，他の東アジ
ア諸国に共通して見られる傾向であった。

　生産志向があってこそ豊かな消費生活が実現できたのに，いつの間にか消費
志向が強まっていく。産業化の過程が続き，生産志向的人間が優位を占めてい
た社会の中で，消費志向的人間がしだいに増殖していく。それが消費社会化の
過程のように思われるのである。

20世紀前半までの状況

　こういった消費志向的な人間への変化は，これまで研究者にどのようにとら
えられてきたのだろうか。

　消費志向的な人間は，社会の一部にはかなり古くから存在したと思われるが，
20世紀前半までの社会学者が，それを重要なテーマとして取り上げることは
少なかった。消費社会自体が未成熟の段階にあり，消費志向的人間はまだ少数
派だったからである。

ドイツの社会学者 M. ウェーバーも，基本的な関心を生産志向のほうに向けていた。

彼は，西欧が近代化，産業化（工業化）を実現する過程で，キリスト教のプロテスタンティズムの倫理に起源をもつ「資本主義の精神」が大きな役割を果たすと考えた[1]。「資本主義の精神」は，禁欲的で勤勉，積極的に事業や投資に取り組む生活態度を示し，倫理・道徳の色彩を帯びるものであった。内容的には，ほぼ筆者（間々田）のいう生産志向に近いものを含んでいる［Weber, 1904-1905 = 1989］。

他方ウェーバーは，20 世紀初頭に消費志向的人間が台頭し始めた状況を，ある程度見聞していたようで，将来の資本主義社会で「心情なき享楽人」が増加する可能性をほのめかしている［Weber, 1904-1905 = 1989: 366］。これは消費志向的人間に相当するものであろう。しかし，彼の著作全体から判断すると，生産志向から消費志向への変化を予想していたとはいえず，むしろ，生産志向がますます強化され，「合理化」が進んでいくという見通しをもっていたようである［Shils, 1987 = 1994: 511-13］。

フランスの社会学者 É. デュルケムは，世界に先駆けて消費社会的状況を作り出していたフランスの実情をふまえ，主著『自殺論』において「アノミー」（欲望が無規制になった状態）について論じている［Durkheim, 1897 = 1968: 213-19］。アノミーもまた消費志向に通じるものであるが，彼は病理現象のほうに主たる関心を向けていて，その原因となる消費志向には特段注目していない。

同じく社会学者の G. ジンメルは，ウェーバーやデュルケムよりも消費への関心が強かったようで，都市で発達してきた消費文明に注目し，いくつかの論考を残している。その中でも流行に関する考察は有名であり［Simmel,（1904）1919 = 1976］，消費志向から生じる流行現象を取り上げている。しかし，形式社会学の祖といわれるジンメルは，おもに流行における人間関係（影響関係）を論じようとし，消費志向的な人間そのものについては，とくに関心をもっていなかったようである。

それに対して，消費志向の問題を正面から取り上げたのは，アメリカの経済社会学者 T. ヴェブレンであった。ヴェブレンは，19 世紀末に，当時台頭しつ

つあったアメリカの新興企業家層を主題とした『有閑階級の理論』を書き，競争心や見栄から派手な消費（顕示的消費）を行なう彼らを批判的に描いた[Veblen, 1899 = 1998]。

ヴェブレンは，基本的に生産志向的人間を支持する立場に立っていた。彼は，生産志向的性格とほぼ同じ内容の，労をいとわず生産活動に取り組み，効率的に仕事を進めようとするエートスを「職人技本能（製作本能）」と呼んで，高く評価した［Veblen, 1914 = 1997: 22-31］。そしてその立場から，奢侈と安逸にふける有閑階級の消費志向を批判的にとらえた。

ヴェブレンの有閑階級論は，当時の社会理論家としてはじめて，消費志向的人間を詳細に論じたものであったが，それが社会全体を大きく変化させていく，という見方はまだされていなかった。

大衆消費社会と他人志向型人間

20世紀に入ってしばらく経つと，欧米諸国では経済発展と所得水準の上昇が進み，消費の豊かさが一般大衆にまで及ぶようになった。消費社会の成立である。

大衆が豊かな消費生活を享受する時代になると，ヴェブレンが描いた時代とは違って，社会の中心的価値観や社会常識，人々の社会的な性格に大きな変化が生じてくる。

D. リースマンは，その著『孤独な群衆』において，アメリカの消費社会がほぼその全貌を現わした1950年代初頭の人間について鋭い考察を行ない，その時代の代表的人間類型を「他人志向型」の人間と呼んだ。

他人志向型の人間は，身の回りやマスメディアからの情報を敏感にキャッチし，それに適宜自分を合わせていこうとする人間であり，消費についていえば，周りの人がもっている消費財は自分も負けずに手に入れようとし，時代の流行に遅れないようにするような人間である［Riesman, 1961 = 1964: 15-21］。

リースマンは，歴史上，伝統的な規範と生活様式に従う「伝統志向型」，自分の内面に固い信念をもってそれを貫こうとする「内部志向型」に次いで現われたのが「他人志向型」の人間だと考えた。伝統志向型人間は産業社会以前，内部志向型人間は消費社会以前の産業社会，他人志向型人間は消費社会に，ほ

ぽ対応するものとなっている。

リースマンは他人志向型人間の消費への関心，余暇との関わりに目を向けており［Riesman, 1961＝1964: 69, 128-32, 266-69］，消費社会における人間について，先駆的な考察を行なっている。ただし，リースマンの他人志向型人間は，筆者（間々田）の「消費志向的人間」とは強調点を異にしており，人の生き方というよりは，社会との関わり方，社会からの影響のされ方に重点がおかれている。

リースマンとほぼ同時代，アメリカの社会学者 C. W. ミルズは，人々のおもな関心が，従来の職業や生産活動から，余暇と消費へ向かったことを指摘した。

「あらゆるよきもの，追求する価値のあるものは余暇の領域にあり，生活のなかでもっとも暗い荒涼たる部分は労働であり，その最も華やかで明るい部分は消費と娯楽である」［Mills, 1951＝1957: 221］。

この時期，人々に夢や目標を与えるのは余暇や消費であり，そこでの成功が人々の理想とされるようになる。これはまさに，生産志向から消費志向への変化であり，ミルズはそれをはっきりと，また批判的にとらえているのである。

私生活主義批判

アメリカで誕生した消費社会は，その後先進各国に広がり，日本も，1960年代には「大衆消費社会」と呼ばれるようになった［大歳, 1969］。そして人々が消費への関心を強め，快楽主義的な傾向が広がったことが認識されるようになった［石川, （1966）1981］。

日本では，はじめは「太陽族」に象徴されるような[2]，一部の若者の消費的，享楽的態度だけが目立っていたものの，しだいに家族単位で余暇や消費への関心が高まるようになり，それが「私生活主義」とか「マイホーム主義」と呼ばれるようになった。

私生活主義は，私生活を大事にし，おもに家族単位で生活を充実させていこうとするエートスを意味しており，その中には，消費生活や余暇活動が重要な要素として含まれていた。私生活主義の台頭は，太平洋戦争前の滅私奉公的な価値観から解放された結果であったが，同時に高度経済成長とともに消費社会化が進んだ結果でもあった。そこでは，より豊かな食事をとり，家族で旅行を

し，マイホームを獲得するといった消費生活に関する事柄が，人々の関心の中心におかれたのである。

しかし，余暇や消費生活に没頭することは，自分自身や，家族，身の回りの友人などにもっぱら関心を寄せ，社会的関心を失う結果となりがちである。また，社会的活動への時間的ゆとりを失うことにもつながる。具体的には，地域社会との関わりの減少，労働組合活動への無関心，政治意識の稀薄化などが生じてくる。

このような私生活主義を，多くの社会学者は批判的な目でとらえてきた［田中，1974: 35-89］。私生活主義によって，政治的関心が弱まり，民主主義的な政治体制が脅かされること，あるいは，社会的関心が弱まって，社会的連帯が損なわれること，などが懸念されるからである。

消費志向が私生活に専念することと重なり，それに反比例するように政治的，社会的な関心を失わせるという傾向は，日本だけでなく西欧でも指摘された［Goldthorpe et al., 1969: 179-80］。

資本主義の文化的矛盾

その後1970年代になると，先進各国では，消費社会化が進行してさらに豊かで快適な生活が実現する一方，情報技術をはじめとする新技術の開発が引き続き活発に行なわれ，第三次産業化（サービス産業化），脱工業化の動きが目立ってきた。また，資本主義の経済システムや企業組織はますます複雑化し，そこで働く人々に高度な能力を要求するようになった。

アメリカの社会学者D.ベルは，このような状況の中，消費志向の増大が現代の産業文明との間に根本的な矛盾を引き起こすことを指摘し，それを「資本主義の文化的矛盾」と呼んだ［Bell，1976 = 1976］。

ベルによれば，現代社会は発展した科学技術への依存度を高め，経済システムは高度の合理性と計画性を要求されるようになってきた。そこでは，生産志向的人間の活躍する余地がますます大きくなってくる。ところが，現実に生みだされるのは，豊かな社会に育った消費志向的人間であり，「物質的快楽主義」の価値観に染まって，科学的思考，合理性，計画性，禁欲，勤勉といったものに反発するようになる。

ベルは，前者の科学技術や経済の側面を「社会構造」と呼び，後者の思想や価値観の側面を「文化」と呼んで，「社会構造」と「文化」の矛盾を指摘した。

　「社会構造の内部で，驚くべき矛盾が生じている。ビジネス企業体は，一方では個人が一生懸命に働くことを要求する。将来の報酬をあてにして，地位を手に入れるために働く人間を求める。企業は，冷厳な意味の『組織の中の人間』を求めるのだ。ところが，他方では，企業の作り出す製品や広告は，快楽を大いにすすめる。今という時間の楽しみを至上のものとし，現在はくつろいでいて，先のことは先のこと，という気分を拡大させようとする。人間は，昼間は『誠実』でなければならず，夜は『遊び人』でなければならない。これが現代人の自己実現であり，自己完成なのである」[Bell，1976 = 1976: 162-63]。

　「工業社会の特質は，経済原則によって運営されていることである。経済原則，あるいは経済化の原則とは，能率，最小のコスト，最適の行動選択，といった機能的合理主義である。だが，この原理は，まさに，西欧社会の文化における最先端の潮流と衝突する。近代主義の文化が強調するのは，反知性主義，反合理主義であり，本能への回帰を望んでいるからである」[Bell，1976 = 1976: 190]。

　産業社会は，高度の科学技術と生産志向的人間によってますます発展していくが，その産業社会が生みだす消費の豊かさは，それに対立する消費志向的人間を増殖させていく。産業社会は，それを作り出した生産志向的人間が自分たちとは正反対の消費志向的な人間を生みだし続けるという意味で，「自己否定」的な性格をもっている [間々田，1987: 132]。これは，たしかに現代産業社会（ベルの言葉では資本主義）が抱える矛盾といえるだろう。

　ベルの「資本主義の文化的矛盾」論によって，消費志向の問題は，社会や文化の根本的な変動と結びつけられるようになったのである。

2 消費志向的人間への危惧と期待

消費志向的人間のプロフィール

　ベルが資本主義の文化的矛盾を論じた 1970 年代以降，消費志向的な人間は，必ずしもそういう名称で呼ばれないにせよ，しだいによく論じられるようになった ［村上，1975；Yankelovich，1981 = 1982］。消費社会の人間がさまざまな新しい生活態度，行動様式をもっており，それが消費社会以前の人間と異なっていることが，しばしば指摘されるようになった。第 1 節で紹介した論点にそれらを加え，生産志向的人間と対比しつつまとめると，表 4-1 のようになる。

　消費志向的人間についていえば，まず，消費への強い関心（消費主義）が消費志向の中心となることはいうまでもない(1)。消費主義は，一般的に楽しいこと，面白いことを肯定する態度であり，快楽主義的な性格をともないやすい(2)。そして，消費は余暇時間に行なわれるものだから，消費主義とともに余暇を重視する傾向が強まるだろう(3)。

　消費のためには，理性的に物事を考えるというよりは，味覚の鋭さ，服装のセンス，美的感受性など，感性が重視され，また感情を揺さぶる経験が求められるであろう(4)。そして，消費というものの本質として，どれだけ充実した

表 4-1　消費志向的人間と生産志向的人間

	消費志向的人間		生産志向的人間
1	消費への強い関心（消費主義）	1	生産への強い関心
2	快楽主義的	2	禁欲主義的
3	余暇の重視	3	仕事の重視
4	感性の重視，感情の尊重	4	理性の重視，知識の尊重
5	充足感や満足度の追求	5	効率性や合理性の追求
6	熱中を求める	6	勤勉さを求める
7	現在志向的（現状肯定，継続，奔放）	7	未来志向的（理想，発展，計画）
8	自由を尊重	8	秩序を尊重
9	私生活への関心大	9	所属集団・組織への関心大

（出所）　筆者作成。

時を過ごせたか，満足を得たかということが重視されるだろうし(5)，消費の間はわれを忘れてその行為に熱中することが好ましいと考えられ，勤勉にこつこつ作業をするといったことは求められない(6)。

消費はとくに成果を求めず，今を楽しむことが多いから現在志向的となり，今の生活を肯定し，それを続け，何か新しいことをするとしても計画的ではなく，その場の思いつきで奔放に行動する傾向にある(7)。

消費は個人が人から命じられず自発的に行なわれるものだから自由が重視される(8)。そして，消費は私生活の場面で行なわれるものだから，消費によって実現される私生活への関心は大きく，また強まってくる傾向にある(9)。

それに対して，生産志向的人間は，生産への関心が強く(1)，そのために一定程度その場の楽しみを抑え(2)，仕事中心に生き(3)，仕事のために知識や技術などを求め理性は重要なものとなり(4)，効率性や合理性を追求し(5)，勤勉であること(6)は仕事上重要なこととなる。

また，生産をますます充実，拡大させるため，未来の理想状態に向かって計画的に発展を続けることが求められる(7)。仕事は集団的に行なわれることが多いので，秩序を尊重し(8)，多かれ少なかれ所属する集団，組織への関心が高くなる(9)。

このように，消費志向的人間と生産志向的人間は対照的な性格をもっていると考えられるのである。これらを大まかに理解するためには，前者としては，あまり勉強せず自由に趣味や遊びを楽しむ大学生，後者としては，企業で黙々と働く真面目なサラリーマン，といったイメージを思い描けばいいだろう。

『イソップ物語』のアリとキリギリスの話でいえば，消費志向的人間がキリギリス，生産志向的人間がアリということになる。

消費志向的人間の好ましくない影響

消費志向的人間は，注目を浴びるようになった当時は，前節でも示したとおり，しばしば批判的な評価を受けた。消費志向的人間は歓迎すべからざる人々であり，社会に好ましくない影響を与えると考えられた。

とくに社会に対して最も大きな影響を与えると考えられたのは，経済的な問題，つまり，生産志向から消費志向へとシフトすることによって，経済活動の

健全さが損なわれるという点である。消費志向が強まることは生産志向が弱まること，つまり，これまで先進国の経済活動を支えていたエートスが失われることであり，それによって経済は弱体化せざるをえないと考えられたのである。

　折しも，1970年代後半以降，欧米先進国では，経済成長の鈍化や失業増大，貿易赤字拡大や政府債務の累積など，経済的不調が生じていた。そして，その原因が消費志向的人間に求められることがしばしばあった。たとえば，労働者が余暇中心に生きるようになり，勤勉に働かないために経済が停滞するようになった［辻，1981: 50-82］，消費に熱を入れたために貯蓄が減り，設備投資に資金が回らなくなって経済の競争力が弱まったといった見方である［外山，1987: 163-64］。

　このほか，消費志向のより間接的な影響として，企業経営者が現状に安住し（現在志向），将来に向けての積極的な投資を行なわなくなるとか，放漫に従業員の福利厚生を充実させたために企業経営が圧迫される，といった見方もあった。

　他方，消費志向が強まると，人々が私生活分野への関心を高めるのとうらはらに，社会的関心を失うという見方もよく示された（前節「私生活主義批判」の項を参照）。消費に熱中すると，身近な他者や自分自身に関心が集中し，政治，職場，地域社会などへの関心は弱まってくる。政府の政策を批判する，ボランティア活動や社会運動に参加する，地域社会で共同の活動を行なう，といったさまざまな社会的活動を嫌がって，個人や家族の殻に閉じこもりがちになるということである。

　実際，多くの先進諸国（消費社会）では，この時期，選挙の投票率の低下，労働組合の組織率の低下，地域の自治会活動の不活発化など，社会的な関心の低下を物語る現象が多く現われ，現在に至るまでその傾向が続いている。

　さらに，消費志向的人間が，さまざまな社会病理現象を生みだすという見方もあった。

　消費社会が実現し，人々が全体的に豊かな生活を送るようになっても，貧しさゆえの現象と考えられていた犯罪，少年非行，麻薬中毒，買売春などの病理現象は変わらず発生した。そして，豊かさにあふれた消費社会の中で，アルコール中毒やギャンブル依存症，さまざまなハラスメント，ストーカー犯罪，幼

児虐待，摂食障害，買物依存症，カード破産，不登校や引きこもりの増加など，新しい病理現象が目立つようになった。

消費志向の積極的評価

しかしその一方で，消費志向的であることが，人々を豊かにするだけでなく，人々を抑圧から解放し，人間らしさを実現するという見方も少なくなかった。

人間は，産業革命以降，しだいに生産志向的性格を強めていった。生産志向的人間は，たしかに規律正しく，勤勉で合理的な人間であり，そのような人間が増えることは，経済を発展させる大きな要因になったことだろう。

しかしその反面，生産志向的人間は，規則や組織にしばられ，人間味がなく機械的で，感受性を欠いた人間になりかねない面をもっている。生産志向は禁欲的で秩序を重視するという点で，多くの現代人が求める自由さや欲望追求を抑圧する面があるし，理性や合理性の尊重は，感情や夢，ファンタジー，非日常性といったものを軽視し，人間らしさを奪う結果になりかねないものである。

生産志向を重視する産業社会，あるいは近代社会は，文字どおり生産的であるかもしれないが，人間にとって心地よい社会とは必ずしもいえないのである。

このような見方はさまざまな立場から主張され［Marcuse，1955 = 1958；Reich，1970 = 1974；浅田，1984］，産業社会の成熟期以降，一つの思想的流れを形成した。

このような流れの一つが，1980〜90年代に流行した「ポストモダニズム」と呼ばれる思想であった。この思想では，生産志向とおおむね重なるモダニズムが，消費志向とおおむね重なるポストモダニズムと対置され，基本的には前者を否定し，後者を肯定する傾向にあった[3]。

この思想では，モダンの人間（≒生産志向的人間）は歴史的に見て特殊で異様な人間であり，人間のあるべき姿を失ったものと見なされた[4]。それに対してポストモダンの社会（≒消費社会）では，人間が抑圧から解放され，人間の可能性を積極的にひらき，より人間的に生きることが期待された。そして，その中心となるのが，消費志向的な生き方だと考えられたのである。このような考え方は，ポストモダニズムに限らず，20世紀末の多くの論者に共有されていた［Toffler，1980 = 1982；山崎，(1984) 1987］。

他方，もう一つ考えなければならないのは，消費志向を否定すると，人間が長い間かけて目指してきた目標をなくすことになり，生産志向自体も無意味になってしまうということである。

　生産志向によって生産を増強させることは，もともとはけっしてそれ自体を目的とするものではなく，豊かな消費生活を通じて生活を安楽で安定的なものとし，ゆとりや楽しさ，生きがいの創出などを目指すものだった。端的にいえば，生産の目的は消費にあった。それなのに，消費にいそしむ生活態度＝消費志向を否定してしまっては，生産の目的がどこにあるのかわからなくなり，宗教的な意味でももたせない限り，生産志向には意味がなくなってしまうのである。

　消費なくして生産することに意味はない。生産に熱心になるからには消費にも熱心にならなければ経済活動は完結しない。それゆえ，生産に適した生産志向的人間が肯定されるなら，同時に，消費に適した消費志向的人間も肯定されなければならない。前者のみが発達するならば，ただわけもなく働き続け，意味もなく物を作り続ける，それこそ異様な社会になってしまうだろう。

　したがって，消費志向が何か問題をもたらすとしても，その解決の方向は，何とかして生産志向と消費志向を両立させるか，生産志向と消費志向をともに否定するかのいずれかとなるだろう。後者は，現実的にほとんど不可能なことであるが……。

　以上，消費志向的人間に対する相反する二つの見方をふまえた上で，次節では，その後消費社会の人間像がどのように変化していったかについて検討してみよう。

3　消費志向的人間と現代社会のゆくえ

生産志向の再編成

　先述のとおり，消費社会化が進む1970年代（とくに中葉以降），先進諸国の経済は全般的に不調となり，物価の上昇，不況と失業率上昇，貿易赤字，財政赤字などに苦しむようになった。

その対策として，1980年代以降，イギリス，アメリカをはじめとする先進各国では，「新自由主義的」といわれる経済政策がとられるようになった。規制緩和，公企業の民営化，公共支出の見直し，法人税等の減税，貿易・海外投資の自由化などである。これらは全体として，企業間の競争を促進し，必ずしも意図的にではないが，結果的に生産志向への刺激剤として大きな役割を果たすようになった。

新自由主義的な経済政策は，企業とそこで働く従業員の消費志向的要素が過度になり，生産への関与が弱まり，現状に甘えるようになると，競争に敗れて安楽な生活ができないようにした。以前のように生産志向が倫理的に求められることはないが，消費志向的であり過ぎる人間と，彼らが働く企業を競争から脱落させて排除し，生産志向的な人間と企業には活躍と成功の機会を与えるような仕組みとなったのである。

他方，先進諸国では，科学技術の発展に大きな力を注ぐようになった。現代の経済では，技術革新による製品や製造工程のイノベーション（革新）が，企業の成長にとって非常に大きな役割を果たすようになった。そのため，新自由主義的経済政策とは別に，先進各国では技術開発とその基本をなす科学の発展に大きな力を注ぐようになった。研究開発予算は，政府関係，大学，民間企業とも大きな伸びを示すようになった。

これらの取り組みの成果が現われたのか，20世紀の末に，それまで経済の不調に苦しんでいたイギリスとアメリカをはじめ先進各国は，一定の経済成長を続けることが可能となった。情報産業を中心に多くの新産業が生まれ，また消費財の低価格化，サービスの向上など消費者向けの成果も生み出した［伊藤，1992］。

こういった一連の改革は，表4-1の生産志向的人間についていえば，生産への強い関心を否応なくもたせ（1），未来志向的な働き方を促進し（7），経営の能率を上げるために効率性や合理性を徹底的に追求し（5），理性尊重の念に基づいて科学技術を発展させようとするものであった（4）。全体としては，消費志向に傾きがちな現代社会を，再び生産志向に向けて再編成する役割を果たしたといえる。現在各先進国はハイテクを非常に重視し，企業は常時イノベーションに取り組もうとし，ビジネスマンには将来に向けて積極的で計画的なキャ

リア形成が求められる，といった風潮が定着しているが，それらは，まさにこのような生産志向の再編成の過程で生じたといえるだろう。

　他方，このような再編成においては，禁欲主義（2），仕事の重視（3），勤勉さ（6），秩序の尊重（8），集団生活中心（9）といった部分は，とくに否定もされなかったが，関心の的にはならなかった。

　2や3については，新自由主義的な経済の中ではとくに強調せずとも，社会環境から強制されるものとなった。6についても，社会環境から強制される面があり，また昔ながらの几帳面で杓子定規の勤勉さはかえって自由な発想と活動を妨げる傾向があるので，強調されなくなった。8，9については，ベンチャー企業の創出や組織の改革が求められるようになり，むしろ一定の枠内で秩序を破壊し，集団・組織に埋没するよりは個人的に自由に活動し，必要に応じて人的ネットワークを利用するというやり方が先進的だと考えられた。

　このように，再編成された生産志向は，従来のものとは強調点を大きく変えている。従来の生産志向のとらえ方は，ウェーバー以来の勤勉さや仕事への熱心さを求めるエートスと，20世紀中葉に定着した大規模組織に適応する働き方を中心としていたが，新しい生産志向は，合理主義，効率主義に基づいたイノベーションと，それを実現するための個人の自由な活動を強調するものとなった。

消費志向はどう変わったのか？

　この間，消費志向のほうにも変化が生じていた。

　まず，消費志向を貫き通すのは困難であるということが，しだいに明らかになった。

　先に述べたように，競争が激しくなった新自由主義的経済のもとでは，消費志向的であることは生産（仕事）の場面では明らかに不利に働く。余暇を重視して長く休めば当然仕事時間が少なくなるし，理性や知識を尊重しなければ失敗の可能性が高まる。消費志向の徹底は，ビジネスマンであれば顧客の評判を落とし，上司の評価を下げるだろう。また自営業者なら事業の収益を減少させることだろう。

　このような事態が起こるのは，今思えば当たり前であるが，新自由主義的経

済以前には見えにくくなっていた。経済が長期的に成長していて，事業が独占状態にあり，労働組合の力が強く，仕事の質が厳しく問われず，年功序列的に給与が上がるといった条件のもとでは，消費志向を生産（仕事）の場面に持ち込むこともある程度可能だった。しかし，競争の激しい新自由主義的経済システムの中では，しだいにそれが困難になったのである。

　他方，生産（仕事）の場面だけでなく，消費志向のもともとの領分だった消費の場面でも，生産志向的と考えられた要素が必要であることが，しだいに明らかになってきた。

　たとえば，消費社会では，多くの技術的商品が消費されるようになり，必要な知識を身に付け，その性能を理性的に評価しなければ適切に利用することができなくなった（表4-1の4）。また，ある程度未来を志向して着実に準備しなければ，住宅など高価な商品はうまく手に入らないし，長期にわたって続ける趣味的な消費，たとえばスポーツの技能上達などを実現できないことも理解されるようになった(7)。

　消費は基本的に私生活に属するが，第3章で示した消費者問題，環境問題などが深刻になるにつれ，私生活に閉じこもるだけでは解決せず，組織的な活動によって解決せざるをえなくなり，また，社会に目を向けなければならなくなった(9)。本章第2節では，私生活への関心の集中により社会的関心の低下，社会的活動の敬遠といった問題が生じることを指摘したが，逆に消費を通じて社会的関心が高まるということも起こるようになった。

　このように，消費志向的人間を理念どおりの姿で実現することは，現実的には困難であり，むしろ生産志向的要素を一定程度必要とすることが明らかになってきたのである。

　さらに，もう一つの変化は，同じ消費志向の中でも，さまざまなスタイル，パターンが現われ，消費志向がいくつかの方向に分化し始めたことである。

　たとえば，表4-1の快楽主義については，熱狂的な娯楽にのめりこむ人もいれば，静かな文化的活動に楽しみを見つける人もいた(2)。

　充足感や満足感の追求については，消費量の単純な増大に満足する人もいれば，それを本来の意味で実現しようと，より質的に高度な消費を求める人もいた(5)。

熱中ということについては，感情的で瞬間的な熱中を求める傾向がある一方で，勤勉さを消費に移しかえたかのように，黙々と趣味に没頭する傾向もあった(6)。自由と秩序についていえば，文字どおり自由に生きる人もいれば，流行や社会常識にとらわれて，むしろ秩序を求めて行動するような人も少なくなかった(8)。

　このように，消費志向は時代の進行とともにさまざまな方向に分かれ，幅が広がってきたので，消費志向的人間を特定の具体的なイメージでとらえることは容易でなくなった。

　古典的な消費志向的人間ともいうべき，買物好きでミーハー，働くことが嫌いで遊ぶことが大好き，物事を理性的に考えず，行き当たりばったりで先のことは頭になく，利己的で自分と家族にしか関心がないといった人間は，たしかに消費社会で一定の比率を占めるだろうが，その比率が単純に増えていくという見方は，もはや適切とはいえなくなったのである。

生き方の変化のゆくえ

　以上の生産志向，消費志向の変化は，両者をまとめて考えると，次のような結果をもたらした。

　一つは，生産志向が消費志向と対立しなくなったということである。かつて生産志向は，人生観であり，倫理であり，イデオロギーともいえるものであったから，仕事をしている時もしていない時も，それに基づいて行動する傾向にあり，消費志向は排除された。たとえば，仕事中に理性的で禁欲的な人は，職場から家に帰っても理性的で禁欲的であろうとした。昔の日本のサラリーマンが，休日の趣味に乏しく，平日の夜飲み屋に行っても，仕事の話ばかりしていた，といった場合がこれにあたる。

　それに対して，再編成された生産志向は，厳しい環境に適応するために生まれたものであり，絶対視されなくなったから，消費志向のほうも否定されなくなった。

　他方，消費志向については，それをあくまで押し通すことはしだいに難しくなった。消費志向を徹底させることは仕事の場面で蹴落とされるという結果につながるので，否応なく生産志向的要素を強めなければならなくなった。消費

志向を貫けるのは，学生，専業主婦，富裕な退職者，金利生活者など恵まれた立場にある人に限られるようになったのである。

　二つ目に，こういった事情から，生産志向と消費志向のどちらかに徹する傾向は弱まり，両者が一人の人間の中で「並存」し，使い分けられる傾向が強まった。

　ベルが指摘したように，生産志向と消費志向とは矛盾するものである［Bell, 1976 = 1976］。しかし，その矛盾は消費志向が生産志向を押しのけるという形ではなく，同じ人間の中にそれが同居するという形で，とりあえずは落ち着いた。正反対と思えた両者が同居することができたのは，外圧（競争的環境）のためでもあろうが，次に示す変化にもよるだろう。

　それは，生産志向の中に消費志向的要素が入り込み，消費志向の中に生産志向的要素が入り込むという「境界のあいまい化」傾向が強まったということである。

　前々項のとおり，新自由主義的経済の中で，生産志向は本来消費志向の特徴であったはずの特徴をいくつか含むようになった。逆に消費志向のほうも，前項で示したように一部生産志向的要素を加えるようになった。それによって両者には共通する部分が生じ，その境界もあいまいになってきたのである。

　そのため，人々の行為には，どちらの生き方に基づいているのかわからない場合も多くなった。たとえば，詳しく性能をチェックした上で最も安い店でスマートフォンを買うといった場合や，レストランのシェフが自由な発想で，楽しんで新しいメニューを考えるといった場合，どちらの志向に即した行為なのか，判断が難しいだろう。

　そして三つ目に，生産志向と消費志向が「多様化」する傾向にあり，人々の生き方全体もまた多様化したということである。

　生産志向についていえば，基本的には，上述のとおり再編成された生産志向の方向に向かう傾向にある。しかし，このような生産志向の変化は，業種，職種，地位，年代などによってその現われ方が違う。

　再編成された生産志向を担う人は，競争の激しい新興産業のホワイトカラー層に多いと考えられるが，競争の乏しい業種，職種では，従来どおりの古典的生産志向にとどまる者も多く，また生産志向が弱まっていく者も少なくないだ

ろう。その意味では，生産志向が多様化していくという見方もできるのである。

　消費志向については，前項で述べたように消費志向の追求の仕方自体がさまざまに分化し，そのためさまざまなタイプの消費者が登場する。また，生産志向と同じように，その人の居住地域，地位，年代，性別などによる違いも少なくない。前項で述べたとおり，生産志向に巻き込まれない恵まれた立場の人は，典型的な消費志向を示すかもしれないが，それは恵まれた人の一部にとどまり，それ以外の人については，さらにさまざまな形で消費志向が分化し，多様な姿を示すようになる。

　生産志向も消費志向も多様化するために，消費社会の人間像は，もはや従来のような単純な姿では描ききれないというのが，20世紀末以降の現実であろう[5]。生産志向的人間から消費志向的人間へという変化ではなく，生産志向と消費志向が複雑に絡み合い，人間の生き方が多様化するという変化が生じているのである。

消費志向の影響をどう考えるか

　以上のような見方に従えば，第2節で述べた消費志向的人間の増加によって深刻化すると考えられた問題も，異なった解釈が可能となるだろう。

　最初にあげた経済的不調については，新自由主義的経済体制と再編成された生産志向によってとりあえず克服された。その解決法が持続可能であるかどうかは予断を許さないが[6]，消費志向の拡大によって，産業社会の基盤であった生産志向が失われるという事態は，当面回避されそうである。

　人々の社会的関心が乏しくなるという問題も指摘されたが，それは一部の消費志向的人間についての話であって，全体としてそうなるとは限らない。生活条件や知識のありようによって，社会的関心が高い層もけっしてなくならないだろう。また，消費志向的人間の中でも，消費を取り巻く社会問題に取り組み，その延長線上で社会的関心を強める層が現われている。

　消費社会ではさまざまな社会病理現象が現われたが，たとえそれが消費志向的人間に現われやすいとしても，典型的な消費志向的人間は社会の一部に過ぎず，その中で病理現象に至るのも，おそらく特定の性格や特殊な条件をもつ人のみであろう。

さらに，現代の社会病理現象には，それ以外の要因，たとえば格差拡大，家族関係の変化，都市の社会環境の変化などが影響を与えている可能性も大いにある。

　消費志向の好ましくない影響については，過大に見積もることなく，あくまでも影響要因の一つであり，影響の範囲も社会の一部にとどまることを，よく理解すべきであろう。

生産志向と消費志向の今日的意味

　消費志向的人間については，こういった好ましくない影響の問題よりも，もっと注目に値する問題があるように思われる。

　それは，消費志向と生産志向をどのように結びつけるかという問題である。

　消費志向的人間は，これからは生産志向を否定するのではなく，何らかの形で生産志向と結びついた「並存」の形で存在することになる。しかしその際，どのように並存していくかについては，さまざまな可能性がある。ベルが指摘したように両者は矛盾するものであるから，それを何とかつなぎ合わせ，まとめなければならないのである。

　一つの可能性としては，仕事に大きな関心を寄せ，忙しく働きながら，消費に対する抵抗感はとくになく，これまでの消費社会の延長線上で，技術的商品の購入（さまざまな機械，化学製品など），大量消費，流行の追求などを続けるという方向があるだろう。これは，生産志向を中心としつつ，仕事と適合的な形で，あるいは仕事と類似したスタイルで，一部消費志向を取り入れる場合といえるだろう。

　この場合，現代の生産志向的人間は理性と知識を重んずるから，とくに技術的商品への欲求が強くなるかもしれない。また，彼らは忙しく働くことから，消費は時間をかけて楽しむものより，スピードアップして瞬間的に楽しむ，忙しいものになるかもしれない。

　こういった生き方は，20世紀末以降，好調な産業の経営者やエリートビジネスマン，専門職の一部で定着したと考えられている。その中で，とくに高収入で地位の高い人に対しては，ヤッピー，ヒルズ族，ニューリッチなど，さまざまな名称が与えられ，しばしば話題にのぼった [Frank, 2007 = 2007]。

もう一つの可能性としては，余暇と私生活を重視し，ゆったりした時間の中で生活の充足感を追求し，それを実現する消費財をじっくり選んで，十分使いこなそうとする方向がある。

　この場合，消費財の選択にあたっては，商品の性能，機能だけでなく，感性に関わる部分も尊重し，流行にとらわれずに自分の嗜好を最大限尊重しようとするであろう。仕事については，着実にこなして生活基盤を確保するが，この生き方を実現できるような方向で，職業や仕事の仕方を選ぼうとする。20世紀の終わり頃からは，ダウンシフター［Schor, 1998 = 2000］，スローライフ［辻, 2001］，カルチュラルクリエーター［Ray and Anderson, 2000］，ミニマリズム［佐々木, 2015］など，このような生き方に沿ったさまざまなライフスタイルの提案がなされてきた。

　この生き方では，私生活とそれに適した消費生活のほうを基盤としており，それに合わせて生産志向のあり方を考えようとする。その意味で上記の方向とは対照的である。

　この二つのうち，前者は消費促進的で消費社会にとって好都合であり，同時に生産志向を強くもつものであるから，歓迎すべき生活態度と考える者もいた。しかし他方で，こういった生活のあり方は，果てしなく消費の欲望を追求し，それを実現するために過剰なまでに働く傾向をもたらし，消費が本来実現すべき充実感や解放感を与えないと批判される［Schor, 1992 = 1993: 149-96］。前節「消費志向的人間の好ましくない影響」の項で述べた経済的不調の問題は解決できるかもしれないが，「消費志向の積極的評価」の項で述べた，ゆとりや楽しさ，人間らしさを実現するという点では，不十分なものかもしれない。また，過剰な消費をもたらし，第8章で述べるように，環境問題を悪化させるかもしれない。

　他方後者は，まさに消費の積極的な価値を実現することを目指し，それに沿った生活を営もうとするものである。こういった生き方は，当然，人々の生活をゆったりしたものにし，さまざまな自己実現の機会を与え，生活の充実感を高めることだろう［山崎, (1984) 1987］。しかしながら，このような生き方に対応した生産（仕事）のあり方がどのようなものなのか，またこの方向で複雑化した現代経済をうまく運営していけるのかどうかという点では，未知の部分

が少なくない。

　以上二つの生き方は，今後とくに注目されるものであろうが，そのほかにも
すでに述べたようにさまざまな生き方があり，さまざまな形で生産志向と消費
志向が組み合わされている。しかし，いずれも消費志向と生産志向の矛盾を解
決しきったとはいえない。さまざまな生き方が試されていて，まだそのゆくえ
が定かにならないのが，現在の消費社会なのである。

課　題

1.　消費志向的人間についての理解は，消費社会成立前と消費社会成立後でどのよ
うに変わっただろうか。本文の記述をもとにまとめてみよう。
2.　表 4-1 を見て，自分が消費志向，生産志向の各項目のどれに当てはまるかを考
えてみよう。
3.　消費志向と生産志向はとかく矛盾し，バランスを欠きやすい。両者をそれぞれ
どのような形にすれば，バランスよく生きられるだろうか。難しい問題だが，本
文を参考にしつつ，自分の生活について考えてみよう。

注●────────────

1)　20 世紀後半に盛んになった近代化や工業化の研究でも，この考え方に影響を受け，発展途上国が
経済発展を実現するためには，ここで生産志向的人間と呼んだような人間が必要であると考えられ
た［Kerr et al., 1960 = 1963: 93-96, 183-88］。
2)　太陽族とは，石原慎太郎の芥川賞受賞小説『太陽の季節』に描かれた，消費主義的，享楽的で，
伝統的モラルに背を向けた若者たちを意味する。
3)　この点については，間々田孝夫『第三の消費文化論』の第 1 章，とくに 59～64 頁を参照されたい
［間々田，2007］。
4)　もともと，伝統的社会では，生産や労働はあまり価値の高いものとは見なされず，むしろ悪行と
考えられていた［大西，1987］。それが，プロテスタンティズム，浄土真宗など宗教思想の影響によ
り価値の高いものに変化したのは，たかだか数百年前のことだといわれている。
5)　なお，以上のような複雑な人間像は消費社会の当初から存在していて，表 4-1 のような典型的な
消費志向的人間，生産志向的人間は空想に過ぎない，という見方もあるだろう。しかし筆者は，た
しかに典型的な人間は少なかったにせよ，以前はある程度それに近い現実が存在し，それだからこ
そ対照的な二つの人間像が設定されたのだと考えている。
6)　こういった新自由主義的経済の体制は，経済を活性化させるものの，国家間および国内の貧富の
格差を拡大し，社会的緊張を高めるというのが，現在では定説となっている。そのほか，金融の不
安定性，環境問題の深刻化など，数々の問題をかかえており，どこまでこの体制が持続可能である
かは定かでない。

第5章　消費文化のゆくえ

便利な道具や機械をそろえ，流行と自己顕示を追い求めたのち，消費はどこに向かうのだろうか。1970年代の電化製品（洗濯機，テレビ，冷蔵庫）と1980年代の若者ファッション（PIXTA〔上〕，Adobe Stock〔下〕提供）

1 機能としての消費

技術的改良と効率化

　前章では，消費社会に特有の「消費志向的人間」について論じたが，そこでは消費への関心を強めた「消費者」に焦点を当て，消費の具体的内容に立ち入ることはなかった。それに対して本章では，消費者がどのような欲望をもち，どのような財を求めるかという，消費の内容面に注目することにしよう。

　経済成長が続き，豊かになる道が開けた現代消費社会において，消費者は何らかの新しい欲望を満たそうとし，その実現に向けて消費の重点を移し，消費内容を変える。別の言い方をすれば「消費文化」のあり方を変容させていく。このような消費文化の方向性を明らかにするのが，本章の課題である。

　さて，その問題を考える時，真っ先に思い浮かぶのは，消費者が従来なかったような働きをする消費財，あるいは改良された消費財を求めるという傾向である。

　現代社会では，日進月歩の技術革新を利用して，企業が新製品を製造したり製品を改良したりすることが容易になった。古くはテレビ，洗濯機，冷蔵庫などに始まり，比較的最近のハイブリッド車，スマートフォン，LED 電球，食洗機，掃除ロボット，吸湿発熱繊維の衣類[1]に至るまで，技術的改良（発明を含む）による消費財の例は枚挙にいとまがない。こういった技術的改良を通じて機能のより優れた製品が作り出され，普及していく傾向は，現代の消費文化に顕著に見られるものであり，今日に至るまで消費社会の重要な営みといえるだろう。

　ただし，技術的改良が施された消費財といっても，その内容はさまざまである。

　改良の程度でいえば，まったく新しい製品が出されることもあり，既存の消費財の形式やメカニズムが変わることもあり，見た目は同じだが機能（性能）が向上していることもある。

　技術的改良が生じる分野としては，機械製品を思い浮かべることが多いだろ

うが，食品，衣類，住宅，化学製品などの分野でも盛んに発明，改良は行なわれている。

技術的改良は，さらに物的消費財以外にも広がっている。

技術は，かつて道具，機械，工場などを連想させることから，物的消費財を対象としているように思われた。しかし実際には，形をもたないサービス，情報，文化といったものにも関係しており，これらの対象について技術的改良を加えることは十分可能である。

たとえば，ファストフードにおける調理技術の改良は，より待ち時間が少なく，安価な食事を可能にしているし，コンピュータ処理の技術は，銀行での預金出し入れ，旅行代理店での予約，チケット販売などをスピーディーにした。情報処理技術の発展，ソフトウェアの改良によって，インターネット上で簡単に買物ができるようになったし，いわゆる SNS（social networking service）は，人々がより広範な情報を手軽に入手し，また発信できるようにした。インターネットを通じた音楽配信は，従来の音楽ディスクに頼ることなく，たいへん容易に，また安価で人々が音楽を視聴できるようにした。

「IT 革命」などと呼ばれ，著しい情報関連技術の進歩が見られる今日では，むしろこれらのほうが，技術的改良の対象として注目を浴びることが多いともいえるだろう。

そして，さらに注目しなければならないのは，技術的改良が消費者や社会にとって何をもたらすかという点である。

まず，これまでとくに力が入れられ，時には技術的改良と同一視さえされてきたのは，手間を省いたりスピードアップしたりという「効率化」や「簡便化」に関わるものであった。効率化や簡便化は，さまざまな産業分野が参入し，実現しやすいものであり，消費者からは，労力と時間を削減するので歓迎される。

しかし，技術的改良のメリットはけっして効率化・簡便化にとどまらない。

まず，各消費分野にはそれぞれ固有の課題があるが，技術的改良はその課題をより適切に実現することができる。たとえば，よりおいしい加工食品，より暖かい衣料（上記の吸湿発熱繊維など），より耐震性のある住宅，より肌によくなじむ化粧品などである。

また，技術的改良は同じ機能をもつより安価な消費財を作り出すことができる。低価格化は，低賃金労働，海外生産などによっても可能だが，ロボット導入でコストダウンした機械製品，安価なプラスチックを素材にしたさまざまな雑貨，機械化と大量生産を進めたファストフードなど，生産技術の改良によって低価格化が実現されているものは少なくない。

　そして，比較的最近まで重視されなかったのが，耐久性の向上，環境への配慮，資源の節約等の側面である。

　資本主義のもとにある企業は，製品の買替えを促進したいので，あまり耐久性を追求しない傾向にあり，かつてパッカードが指摘したように，意図的に耐久性を短くすることも少なくなかった [Packard, 1960 = 1961: 57-74]。また，コストの増加をもたらすので，企業が消費財の製造にあたって環境汚染に配慮することは少なかったし，省資源も技術開発のおもな目標にはならなかった。しかし最近では，環境問題が深刻化する中で，技術的改良によって耐久性，環境への配慮，資源節約の実現を目指す傾向が，著しく強まっている。

「マクドナルド化」する社会

　このようなさまざまな分野の技術的改良は，かつて不可能だったことを可能にし，生活を便利なものにし，時間を節約し，経済的利益をももたらしてきた。それゆえ，技術的改良は消費者に歓迎され，企業も技術的改良に大きなエネルギーを割いてきた。

　しかしその一方，これまでの技術的改良の中には，何か非人間的で欠如感をともなうようなものが少なくなかったのも確かである。とくに，従来人間がサービスを行なっていた分野で技術的改良がなされた場合に，その傾向は強くなる。

　レンジで温めるだけのコンビニ弁当を繰り返し食べてうんざりしたり，ファストフード店の判で押したような接客態度に味気なさを感じたり，インターネットでの買物に情報の不足感や物足りなさを感じたり，といった経験は多くの人にあることだろう。また，今後増加が予想されている，ロボットによる医療や介護，夜間に無人で会計を済ませるコンビニエンスストアといったものに違和感を覚える人は少なくないだろう。

こういった，技術的改良や合理化がなされた消費形態について，理論的な考察を行なったのが，アメリカの社会学者 G. リッツァである。リッツァはこのようなプロセスを，典型的な企業の名をとって「マクドナルド化」と呼び，マクドナルド化の進む現代消費社会に警鐘を鳴らした。

マクドナルド化は，リッツァによれば「効率性」「計算可能性」「予測可能性」「制御」という四つの要素を追求し，実現しようとするものである [Ritzer，2004a = 2008]。効率性の追求とは，これまで述べてきた技術的改良によるスピードアップや便利さを示していて，技術的改良が長年にわたって取り組んできたものである。ここには，消費者にとっての便利さだけではなく，生産する企業にとっての効率性（生産量アップやコスト削減）も含まれている。

他の三つの要素は，効率性と密接に関係する条件あるいは結果を示している。「計算可能性」の追求とはおもに数量的な生産管理を行なうことを示し，「予測可能性」の追求は規格化された大量生産的な生産方式をとることを意味し，「制御」は機械や機械的な労働（たとえばマニュアル化された労働）の導入によって生産と消費を管理しようとするものである。

この四つの要素は，関連し合いながら現代の生産 – 消費のシステムをより合理的な方向に導こうとする。それが「マクドナルド化」である。

リッツァは，マクドナルド化に強い批判的まなざしを向ける。彼は，マクドナルド化は先に示したような非人間的な消費経験によって「脱人間化」を進め，切り詰めたコストによって衛生面の安全性を低下させるという。また，消費者が負担する労働，たとえばファストフードの配膳や片付けなどを考えると，合理的でも安価でもなく，大量の使い捨て食器など，環境破壊につながることも多いと考えるのである。

のちにリッツァは，こういった批判的な視点から，マクドナルド化によってもたらされる現代の消費のあり方を「無（nothing）」と表現するようになった [Ritzer，2004b = 2005]。技術的改良という現代消費社会でもてはやされてきた巨大な営みが，あまり意味がない，何かが失われたというニュアンスをこめて「無」と呼ばれるに至ったのである。

マクドナルド化が消費社会にとってどれだけ大きな問題なのか，マクドナルド化の問題点が克服できないものなのかどうかについては，意見が分かれるこ

とだろう。しかし，リッツァが最も強調している「非人間的な消費経験」という論点，つまり，技術的な改良と機械に頼るばかりで，人間らしい配慮やサービスが欠如した生産と消費では，本当の豊かさは実現できないという意見は，十分説得力のあるものだろう。

技術的改良の裏面

リッツァのマクドナルド化はサービス消費を中心とするものだが，物的消費についても，技術的改良が問題を生むことは少なくない。

たとえば，消費社会では，しばしば瑣末な技術改良を行なって，それをさも画期的な新製品であるかのごとく見せかけて売り出す傾向が生じている。わずかの付随的機能の改良を大々的に宣伝する電化製品，ほとんど味に区別がつかないのに，おいしくなったと宣伝する加工食品などである。こういったケースでは，技術的改良が本当にあったのかどうか消費者に見分けられないことが多いのに，莫大な開発費，宣伝費を投下するため，しばしば，消費者にとっても，企業にとっても意味が乏しいことが批判される。

また，消費社会における企業の技術改良は，需要を刺激しさえすればよく，本当の意味の改良を必ずしも必要としないので，性能が向上する一方で弊害をともなうことが多くなる。たとえば，便利で扱いやすい加工食品が増えたが，一部の栄養素が失われ添加物による危険性も増加した，住宅の気密性は高まったがシックハウス症候群が現われやすくなった[2]，リモコンの普及は電化製品の操作を便利にしたが，待機電力による資源の無駄を生じさせる，便利なスマートフォンは個人情報流出の危険性を高めた，といったさまざまな事態が発生している。

こういった事態はしだいに改善される傾向にはあるが，企業はとかく無頓着，無神経なことが多く，メディアの批判や消費者のクレームがあって，はじめて再改良を加えることになりがちである。

さらに，簡便性に関する改良の場合には，便利さを高めることが，従来は発生していた生活行為の「潜在的機能」，つまり知らず知らず果たしていた好ましい役割を損なう場合がある［間々田，1996: 28-29］。たとえば，自動車の普及によって歩くことで得られていた運動効果がなくなる，（電動）えんぴつ削り

を使用するとナイフの使用による手先を器用にする効果が失われる［吉野，1984: 75-83］，冷凍食品や調理済み食品の普及が「おふくろの味」を消滅させ，愛情の伝達を困難にする，などである。

　以上のような弊害や，潜在的機能の喪失には目を向けず，ひたすら改良や発明を目指して突進する傾向が，これまでの技術開発にはよく見られたのである。

「第1の消費文化」とそのゆくえ

　以上のような問題をはらみつつも，便利で，機能（性能）に優れ，価格の安さにもつながる技術的改良は，おそらく今後も消費社会の大きな流れとして存在し続けることだろう。消費者にとっては，現代社会はすでに便利すぎ，機能的に恵まれすぎた感のある社会であるが，生産側の技術は日進月歩であり，これからも新しい消費財，改良された消費財は限りなく作られていくことだろう。

　こういった動きは，抽象的に考えると，消費者が望んでいることをより適切に，あるいはより速く，より安価に実現しようとする動きであり，欲求を満たす手段としての消費財の機能を高めていくことだといえる。そこで筆者（間々田）は，このような消費財のもつ性質を「機能的価値」と呼んでいる［間々田，2016: 23-25］。機能的価値を追求することは，20世紀の半ば頃から，現代消費社会の一つの重要な構成要素となっているのである。

　ただし，現実の消費社会を見ると，ほぼ同じ頃から，それと表裏一体となったもう一つの動きが生じている。それは豊かになった社会で，多くの人が量的な豊かさを追求し始めたということである。

　素朴に考えれば，豊かさを高めるにはよりたくさんのものを食べ，より多くの衣服をもち，より大きな住宅に住み，より多くの品物に囲まれて暮らすことが望ましいであろう。実際，それが多くの人々にとって可能になったからこそ，消費社会は歓迎され，熱心に追求されたのである。豊かさが進んだ現在でも，さまざまな消費財の消費量が増え，売上げが伸びることこそが経済発展であるという考え方は根強く残っている。

　このように，消費社会はその当初から，技術的改良による機能的価値の追求と，より多くのものを消費しようとする動きが並行して生じ，基本的な変化の方向を形作ってきた。一方で自動車，テレビ，パソコンなど便利な機械を作り

出しつつ，衣・食・住など基本的消費財については，消費の量を増加させてき
た，というのが消費社会の一般的なあり方だったのである。

　世界に先駆けて消費社会を発展させたアメリカも，それを追った日本でも，
急速に成長してきた中国でも，このような変化が主流をなしてきたことは，多
くの人が認めることだろう。

　そこで間々田は，このような消費のあり方を「第1の消費文化」と呼んでい
る［間々田，2016: 53-89］。第1原則として機能的価値，第2原則として量の拡
大を目指し，それらを並行して追求する第1の消費文化は，消費文化の一つの
基本的なあり方であり，人によってはそれ以外の消費のあり方が目に入らない
ほど，強い印象を与えている。

　しかし，消費文化が第1の消費文化でしかありえないのかというと，けっし
てそうではない。消費にはさまざまな側面があり，第1の消費文化はその一つ
に過ぎないのである。

　以下，消費の他の側面に目を向けることとしよう。

2　記号としての消費

記号としての消費とはどんなものか

　消費という現象は，一般的には人々の欲求を満たす活動と見なされる。第1
の消費文化は，それを正面から追求しようとするものであった。しかし，消費
がそれとはまったく違った意味で行なわれることがある。

　われわれは日常生活の中で，言語の代わりに消費を通じて，さまざまなメッ
セージを送ったり，メッセージを読み取ったりしている。高級スポーツクラブ
の会員であることによって経済的なゆとりを示す（他者は，経済的ゆとりを感じ
る），きちんとした服装でまじめな社会人であることを示す（他者は，まじめな
社会人であると推測する）といったように，われわれは消費行為によって自分
の経歴，属性，精神状態などを示すことができ，また，他者の消費を見て，経
歴，属性，精神状態などを推測することができる。

　ここで消費は，メッセージを伝える働きを果たしているので，言語に近いも

のとなっており，一種の「記号」と見なすことが可能になる。言語学では，記号とは，言語を含むがそれよりも広い概念と考えられており［池上，1984: 216-46］，コミュニケーションの媒介となって，何かを伝え知らせるものをひとまとめにとらえたものであるが，消費はたしかにそのような特徴を備えているように思われるのである。

　記号やコミュニケーションとしての消費は，もともとは伝統社会における消費によく見られたものである。王侯貴族が，豪華な衣装を着たり，特別の装身具を身に着けたり，庶民には手が届かない物を食べたりなど，地位や階層の高さを表示するステータスシンボル的な消費は古くから行なわれており，消費が記号となるわかりやすい例を提供している。

　しかし，記号としての消費は，近代社会が成立し，高度の産業社会になったのちも存在し続けた。第4章で取り上げたヴェブレンは，19世紀末，アメリカの中・上流階層の消費が，経済力を誇示するための記号として作用していることを指摘した［Veblen，1899 = 1998］。またジンメルは，20世紀はじめ，社会の上層にいる人々が，その地位を示すため次々に新しい消費財を取り入れていくことを示した［Simmel，（1904）1919 = 1976］。

　そして，このような消費のあり方は，現代消費社会でも姿を変えつつ継続していると考えられた。とくに日本では，J. ボードリヤールの著書『消費社会の神話と構造』の翻訳などをきっかけにして［Baudrillard，1970 = 1979］，1980年代，このような見方が急速に盛んになり，「消費記号論」（ないし「記号論的消費論」）と呼ばれるようになった［今村，1983: 274］。

　たしかに，現在でも，消費が社会的な地位を示すという現象はなくなっていない。多くの人が，他者の消費からその人の社会的な地位を想像したことがあるはずだし，自分の地位を示すために消費財を選んだ経験がある人も，少なくないことだろう。

　ここで地位というのは，経済的な地位が高い（つまり金持ちである）という場合もあるし，家柄がよい，会社で役職上の地位が高い，インテリであるといった非経済的な地位の場合もある。金持ちであることは，海外の高級ブランド品など，高価な消費財を用いることによって簡単に示すことができるが，それ以外の地位については，それにふさわしいものと世間で暗黙のうちに認められ

た消費スタイルを採用することにより，地位を表示することになる。

　たとえば，家柄のよさについては上品な洋服を着る，インテリである場合には高度の知識を要する本を読む，などによって示されることになる。

　そして，このような記号としての消費は，上流階級のみならず，さまざまな階層の人々が行なっている。自分より下位の人たちに対して，たとえ少しであっても，優越性を誇示しようとする心理（いわゆるマウンティングの心理）が働くからである[3]。

　ただし，記号としての消費には，単純に地位や階層を示すものだけでなく，さまざまなタイプがあることに注意しなければならない。むしろ，現代社会では露骨に地位を示す機会は少なくなっており，それ以外のメッセージを伝えることのほうが多くなっているともいえるだろう。たとえば，職場や学校の中で，自分の趣味やセンスが優れていることを示すためのおしゃれをするという場合，固定した地位を示すのではなく，服装における漠然とした優位を示すものといえるだろう。また，地位の高さを示すのとは逆に，ほかの人と変わりのないふつうの人間であることを示すために，目立たない住宅や自動車を買うといった場合には，地位が人並みであることを示す記号として消費が行なわれることになる。

　さらに，自分の反抗的な生き方を示すためにわざと非常識な髪形にカットするとか，環境保護に関心のある人がエコバッグを携えるなど，自分の嗜好，生き方，個性などを示すために消費することもよくある［間々田，2007: 170］。

　なお，消費者は必ずしもメッセージを発信する意図をもたないが，それを目撃した人々から記号的な意味を読み取られる，つまり嗜好，生き方，個性などが判断されることも多いという点にも，注意が必要である。

　記号としての消費が消費者についてメッセージを発するといっても，そこにはさまざまなタイプがあることを理解しなければならない[4]。

記号としての消費財と差異の追求

　消費と記号の関連は，以上のような消費者の特徴を表示する場合だけではない。消費財そのものが，特定のメッセージを伝えるということもある。

　あらゆる物的消費財は，特定の形や色，質感をもっており，多くの場合生産

者が意図的にデザインを施している。そして，ネーミング，包装，ディスプレイの仕方なども，それに付随して消費財の特性の一部となっている。消費者は，そこから何らかのイメージを感じ，好感や反感を抱く。また，消費財から漠然としてはいるがメッセージに近いものを受け取ることもある。カラフルでシンプルなデザインからアメリカ的な自由さを感じたり，天然素材を生かした雑貨から自然志向の価値観を感じたり，といった場合である。

　消費社会が進行するにつれて，企業はますますこのような外形的な特質に対する関心を強め，意図的にデザインし，盛んに企業経営に生かそうとするようになった。その意図は，基本的には販売の促進である。

　そこで，消費社会では，ほぼ同じような性能・機能をもち，デザインその他の付随的な面だけが異なる消費財が，次々に新製品として発売され，また同時期に多数販売されている。同じメーカーで，色や形は違うがそれほど性能に差がない自動車が何百種類もあり，ほとんど無限といっていいほど多様なデザインのファッションが街をにぎわしている。

　次々に新製品が出される場合にせよ，同時期に多様な製品が存在する場合にせよ，消費社会の消費財は，前節で示したような機能的価値をもつだけでなく，消費者にある種のイメージや漠然としたメッセージを伝える働きを果たしており，広義には一種の記号と考えられる。

　その際，まずはじめに消費財を通じて記号的な意味を伝えるのは，生産者（ないし小売店）であり，消費者がその意味を受け取る。しかし消費者は，同時に，自分の消費を通じてその意味を他の人々に伝えてもいる。

　ただし，ここで注意しなければならないのは，多くの場合，多様な製品は記号としての意味があいまい，または欠如したまま消費されるということである。

　たとえば，ある消費財に，色やデザイン上のはっきりした特徴があったとしても，その衣服が語るメッセージをはっきり言葉に示すことは容易でない。それらは，漠然とした感覚，情緒，イメージなどを伝えるだけであり，明確な意味内容がともなうことは少ない。

　それどころか，消費社会では単に物珍しい，少し変わった印象があるというだけで，それ自体のイメージやメッセージなどには頓着せずに消費される消費財が非常に多い。次々に現われる流行のファッション，毎年のように繰り返さ

れる自動車のモデルチェンジなどの場合，消費者はほとんど意味を感じず，単に新しいもの，従来とは違ったものが出たということ自体に反応して購買，使用するという傾向がある。そこには，たしかに従来とは違うという「差異」は存在しているのだが，従来のものと新しいものそれぞれには，はっきりしたイメージやメッセージはともなわない。むしろ消費者は「差異化」，つまり従来とは違うものを消費することを自己目的としていることが多いのである。

消費社会の段階説と消費社会の批判

　消費者は，一方で便利で役に立つ性能のよいものを求め，量的な豊かさを追求しているが，それと比べると，以上のような記号としての消費や差異を求める消費は，実質的意味の乏しい，地に足のつかない，空漠としたものと感じられるだろう。

　こういった消費が中心になった消費社会は，機能的価値にあまり重きをおかないため，実質的にあまり意味のない消費を追求する社会と見なされるだろう。

　日本では，いわゆる高度経済成長期に耐久消費財が目覚ましく普及し，衣食住の量的な伸びが見られ，まさに第1の消費文化が全盛のように思われた。それが1980年代以降，一転して成長が緩慢になり，このような記号的な消費が盛んになったように見えた。そこで，消費社会では，消費財は実質的な効用や機能を与えるものから，デザイン等によって記号的な意味を伝えるものに変化した，という見方がしばしば示されるようになった［大塚，1989: 10-24；堤，1996: 117-27］。

　消費社会は，かつて機能的改良を施して新製品を作り，その普及を通じて発展していったが，その後の消費社会では，機能的改良は行くところまで行き着いて，デザイン等によって記号的意味を変化させることが中心となる段階に入ったという見方である。いわば「段階論」的なとらえ方がなされたのである［今村，1988: 519］。

　そして，このような消費社会は，おおむね批判的な立場から論じられた。その理由は，一つには消費社会が実質的な意味がなさそうな消費に満ち溢れているからであり，もう一つはそのような消費が，消費者自らの意思というよりは，企業による欲望の創出によって実現したと考えられたからである。

消費社会の企業は，地位の表示を可能にする消費財や，時間的および同時的にきわめて多様化した消費財を作り出して，売上げを伸ばそうとする。

　地位を表示する記号を利用する場合，企業は，まず高い地位のシンボルとなっていた製品Aを地位の低い人たちに憧れさせ，普及させるとともに，地位の高い人には，その地位にふさわしいもっと高級な商品Bを作り出し，それをステータスシンボルとして売り込んでいく。このような，消費者の上昇志向や虚栄心を利用した高級化の戦略は，すでに，洋酒，衣服，装身具，自動車，住宅などさまざまな業界で採用されてきたものである。

　他方，ひんぱんな新製品の発売や製品の多様化によって，消費者の需要を増大させようとする戦略はもっと広範に見られる。

　消費社会において，企業は一方で機能的改良を継続して行なっている。しかし，その改良は常時成果を生むとは限らないので，それを補う意味で企業はデザイン等で外形を変えた製品を作り出していく。その際，時間的に次々に新製品を出すという場合もあるし，マーケティング論で「製品差別化」と呼ばれてきた，同時に多くの種類の製品を取り揃える戦略をとる場合もある。外形の変化は，技術開発を必要とする機能的改良よりも容易であり，それが消費者に刺激を与えられるとすれば，その可能性は無限のように思われる。

　消費者は，そういった戦略に乗せられて，とくに機能的に新しくなくても，デザイン等の変化によって目新しさを感じ，商品を買い替えることがあるし，デザインの多様化を喜んで，機能上は同じものを必要ないほど多く買うこともある。何年も着られるはずの洋服を流行に合わないので買い替えるとか，少し目先の変わったインスタント麺が出るたびに試食してみるといったことは，多くの人が経験したことがあるだろう。

　このように，消費社会の企業が記号的消費を利用して需要を作り出しているという考えは，アメリカの研究者に古くから見られるが［Galbraith，（1958）1984＝1990：213-14；Packard，1960＝1961：75-103］，ボードリヤールは，それを記号論的な用語で表現した［Baudirillard，1970＝1979：100-04］。日本でも，一部の社会学者が，それを継承しているようである［内田，1987：7-29；見田，1996：19-32］。

　以上のような，あまり意味のない消費が，企業の利益追求の戦略によって消

費者に押しつけられているという批判的なとらえ方が，20世紀の終わりに広まっていった。そしてしばしば，「消費社会」という言葉自体が，消費のこのような側面を示すものとして用いられたのである。このように記号的な消費を中心に消費社会を批判的にとらえる考え方は「批判的消費社会論」と呼ばれる［間々田，2016: 91-144］。

　しかし，批判的消費社会論が批判するような消費社会の側面は消費社会の一面であって全部ではない。そしてそれ以前に，消費社会が記号的消費の時代に入ったという段階論自体が適切だともいえない。以下，その理由を述べよう。

消費社会は記号的消費の時代か？

　まず，消費社会が記号的消費を中心とする段階へと変化したという見方について考えてみよう。

　たしかに，一つの品目について考えるならば，機能からデザインへという変化は見られる。新しい機能を備えた新製品が登場し普及していくと，企業間で機能的改良の競争をやり尽くして，品質・価格の差が小さくなっていく。そのため，いわゆる「非価格競争」が中心となり，とくにデザイン上の違いや商品イメージの差が追求されるようになる。このような見方は，マーケティング関係者にとっては常識化したものといえる。

　しかし，これはあくまで特定の品目についての話であって，消費社会全体についてそういう変化が起こるとはいえない。ファッション業界でデザイン上の競争しか可能でなくなったときに，家電業界では機能上大きな変化をもたらす製品が登場したり，パソコンについて，もはやデザインの変更やささいな機能の改良しか可能でなくなった時期に，スマートフォンという斬新な機能をもった製品が登場したり，といったことがしばしば起こるのである。

　そういった状況を理解するなら，今のところ，消費財産業全体で機能的改良が限界に達したという見方は不適切であるし，消費者にとって，消費財の機能的な有用性が大きな意味をもたなくなった，ともいえないであろう。

　また，記号的な消費は，機能的改良が困難になったことだけがおもな原因とはいえない。企業側にも消費者側にも，大きな構造的変化がともなっていたと考えられる。

1980年代以降，メーカーでは，情報処理技術（コンピュータ技術）の応用によって，生産工程をフレキシブルにするための技術革新が相次ぎ，「多品種少量生産」が容易になっていった[5]。これによって，多様な商品を，コスト増を回避しながら生産できるようになった。また，流通業界でも技術革新が進み，POSシステム（point-of-sales system，販売時点情報管理システム）の整備をはじめとして，多品種で入れ替わりの激しい商品を円滑に管理することが可能になった。

　他方，消費者の側では，基礎的な欲求がほぼ満たされ，なお所得にゆとりがあった。そのため消費者は，機能的改良に関心がなくなったわけではないものの，本章で述べたような，刺激を与えてくれるような消費財を求める気持ちが強まっていたと考えられる。そこで消費者は，デザイン等のひんぱんな変更を喜ぶようになったし，デザイン等による製品の多様化を歓迎するようになった。記号的消費が活発になったことについては，このような供給側，需要側の構造的要因が大きく作用しているものと思われる。

　段階論の見方が盛んになったのは日本の1980年代であったが，この時期は動力中心の機械製品やさまざまな電化製品が一通り普及し，情報技術を応用した製品が本格的に普及する前の，機能的改良の停滞期であった。その間，企業側は需要維持策として製品多様化の戦略によって需要を維持しようとしたが，ちょうど同時期にそれを可能にする（生産者側の）情報処理技術が発達した。また消費者の消費財へのニーズも変化し，ひんぱんな商品の変化と多様性を受け入れた。それゆえ，この時期，機能的消費から記号的消費へという段階論が非常に説得的に思えたのだが，そう思えたのは，このようにいくつかの現象が偶然に同時発生したからなのである。

　しかしその後しばらく経つと，情報技術の爆発的発展が生じ，デジタルカメラ，パソコン，携帯電話，スマートフォンなどが次々に生みだされるような時期がやってきた。また，サービス産業における技術改良も盛んになった。機能的価値の追求は，けっして限界に達していなかったのである。

記号的な消費は需要を創造できるか？

　次に，記号としての消費が需要を作り出し，消費者にあまり意味のない消費

を押しつけているという見方について考えてみよう。

　これについては，二つ前の項で，二つのタイプを示しておいた。一つは地位を表示する記号としての消費財（ステータスシンボルとなる消費財）を作り出し，消費者の上昇志向や虚栄心を利用して，より高級な消費財を買わせようとするものであり，もう一つはひんぱんな新商品や製品の多様性によって，より多くの消費財を買わせようとするものである。

　まず前者については，これらが果たして地位の上昇志向とか虚栄心などによるものかどうか，またそれゆえ，あまり意味がなく批判の対象となるものであるかどうかということが問題である。たとえば，従来一部の恵まれた人しか可能でなかった海外旅行に，多くの日本人が出かけるようになったのは，中流・上流階層の生活に憧れさせる企業戦略に乗せられ，消費者が中流階級であることを示す記号として行なわれたことなのだろうか，それとも本当に海外の事物を見聞きし楽しみたい欲求があったからなのだろうか。

　こういった場合，形の上では上述の二つの解釈が可能であり，どちらも妥当性を主張することができる。しかし，消費者自身の動機を率直に聞いてみれば，おそらく多くの消費財について，後者の回答が多くなるだろうと考えられる。

　もう一つ指摘できることは，消費社会には，地位の記号というとらえ方ではうまく説明できない消費財も多くあるということである。

　衣食住と耐久財の充実を目指した成長期の消費社会はもちろんであるが，批判的消費社会論が論じた二段階目の消費社会，つまり一定の豊かさが実現されたのちの消費社会においても，地位表示的意味の少ない新しい製品（小型の電化製品，ゲーム機，情報機器，冷凍食品等）や，高級化とは逆に，仕様をやや落として低価格化し大衆化を進めたもの（ファストフード，プレハブ住宅，パックツアー等）は，大きな比重を占めてきた。また，モツ料理，ジーンズ，ジャズやロックミュージック等，本来社会の下層から発生し地位の上昇を示さないと思われる消費が，広く普及することも珍しくない。

　たしかに，一部には地位を示す記号としての消費が見られたが，そうではない消費もまた，それ以上に大きな比重を占めているのが消費社会だと考えられるだろう。

　他方，製品デザイン等のひんぱんな変更や多様化の戦略はどうであろうか。

こういった戦略は，第2章で示した広告と同様に，持続的でなく一時的な売上げ増加で終わってしまったり（引き潮効果），消費需要全体の拡大に結びつかず同業他社とのシェア争いにとどまったり（相殺効果）する可能性が高いだろう。

　たとえば，食品メーカーが，突飛なネーミングによってある飲料の売上げを伸ばしたとしよう。しかしネーミングだけの変更であれば，すぐに飽きられ，売れなくなってしまう公算が大である。また，自動車メーカーがある車を目立つスタイルにモデルチェンジして，大いに収益を増やしたとしよう。しかしその結果は，自動車全体が売れるようになるよりも，他社の車が煽りをくって売れなくなる可能性のほうが大きいだろう。

　消費社会における仕様変更や多様化が，消費者の需要全体を押し上げる効果は，ある程度は存在するかもしれないが，そのことが消費社会の駆動力になるほど，強く需要を刺激できるかどうかは疑わしい。

　先に述べたように，目先の変化や多品種化を盛んに推し進めるのは，機能的改良や低価格化が行きづまり，需要の伸びがにぶった産業，たとえば食品産業，アパレル産業，家庭用化学製品産業などでよく見られる現象である。しかし，そういった努力によって，業界全体の需要が大幅に伸びることはないはずである。

　デザインの変更や多様化の戦略を採用した先駆者として，よくアメリカのGM（ゼネラル・モーターズ）が取り上げられるが［Packard, 1960 = 1961: 88；伊東, 1971: 226-28］，GMがこのような戦略をとった1930年前後は，アメリカにおいて自動車の普及率が6割に近づき，普及の伸びがにぶくなってきた時期であった［Lebergott, 1993: 130］。そして，このような戦略の結果は，GMがフォード社を蹴落としてシェア1位の座を奪ったことであって，自動車の普及率が再び上昇カーブを描いたことではなかったのである。

　消費者の側から見ると，多くの人は記号的多様性につられて買物をした経験があるはずである。毎年の流行に乗って買った洋服や，目新しいデザインに惹かれて買ったガジェット（デザイン性のある小物類）が，家の中にあふれている人は少なくないだろう。しかし，それらが消費全体の主たる目標，中心的な支出項目になることは少なく，所得を中心的な支出項目に充てた後の残余が，そ

れらに振り向けられていることが多いだろう。

　消費記号論が主張するように，消費財は，微細な記号的変化によって無限に多様化させることができる。しかしそれは，あくまで「消費財のもつ意味」が無限であるということであり，現実の「消費者需要の大きさ」が無限であるというわけではない。この両者が自動的に結びつくという命題は，売ろうとしたものは売れるという命題と同じであり，まったく根拠がないのである[6]。

「第 2 の消費文化」と消費記号論の限界

　消費を記号現象としてとらえる視点は，一時期たいへん注目を浴びたものである。しかし，消費記号論から導かれた，消費社会が機能的な消費の時代から記号的消費の時代へという段階をふむという傾向は，はっきり見出しがたいものである。また，記号的消費が経済の実態に及ぼす影響，つまり消費者の需要を押し上げる効果も，あまり大きいものとは考えられない。消費の記号化現象は，当初考えられていたような，マクロ経済的，社会システム論的，文明論的等，大きな社会的意味合いをもつような現象ではない，と結論づけざるをえないのである。

　1980 年代に消費社会の新しい分析視点としてもてはやされた消費記号論は，その後，記号としての消費があまりマクロ的な意味合いをもたないことが感じられるようになり，他方，記号的側面ではなく技術的改良によるパソコン，携帯電話，ゲームソフトやネットを通じたさまざまなサービスなど，情報消費財の消費が爆発的に拡大するにつれて，だいぶ色あせてしまった。

　とはいえ，現代社会において，これまで述べてきたような記号的側面や差異を求める消費が広範に存在していることは事実であり，これらを無視することもまた適切ではない。そう考えると，結局，記号的側面は，消費社会の文化のすべてではなく，消費社会の一側面と考えることが適切だという結論に至るであろう。

　筆者（間々田）は，このことを理論化するために「第 2 の消費文化」という概念を考案した［間々田，2016: 91-144］。

　第 2 の消費文化とは，第 1 の原則として，消費を通じて他者との人間関係に配慮する「関係的価値」をより高水準で実現しようとするものであり，第 2 の

原則として，「従来の消費からの変化」を目的とする消費を行なおうとするものである。

　前者は，地位を表示するとか，人並みで劣っていないことを示すとか，自分の特徴（嗜好，生き方，個性など）を知らせる，といった他者に向けた消費であり，他者や社会との関係に配慮したものである。後者は，多様で変化の激しい消費財を，目先の新しさや表面的な奇抜さに惹かれて買い求めるような消費のあり方であり，先に示した，実質的な意味ではなく差異があること自体を求めるような消費を示している。

　この二つの原則に従う消費は，ほぼこれまで消費記号論で述べられてきた消費のあり方に一致し，それをより正確に示したものだが，消費社会におけるその位置づけは，消費記号論とはまったく違っている。消費記号論における消費のあり方は，消費社会そのものであり，記号的でない消費は基本的に無視された。それに対して，第2の消費文化はあくまで消費のあり方の一部であり，他の消費のあり方と「並存」しているものと考えられる。第2の消費文化が示すような消費もあるが，そうでない消費も多々存在しているということである。

　第1節で述べた第1の消費文化は強力なものであり，現在でも至るところで発展を続けている。それに対して，第2の消費文化もまた広く存在しているが，その存在を過大に見積もるのではなく，それが第1の消費文化とどう関係しているのか，どういった分野で，またどういう形で，それぞれの消費文化が盛んになっているのか，といったことを丹念に解明することこそが，消費の分析には求められるのである。

　そして，第1の消費文化でも，第2の消費文化でもない消費文化も存在することを忘れてはならない。実質的な意味の感じられる第1の消費文化と，実質的な意味の乏しい印象のある第2の消費文化は，見事に対をなしており，それ以外の消費のあり方はありえないと思えるかもしれない。しかし，実はそうではない。現実に広く存在しながら，意外にも正面から取り上げられてこなかった消費文化が存在するのである。次節ではそれについて論じることにしよう。

3 文化としての消費

豊かさ実現ののち

消費社会は，不快や緊張をなくすという面ですでに多くのことを成し遂げている。

豊かな食料によって飢えによる生理的危険はほぼ克服され，寒さや暑さもエアコン等の普及でかなりの程度調節が利くようになり，医療の発達で病気やけがによる不快も大幅に改善され，警察，軍隊などにより安全性についての不安も相当程度除去されている。精神的なものまで含めれば，依然として不快や不安は多いものの，長い間人類を悩ませてきた基本的な不足，不快の多くは除去されたといっていいだろう。

このように従来と比べれば格段に豊かな消費社会は，基本的には第1節で述べた「第1の消費文化」のもとで実現したものであった。第1の消費文化は，それにとどまらず，さらに圧倒的に便利で労力のかからない生活を実現した。家事に要する時間は大幅に短縮されたし，日常生活で体力の強さや持久力を必要とすることも少なくなった。社会全体の生産力の上昇によって，休日や余暇時間も増大するようになった[7]。

それでは，このような豊かさを実現したあと，消費はどのような方向に向かうのだろうか。消費の豊かさは，かつて遠いかなたにあり，上記のような基本的な不足，不快のない世界は夢の中でしか存在しないものであった。しかし，それが消費社会の成立とともに実現してしまうと，もはや「夢のない」時代がやってくる。求めていたものが一通り手に入ってしまうと，その先何を望み，どんな消費を目指すのかがわからなくなってくるだろう。

一通りの豊かさが実現された時，人は，最初は幸福感に浸るものの，しだいに手持ち無沙汰になってくる。経済的にも，時間的にも，体力的にも余裕ができたからといって，人々はけっして満足しきるわけではない。むしろ苦痛や緊張感がないことによる倦怠感，空虚感，退屈などに見舞われる可能性が大きい[Scitovsky, 1976 = 1979: 52-89]。そこで，多くの人はその「すきま」をうめる

べく，何か新しい消費の対象を見つけようとすると考えられる。

　地域や社会階層によって事情が異なるが，日本で多くの国民がこのような状態に立ち至ったと考えられるのは，おおよそ1970年代頃であった。

　それでは，人々はどんな新しい欲求をもち，どんな消費を目指したのだろうか。

　この問題に対して，前節で論じた消費記号論は一つの答えを出すものであった。一通りの豊かさが実現されると，人々は自分の地位を見せびらかしたり，他者との間で見栄を張り合ったり，流行を追い求めたり，面白い物や変わった物を集めてみたりと，それほど必要がないものを買いあさる，というのがその答えである。このように考えたからこそ，消費記号論は「段階論」となったのである。

　しかし考えてみると，この考え方には不自然なところがある。なぜなら，この見方によれば，一通りの豊かさが実現されたのち，人々は新しい欲求をもつのではなくひたすら「欲求とは別次元」の消費に向かうと考えられているからである。

　消費記号論が想定する第2段階の消費は，他者との関係で行なわれる消費，あるいは流行や差異を求める消費であって，本当はそれほど欲しくない，つまり欲求していないが買ってしまうという内容である。本当はいらないが見栄で買わざるをえない晴れ着とか，本当はこんな高いものはいらないが地位相応のスーツを着ないといけないとか，別に必要ないが面白いからつい買ってしまった，というたぐいのものである。そこでは，消費社会で一通りの豊かさが実現すると，もはや新しい欲求はなくなり，消費したいものがなくなるという前提があるかのようである。

　しかし，果たしてそうだったのだろうか。欲しいものはなくなったのだろうか。

　結論からいえば，そうではない。むしろ，新しく欲しいものがいろいろ出てきたのであり，それを実現するために新しい消費の対象が見つけられたというのが正しいとらえ方であろう。それを無視する見方には大きな飛躍がある，あるいは別の方向に話題をずらしているように思われる。

　それでは，新しい「欲しいもの」とはいったい何だったのだろうか。

それは，一言でいえば精神的な豊かさを実現するような，さまざまな消費財やサービスであった。精神的な豊かさというのは非常に広い内容を含んでいて，その中には，ゆとりある時間への欲求，社会奉仕的な欲求，純粋に宗教的な欲求，仕事による自己実現の欲求など消費に結びつきにくいものもあるが，消費に関係する精神的欲求と，それを実現するための消費もまた多く存在するのである。

さまざまな文化的消費

　その一つは，娯楽的な消費である。娯楽的な消費とは，いうまでもないことだろうが，感覚を刺激し快楽を与える外食や宴会，カラオケ，ギャンブル，ゲーム，映画・演劇，遊園地，スポーツ，ドライブ，温泉等への入浴，観光旅行などの消費を意味している。消費社会では，ゆとりの生じた時間と金銭を投入する娯楽的消費への，膨大な需要が発生してくる。

　しかし，消費社会で強まるのは娯楽的消費への欲求だけではない。

　まず，さまざまな趣味的消費がある。上記の娯楽的消費の中にも趣味といえるものがいくつも入っているが，それ以外にあまり娯楽とは呼ばれない園芸，手芸，その他の創作活動，知的ゲーム，芸術鑑賞，コレクションなどがあり，それを行なうにあたって，モノやサービスを買って使う（あるいは享受する）から，一種の消費となる。

　さらに，娯楽とも趣味とも見なされない，教養のための学校教育，社会教育，宗教的な活動や修行なども消費という形をとることが多い。

　そのように考えると，精神的な欲求を満たすために求められる消費には，実にさまざまなものが含まれており，現代社会で強く求められるようになっていることがわかる。こういった消費を追求することは，第1節の基礎的な消費財や技術的改良がなされた消費財を大量に求めること，第2節の記号的側面や差異を求めることとは明らかに別のことであろう。

　これらは，モノ（用具，材料など）とサービス（入場料，授業料など）の両方を消費するものであり，その具体的な中身はさまざまであるが，共通して，基本的な生存にとって必要なものではないが，生活に潤いや楽しさを与え，精神的充足をもたらすものといえるだろう。こういった消費は，人間のみが行なう

ものであり，その内容がしばしば「文化」という言葉で表現されることから，「文化的消費」と呼ぶことができるだろう[8]。そして，人間が文化的消費を行なうとき，そのような消費がもつ価値を，第1節で示した「機能的価値」や第2節で示した「関係的価値」と区別して，「文化的価値」と呼ぶことができるだろう。

文化的消費は，娯楽や趣味，その他の文化的活動にともなって生じるが，これらの活動は形のないサービス消費を通じて行なわれることが比較的多い。テーマパークの料金，コンサートのチケット代，学習塾の授業料などである。しかし，これらの活動はテーマパークでのお土産，好きなアーティストのCD，学習塾の教材図書など物的な消費にもつながっており，文化的消費＝サービス消費というわけではけっしてない。

それどころか，文化的価値はサービスをまったくともなわないモノ（物的消費財）を通じても実現されている。たとえば，ただ食べて栄養をとるだけでなく，おいしく見た目のきれいな食べ物を食べることは，文化的価値を実現するための消費＝文化的消費である。美しく華やかで生活を彩る洋服を着ることも，部屋を気に入った雑貨や装飾品，人形などで満たすことも同様である。そう考えると，私たちの身の回りには，至るところに，いろいろな形で文化的消費が存在しているといえるだろう。

文化的消費の二つの方向──自己実現と放縦

文化的消費にともなう活動は，人間の生活をより潤いがあり，充実して楽しいものにすることから，基本的には肯定的に評価されるべきものであろう。

とくに，娯楽性の少ない趣味，教養を身に付ける活動については，文化性の高い行為として消費社会以前から称揚されてきたものが多い。一般的にいえば，これらはその活動に比較的長い時間を要し，ある程度労力を必要とし，冷静に，理性を働かせながら行なわれる。そして理解，習熟，熟練，蓄積，成就，完成などの結果をともない，知識，教養，高められた人格，技能，完成した作品などをあとに残す。たとえば，教育は理解や習熟をもたらし，芸術の鑑賞はしだいに鑑賞の能力を高め，手工芸は何らか形のある作品を完成させる。こういった点で，それらは発展的な要素を含んでいるといえるだろう。

欲求の段階説で有名な心理学者 A. H. マズローは，生理的欲求，安全への欲求など基本的欲求が満たされていくと，しだいに欲求が高度化し，最後に「自己実現」という高度の欲求が現われると考えたが，それを充足させるための活動としてイメージされたのは，おそらくこういった活動であった［Maslow,（1954）1970＝1987: 71-72，221-72］。

　しかし，文化的消費にともなう活動は，そのすべてが無条件に称賛されるべきものとはいえない。なぜなら，それらは放縦（気まま）で抑えが利かなくなることがあるからである。

　このようなことは，娯楽的消費で目につきやすいものである。

　娯楽と称されるものは，多くの場合短期間で容易に実現し，人間の精神に比較的単純な刺激を与え，理性よりは感覚に訴えるものが多い。そこで娯楽的消費では，理性を忘れて飲み過ぎたり，騒いだり，ゲームに生活バランスをくずすほどのめりこんだりなど，節度を失った行動がしばしば生じる。また，娯楽的消費ではふんだんに刺激が供給されているが，一般に，消費者は単純な刺激には飽きやすいので，その刺激はしだいにエスカレートする傾向にある。攻撃的で暴力むき出しのゲーム，思わず絶叫してしまうほど加速度の大きいジェットコースターなど，強い刺激は歓迎され，消費者はそれを際限なく求めて過激化するようになる。そして，娯楽的消費の先には，ドラッグ，買売春など非合法で反社会的な消費も待ち構えている。

　以上のように，節度を失いがちであり，過激化しやすく，時に反社会的にもなりうることから，従来，娯楽的消費はレベルの低いものであり，文化の名に値せず，娯楽的でない趣味的消費や教養的な消費こそが文化的活動であると考えられがちであった。あるいは，娯楽的消費にともなう活動は「大衆文化」と称され，本来の「文化」とは異なる低次元のものとして扱われた。そして，教育を通じて，人々の関心を前者から後者に導くことが，社会の進歩のための課題と考えられたこともあった［Scitovsky, 1976＝1979: 246-50］。

　このように，同じ文化的消費といっても，娯楽的消費と趣味・教養的消費とは大きく異なる方向，むしろ正反対の方向に向いているように思える。

　しかし，ここでぜひ注意しなければならないことが二つある。

　その一つは，個々の文化的消費が，娯楽的消費と趣味・教養的消費のどちら

かに完全に属しているというわけではないことである。

　たとえば，誰もが気楽に入れるカラオケ店は，典型的な娯楽的消費であるかのように思われている。しかし，カラオケも真剣に上達を目指し，歌唱の勉強をするようになれば，趣味や教養的な活動に近づく。また読書は，子供の頃から勧められる典型的な教養的な消費のように思われている。しかし，読書もミステリー，時代小説，ライトノベルなど，気楽な小説を楽しんで読むだけであれば，限りなく娯楽的なものに近くなる。

　そう考えると，あらゆる文化的活動，文化的消費が二つの異なった方向を取りうるのであり，すべてはその消費者の取り組み方しだいといえそうである。そして，さまざまな文化現象を見る限り，現代では，娯楽的消費と趣味的消費や教養的な消費はしだいに区別がつきにくくなる傾向にあるようにも思われる。

　もう一つは，娯楽的消費と趣味・教養的消費については，前者が低俗で望ましくなく，後者だけが高級で望ましいと見なすことはできないということである。

　娯楽的消費は，たしかに放縦に流れやすい面をもっている。しかし，そうだからといって，娯楽的消費が低俗で不必要なものと考えることはできない。むしろ，娯楽的消費も重要な役割を果たしていることに注意を向けるべきである。

　趣味・教養的な消費は，利那的で過激化していく要素をもたず，長期間安定して続けられる性質をもっている。この性質は，基礎的な欲求を満たし，経済的にも時間的にも余裕ができた社会では重要な働きをするだろう。今後消費社会を人々の精神的充足につなげるとすれば，趣味・教養的消費を充実させることは不可欠である。

　しかし，他方の娯楽的消費は，短時間で容易に実現することができ，その間理性を働かせず感情的でいられるために快感の強度が大きい。そのため，余暇時間の退屈を紛らわすだけでなく，ストレスにさらされた人々に解放感を与え，精神の均衡を回復させる作用をもっている。このような働きは人間には欠かせないものであり，趣味・教養的活動の余裕が乏しい場合でも必要なものである。その重要性ゆえに，時期と手段が限られていたとはいえ，太古から最低限の娯楽や遊びの機会は確保されてきた。

　そう考えると，両者は別の方向を向いているとはいえ，ともに重要であり，

人々を精神的に満たす「文化的」な消費だといえるであろう。人々を充実した生活に導くためには，両者を同時に追求しなければならないのである。

「第3の消費文化」

　消費社会は，消費水準の上昇を目指す社会である。これまで本章では，それがどの方向へ向かうかについて，三つの可能性を取り上げた。

　まず，技術的改良を通じた機能的価値の追求が中心になる第1の消費文化があり（第1節），次に関係的価値と記号的消費を中心とする第2の消費文化があった（第2節）。そして，この節では文化的価値を求める消費のあり方に注目した。このような消費＝文化的消費は，現在の消費社会ではきわめて広く，また深く追求されているものであるから，それを中心とするもう一つの消費文化を考えることができるだろう。筆者（間々田）は，それを「第3の消費文化」と呼んでいる。

　ただし，第3の消費文化にはもう一つの重要な要素がある。それは，消費が社会に好ましくない影響を与えないように配慮する，ということである。第3章で示したように，消費社会はさまざまな問題を発生させる社会であり，けっして無条件，無制限に消費を拡大していけばいいという社会ではない。とくに，第8章で論じる環境問題は，人類の生存基盤を脅かすほどの大きな問題である。こういった問題は，消費社会の発生期，発展期には十分理解されていなかったが，現在ではそれを回避することなしには消費社会が持続可能でないことは，誰の目にも明らかである。

　したがって，現在では，消費は環境に悪影響を与えず，発展途上国の人々の生活を脅かさず，消費社会自体の内部でも混乱や迷惑，被害などを与えないものでなければならない。これまでの消費文化は社会との関係に無頓着だったが，これからの消費は社会と向き合いながらなされる必要がある。

　消費というものは，元々私的行為であって，自分の自由，好き放題が許されるものである。しかし，これからの消費は私的で自由であるという特徴は維持しつつも，一定の社会的配慮をともなわなければならないのである。

　したがって，第3の消費文化とは，第1の原則として文化的価値を追求する文化的消費を発展させることによって，人々に精神的充足をもたらすと同時に，

第2の原則として，それが社会的に好ましくない影響をもたらさないよう十分配慮するような消費文化だといえるだろう。

　この二つの原則は，一見すると関係ないものを二つ並べたように思えるかもしれない。しかしこの両者は，大量の消費財を消費しさえすれば，またそのために技術的改良や大量生産を実現しさえすればよかった時代が終わったのち，新たに求められる消費のあり方だという点で共通している。文化的価値の追求は，精神的充足を実現するという意味で人々に幸福をもたらし，社会的配慮をともなう消費（社会的消費）は，社会の安定をはかり持続可能性を確保することを通じて人々に幸福をもたらす。前者は積極的に，後者は消極的にであるが，ともに現代社会において人々を幸福に導くための道筋を示しているのである。

　この二つの原則は，両立できない場合もある。両者は一つの社会でともに追求され，ともに実現されることが求められるのだが，文化的消費の追求が社会問題を引き起こしたり，社会的配慮をともなう消費が文化的価値の実現を妨げたりすることがある。

　たとえば，文化的価値を追求するコーヒーの消費が，産地の貧富の格差や，価格の不安定による生活困難を引き起こしたり，同じく文化的価値を追求する旅行が，交通機関による大量の資源消費や温室効果ガスの増加をもたらしたりといったことが起こりうる。

　逆に，社会的配慮による省エネが過度に求められると，活動的な文化的消費であるスポーツや音楽の練習が妨げられたり，社会的配慮が「禁欲主義」に結びつくと，生活に潤いや楽しさを求めること自体が批判されたりといったことも起こりうる。

　そこで第3の消費文化は，文化的消費によって精神的な豊かさを実現しつつ，社会的配慮によって無節操にならないよう歯止めをかける。また社会的な消費をいたずらに殺伐として人間味の乏しいものとしないよう，文化的消費の要素を取り入れつつ実行しやすいようにする。この二つの原則が見守り合い，補い合いつつ消費社会の発展を目指すのが第3の消費文化なのである。

　とはいえ，こういった二律背反的事態は，けっして多くの文化的消費で生じるものではない。

　文化的消費は，一般的には大きなエネルギーを必要としないし，他者に被害

をもたらすことも少なく，社会的消費の原則に反しないことが多い。とくに教養的な文化的消費の場合はそうである。両者は比較的両立しやすいものであり，第3の消費文化は，けっして実現の困難なものではない。外食を楽しむ，好きなぬいぐるみを愛玩する，音楽を楽しむ，温泉でくつろぐ，観光地を散歩するなど，生活を楽しむ文化的消費を社会的問題が生じない範囲で行なえば，十分第3の消費文化に沿った消費を実現することができる。

　社会的な消費の中には，生活上のちょっとしたマナー，たとえば食物を食べ残さないとか，使えるものはできるだけ長く使うなどが含まれている。また，純粋に技術的な改良による消費，たとえば省エネ性能の優れたエアコンを使うとか，廃棄物を再利用するなど多くのことが含まれている。こういった場合には，文化的消費を妨げることはなく，むしろ不必要な出費を減少させ，収入の中で文化的消費に回せる分を増やすことが多い。

　そう考えると，第3の消費文化は切実に求められるものであるが，けっして非現実的なものではなく，自覚して取り組みさえすれば十分実現が可能なものだといえる。それゆえ，これからの時代に最も適した消費文化のあり方だと考えられるのである。

消費文化のさまざまな姿

　これまで本章では，消費文化を三つのタイプに分けて論じてきた。最初に述べたのは，技術的改良によって物やサービスの機能を高め，同時に消費の量的拡大を目指す第1の消費文化であり，次に述べたのが，他者との人間関係に配慮し，また変化や意外性を求める第2の消費文化であった。

　第2の消費文化は，ある時期「消費の本質」であるかのように扱われたこともあったが，消費社会らしい消費としてイメージしやすいのは，むしろ第1の消費文化であり，今日まで人々の努力が一番傾注されてきたのも第1の消費文化であろう。

　しかしながら，本節で述べたように，第1でも第2でもない消費文化として第3の消費文化が存在する。第3の消費文化，とくに文化的消費は，現代社会の至るところで広がっているが，独自の消費文化として意識されることは少なかった。しかし現在では，第3の消費文化なしではとうてい消費を語ることは

表5-1 三つの消費文化

	第1の消費文化	第2の消費文化	第3の消費文化
第1原則	技術的改良により，消費者の欲求をより適切に，より速く，より安価に実現しようとする（機能的価値の追求）	消費を通じて他者との人間関係への配慮をより適切で高水準なものにしようとする（関係的価値の追求）	生活に潤いや楽しさを与え，精神的充足感を高めようとする（文化的価値の追求＝文化的消費）
第2原則	量の拡大によって豊かさを追求する	従来の消費からの変化を自己目的とする	消費が社会に好ましくない影響を与えないように配慮する（社会的消費）
キーワード	効率化，スピードアップ，合理化，低価格化，マクドナルド化／大量消費，大人買い	セレブ，見せびらかし，マウンティング，流行，差別化，記号的消費，モデルチェンジ	娯楽，趣味，教養，文化／持続可能性，エコ，スローフード，フェアトレード，エシカル
消費財，サービスの例	公共交通，電化製品，パソコン，冷凍食品，吸湿発熱繊維の衣料，パックツアー	高級ブランド品，貴金属製品，別荘／はやりのデザート，奇抜なデザインの雑貨類	書籍，映画・演劇，観光旅行，大学教育，手作り工芸品，オーガニック食品，太陽光発電
商業施設の例	ショッピングモール，ファストフード店，コンビニ，100円ショップ，カフェチェーン	外国車販売店，宝石店，美容整形外科／ファッションビル	趣味的な専門店，個人経営の個性的な飲食店／自然食品店，ヴィーガンレストラン

（注）　この表には，本文中で言及されていないものも一部含まれている。
（出所）　筆者作成。

できないであろう。

　第1の消費文化は機能的価値を，第2の消費文化は関係的価値を，第3の消費文化は文化的価値をそれぞれ追求する。これらが折り重なった複雑な姿で，現代の消費文化は存在しているのである。

　以上三つの消費文化についてまとめると，表5-1のようになる。

　このように，消費文化が三つに分かれることから，一つの消費財，あるいは消費行為を取り上げると，第1，第2，第3の消費文化のいずれかが中心となっていることが多い。たとえば，掃除機は第1の消費文化，パーティー用のドレスは第2の消費文化，音楽ソフトは第3の消費文化が，それぞれ主となっていると言えるだろう。

　しかし，それはあくまで「おもな」消費文化であって，消費財，消費行為には，多かれ少なかれ三つの消費文化の要素が含まれている。たとえば自動車を考えてみると，加速性能や乗り心地を追求する第1の消費文化の側面があり，ステータスシンボルや流行追求といった第2の消費文化の側面があり，スタイ

ルの美しさや排気のクリーンさなど第3の消費文化の側面もある。色彩の三原色が純粋な形では存在せず，実際の物の色には三原色が混ざり合っているのと同じように，消費財や消費行為においては三つの消費文化が混ざり合っているのである。

　そして，三つの消費文化には，互いに他に影響を与え，また影響を与えられるという関係もある。たとえば第1の消費文化は，新しい，機能の優れた消費財を生み出すから，その所有を他者に自慢できることが多く，第2の消費文化の役割を果たすことがある。新型のスマートフォンを使いこなすことによって，情報処理能力の高さを誇示するといった場合である。同様のことは第3の消費文化と第2の消費文化の間でも生じる。第3の消費文化としての美しい装飾品，おいしい料理，優雅なスポーツなどが，第2の消費文化として，ステータスの高さを示すシンボルとなってきたのである。

　他方で第1の消費文化は，もともと消費財の役割をより効率的にしたり，新しい消費財を発明したりするものであり，「手段的」なものである。したがって，第1の消費文化によってより音質のいい音響機器を作り出し，それを通じて第3の消費文化である音楽鑑賞をより楽しいものにする，といったことが可能になる。

　このように，三つの消費文化は互いに関連し合い，複雑な形で現代の消費文化を形作っている。消費文化を理解する上で大事なことは，さまざまな消費文化が存在することを認めることであり，どれか一つが消費文化のすべてであるとは考えないことである。先に述べたように，かつて第2の消費文化こそが消費文化の本質であると考えられたことがあった。しかし，第1の消費文化の強力さ，持続性，そして第3の消費文化の著しい台頭に目を向けると，そのような思い込みは，現代の消費のあり方をとらえ損なったものといわざるをえないのである。

　そしてもう一つ重要なことは，現時点では，第1，第2の消費文化に目を配りつつもとくに第3の消費文化に注目すべきだということである。

　第3の消費文化は，第1原則，第2原則ともに，これまで消費文化の一要素とは見なされないことが多かった。

　まず文化的消費については，至るところに存在しているにもかかわらず，そ

れが，全体としてどのような役割を果たすかがきちんと認識されなかった。

　経済学や経営学では，古くから消費とは生活上の必要を満たすものであり実用的なものである（第1の消費文化）という観念がしみついており，必要とはいえないが生活を楽しく充実させる文化的消費を，とかく軽視してきた。

　また，批判的消費社会論（本章第2節参照）は，資本主義の退廃的側面として批判しやすい記号的消費（第2の消費文化）ばかりに関心が向き，人間にとって好ましい役割を果たしうる文化的消費を視野に入れない傾向にあった。

　それにもかかわらず，現実には，文化的消費は着実に増大し，人間にとって大きな意味をもつようになったのである。

　他方，社会的消費（社会的配慮に基づく消費）は，ほとんど無視されてきた。消費が何らかの社会問題を引き起こすことは消費社会の成立当初から知られていたが，それを受け止めて対処しようとする社会的消費が広がって，一つの消費文化のあり方となるという事態は，なかなか認識されなかった。

　しかし，そのように無視されている間に，社会的消費は想像以上に社会に広まり，これまでの消費文化の理解に変更を迫ったのである（第9章を参照）。

　このように，現在文化的消費と社会的消費はともに重要性が増しており，第3の消費文化に目を向けることなしに消費社会を理解することは，もはや不可能になっている。

　ただし，このことは，けっして他の二つの消費文化を無視することを意味しない。他の二つの消費文化との関連に関心をもちつつ，第3の消費文化にしっかり目を向けることが大事なのである。

　以上のような消費文化のとらえ方を基本的知識として理解した上で，第6章ではリスクに対処する消費，第7章では情報関連の消費という，現代社会に特徴的な二つの消費分野について分析を試みることにしよう。

課　題

1.　この5年以内に普及した機能的改良による消費にはどのようなものがあるだろうか。形のある消費財，形のないサービス（インターネット上のものを含む）の両方について，それぞれいくつかあげてみよう。
2.　自分自身が行なっている記号的な消費はあるだろうか。自分の生活を振り返っ

て，できるだけ多くあげてみよう。
3. 第3の消費文化の二つの要素である，文化的消費と社会的消費（社会的配慮をともなう消費）を兼ね備えた消費にはどんなものがあるだろうか。具体的な例をいくつか考えてみよう。

注●─────

1) 商品名でいえば「ヒートテック」などで，おもに保温性のある下着として利用される。
2) おもに新築住宅で，室内の空気の化学物質による汚染などが原因と考えらえる，不特定の身体的症状に悩まされること。
3) 現代社会は格差拡大が指摘されているが，近代以前の階級社会のような厳密な社会的区別のある社会ではない。また全般的な消費の豊かさが実現され，特定の地位の人だけしか買えないようなものも少なくなっている。そのため現在，消費は，近代以前のように明確に身分や階級を示す記号となるわけではない。社会的な地位と消費の関連が強いと思われているヨーロッパでも，消費の地位表示記号としての意味が薄れていることが指摘されてきた［Featherstone, 1991 = 1999: 83-94］。
4) なお，このようなメッセージの伝達過程は，非常にあいまいで不正確なものであり，記号の意味の変質，変容が至るところで生じていることに注意しなければならない。現代の記号論では，記号という言葉がかなり広い範囲の意味内容を含むことを認めているものの［Eco, 1988 = 1997: 37-84］，正確に意味を伝達するという条件を満たさないことから，イギリスの消費社会研究者 C. キャンベルは，消費を言語になぞらえる考え方を批判している［Campbell, 1995: 111-17］。
5) FMS（flexible manufacturing system）と呼ばれる，コンピュータ制御の機械部品生産体制などを意味している［古川，1983］。
6) 消費財の多様化が需要に及ぼす影響については，間々田孝夫『第三の消費文化論』第4章で，より詳しく論じられている［間々田，2007: 174-91］。
7) 日本は相変わらず労働時間の長い国であるが，それでも週休二日制の普及，祝日の増加などによって，長い目で見れば余暇時間は増加している［黒田，2012: 33］。
8) 本書のベースとなった旧著では，娯楽的消費を文化的消費に含まれないものとして扱ったが，実際にはどこまでが娯楽で，どこからが文化的であるかの区別は困難である。そこで改訂版である本著では娯楽的消費も文化的消費に含め，放縦，過激化などの特徴は，娯楽的消費だけでなく文化的消費全般に見られるものとして扱うことにした。

第6章　リスク社会の到来と消費

CSA（地域支援型農業）を営むカリフォルニ
ア州の男性。コロナウイルスの影響を受けて
新鮮な食品を求める消費者に向けて農産物を
供給する（時事通信社提供）

1 リスク社会と抗リスク消費

リスク社会とは何か？

現代社会は「リスク社会」だといわれる。

原発事故のような巨大な災害や，食品中の添加物や残留農薬等に対する不安，あるいはインターネットを通じた情報の流出，さらには，2021年現在世界中に混乱を巻き起こしている新型コロナウイルスの感染拡大など，私たちの日常生活には，さまざまなリスクが存在している。このような，リスクが増大していると感じられ，人々がそれに対処せざるをえなくなる社会が，リスク社会である。

このリスク社会という言葉は，ドイツの社会学者 U. ベックが1986年に刊行した『危険社会』という著作で使用して以降，広まった［Beck, 1986 = 1998］。

この著作等でベックは，近代社会がそれまでとは違う性質を帯びていることに注目し，その新しい近代社会のありようを「第2の近代」としてとらえた。近代化の前半である第1の近代においては，合理的で科学的な思考が利便性や快適さを拡大したのに対し，1970年代頃からその段階に入ったとされる第2の近代においては，その利便性の拡大が人間社会に負の影響をもたらすようになっていると考えたのである。そして，このような認識から，第2の近代を，リスク社会と名づけた。

この第2の近代化＝リスク社会化という大きな社会変化は，ミクロな領域，すなわち個人のありようにも影響を与えている。

ベックは，第1の近代において生じた，旧来的なしがらみや因習からの解放と個人の自律性の高まりというポジティブな変化とは異なり，第2の近代においては人々が原子化してバラバラになっていく傾向が生じていることを指摘した。ベックは，これを「個人化」と呼び，個人がさまざまな社会的リスクに対して脆弱化するというネガティブな変化が生じていることを問題にしている。

抗リスク消費

リスク社会が到来し，リスクが増大していると感じられると，当然ながら

人々はそれを低減するためにさまざまな行動をとる。そしてその有力な方法が，消費の仕方を変えることである。たとえば家族や自分自身の健康を考えて食品添加物や農薬が使用されていない食材を購入する，感染症を予防するために除菌用アルコールやマスクを購入する，防犯カメラを設置する，防災グッズを揃えるなどといったことである。このような消費を，本章では「抗リスク消費」と呼ぶことにしよう。

さて，リスク社会では，抗リスク消費が盛んになる傾向があるが，それは，以下に示す，社会の変化とも関連している。

イギリスの社会学者 A. ギデンズは，近代化の進行によって個々人がより自由にライフスタイルを選択できるようになると，人々は選択という行為から逃れられなくなると述べている［Giddens, 1991 = 2005: 89］。選択肢がなければ人は選択しないですむが，選択肢が存在するならば，選択せざるをえないからである。

そして，選択という行為には責任がともなうのであるから，選択の機会が増大するならば，個人の責任も増大することになる。このような変化は，ベックが指摘する個人化という傾向を背景に進行し，2000 年代以降の私たちの社会で広がっていった自己責任という考え方を生み出す一因になったと考えられる。

自己責任が強調される社会では，リスクについても個人で対処すべきであるという意識を生みだしていくだろう。もちろん食の安全に関する問題，新たな感染症の問題，治安の問題などを考えればわかるように，さまざまなリスクはしばしば社会的な対応を必要としており，実際にそれが行なわれている。しかし第 2 の近代に生きる私たちは，個人としてリスクに対処することを，以前より多く求められるようになっており，その個人的な対処は，しばしば消費を通じて行なわれるのである。

したがって，リスクに対処しようとする抗リスク消費は，人類の長い歴史の中で見ると，近代社会という比較的最近の時代の，さらにそれが高度化していく過程において顕わになってきた行為だということになる。つまり，抗リスク消費は新しい消費のありようなのである。

本章では，以下，抗リスク消費がどういうものであり，私たちの生活や社会にどのような意味をもっているのかということを見ていきたい。

抗リスク消費の実態

　リスクを回避するために行なわれる消費にはどのようなものがあるだろうか。

　表 6-1 に示すように，抗リスク消費には，食品，健康，災害，経済，犯罪・情報に関するものがある[1]。それぞれを構成する具体的な消費行動はさまざまに存在するが，消費を通じて楽しみを得るという積極的な側面は総じて小さく，地味な印象を与える（たとえば食品添加物を避けることで得られる楽しみや喜びはあまりないだろう）。これは，リスクを回避するという行為が，ネガティブな事柄を避けることを目的としているためであろう。

　そのためか，消費社会研究において抗リスク消費が取り上げられることはこれまで多くなかった。しかし，この種の消費が私たちの暮らしの中で目立つようになっているのは明らかであり，見過ごすことはできない。そこで，まずは抗リスク消費の広がりの実態を知るためにいくつかのデータを見てみよう。

　1 つ目は，健康リスクに対処する消費である健康食品についてのデータである。具体的には総務省の家計調査で対象になっている健康保持用摂取品の，1 世帯当たりの消費支出である[2]。

　図 6-1 の棒グラフを見ると，健康保持用摂取品の消費支出は，1990 年代半ばから 2000 年代の前半にかけて増加し，その後は横ばいである。つまり 1990 年代半ばから 2000 年代前半までは消費が拡大していることになる。1994 年以前についてはデータが存在しないので断定はできないが，筆者（藤岡）が行った健康消費に関する分析では，70 年代半ばから 80 年代半ば頃以降に，栄養剤

表6-1　抗リスク消費の例

食品リスク	有機野菜，食品添加物の忌避，遺伝子組み換え食品の忌避，食品中の放射性物質の忌避，浄水器
健康リスク	スポーツジム，サプリメント，健康食品，体重体組成計，活動量計・睡眠計（スマートウォッチなど），睡眠グッズ，マスク，アルコール消毒液
災害リスク	防災グッズ，非常食
経済リスク	自動車保険，火災保険，医療保険
犯罪・情報リスク	防犯カメラ，ホームセキュリティ，キッズケータイ，見守りカメラ，パソコン用セキュリティソフト

（出所）　筆者作成。

図6-1　健康食品の消費支出とホームセキュリティサービスの契約件数の推移

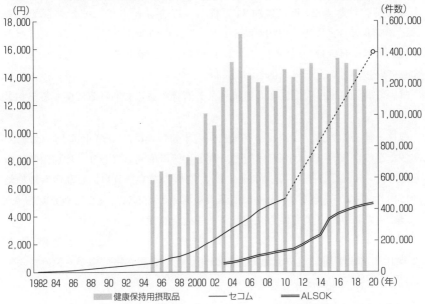

（円）　　　　　　　　　　　　　　　　　　　　　　　　　　　（件数）

- 健康保持用摂取品　　— セコム　　— ALSOK

（注1）　セコム株式会社の 2011〜19 年のホームセキュリティ契約件数は執筆時点で確認できなかっ
　　　　たため省略した。
（注2）　左目盛りの数字は健康保持用摂取品の世帯当たり年間消費支出金額を示し，右目盛りの数
　　　　字はホームセキュリティの個人契約件数を示す。
（出所）　総務省統計局，綜合警備保障株式会社，セコム株式会社のホームページより作成。

やタバコの消費状況の変化，健康雑誌の広がりが確認されており，この時期以
降に健康が消費社会の要素として組み込まれていったことが明らかになってい
る［藤岡，2015］。つまり，健康保持用摂取品の消費も 1970 年代，80 年代頃か
ら広がり続けてきたと推測するのが自然である[3]。

　続いて 2 つ目に，防犯リスクに関する消費であるホームセキュリティサービ
スのデータを見よう。

　このホームセキュリティサービスの分野で大きなシェアを占めているのはセ
コムと ALSOK である。両社のホームページに公開されている契約件数の推
移を見ると，1981 年からサービスを開始したセコムは，1995 年に約 5 万件だ
った契約件数が 2010 年には 45 万件超と，15 年で 9 倍以上に伸びている。他

方，1988 年からサービスを開始した ALSOK は，2003 年に約 5 万 5000 件で
あった契約件数が 20 年には約 44 万件と，17 年で約 8 倍にまで伸びている
［綜合警備保障株式会社，2020］（図 6-1）[4]。これらの変化を見ると，ホームセキ
ュリティサービスは 1980 年代に始まり，おおよそ 90 年代後半以降に大きく拡
大していったといえそうである。

　続いて 3 つ目は，食品に関わる抗リスク消費である有機野菜に関するデータ
である。

　農林水産省の推計によれば，有機農業の市場規模は，2009 年に 1300 億円で
あったものが 17 年には 1850 億円と，約 1.4 倍に増加しており，増加傾向にあ
ると考えられる［農林水産省，2020］。また，有機野菜を扱う自然食品店も増加傾
向にあり，食の安全に関心をもつ消費者が増える傾向にあるのは確かだろう[5]。

　上に見た抗リスク消費はそれぞれ異なる社会的背景をもっているので，ひと
まとめにするのはやや乱暴だが，あえてまとめるならば，抗リスク消費はおお
よそ 1980 年代以降に目立ち始め，2020 年代初めの現在まで広がり続けてきて
いるといえそうである。

2　抗リスク消費の背景と意味

リスク社会と消費社会の関係

　抗リスク消費は，古来どんな社会においても広く存在したわけではなく，リ
スク社会化と消費社会化という大きな社会変化を背景に広がってきたものであ
る。そこで本項では，この 2 つの大きな社会変化がどのように関係しているか
ということを見ておきたい。

　人間社会は，近代化の過程で，さまざまな科学技術を発達させてきた。たと
えば鉄道や自動車，飛行機は長距離移動を可能にし，大量の電力を生みだす技
術は電気製品の使用を可能にし，テレビやインターネットといった技術は遠隔
地とのコミュニケーションを可能にした。また農薬，化学肥料や食品添加物は，
農作物の生産効率や食品の保存性を高めた。これらは，私たちの生活の利便性
や快適さを上昇させたため，近代産業社会の発展は，輝かしい未来を約束して

いるように思われていた。

　ところがある時期から，これらがもたらすマイナスの影響に目が向けられるようになってきた。自動車や飛行機，原子力発電所の事故は多大な被害をもたらし，インターネットをはじめとしたデジタル技術は情報の流出をもたらし，食品への科学技術の応用は健康被害への不安を生みだしたからである。あるいは，科学技術の使用が，公害や環境問題を引き起こしたからである。

　先にも触れたように，ベックは，このような科学技術の進歩が近代社会のあり方を変化させたと考え，それを第1の近代から第2の近代＝リスク社会への変化ととらえたのであった。この変化は，科学技術のもたらすプラスの側面が強く意識された時代から，それがもたらすリスクというマイナスの側面に目を向けざるをえなくなった時代への変化と考えることができる。つまり第2の近代は，第1の近代のありようを反省的にとらえる視点をもつという点に特徴があるのである。そして，この点を強調して，反省的近代化（reflexive modernization）という言葉が使われる場合もある［Beck et al., 1994＝1997］。

　ではこのような変化は，消費社会化という社会変化とどのような関係にあるのだろうか。

　前章で見たように，これまで3種類の大きな特徴をもつ消費文化が順番に出現してきた。すなわち，機能的価値と量的拡大を追求する第1の消費文化，関係的価値と新しさを追求する第2の消費文化，文化的価値と社会的配慮を求める第3の消費文化である。

　ベックの見方をこの三つの消費文化のありようと対応させて考えると，第1の近代は，第1の消費文化を生みだす背後にある大きな社会変化を問題にした概念だといえる。つまり，人間社会が利便性や物質的豊かさを獲得するために科学技術を発達させた第1の近代を背景として生まれたのが，機能的価値や量的拡大を求める第1の消費文化である。

　これに対し，科学技術による発展に反省的な視点を向けようとする第2の近代＝リスク社会は，第3の消費文化と親近性がある。というのも，第3の消費文化は，機能的価値と量的拡大の追求という第1の消費文化が生みだした矛盾に対処しようとすることで生じてきた面があるからである。ただし，対処の仕方という点では，社会的な対処が必要な環境問題などに関わる消費と，個人的

な対処が可能な抗リスク消費は異なる。

抗リスク消費と消費の自由

　前項ではマクロ社会に関する問題を見たが，本項ではミクロ社会に関する問題を見ていこう。ここで問題にするのは，抗リスク消費における，消費の自由の意味である。

　社会の近代化が進行していくと，人々は家族や地域社会といった既存の社会関係とのつながりを弱めていく。これをベックは「個人化」と呼んだ。個人化が進むと，人々は，旧来的な価値規範に必ずしもとらわれない，さまざまな生活上の選択を行うことが可能になる。このような選択機会の増大は，一般には，自由の拡大として肯定的にとらえられるが，リスク社会論では，これを，選択を強いられる機会の増大ととらえ，必ずしも肯定的には見ない［Beck, 1986 = 1998: 268-269；Giddens, 1991 = 2005: 89-97］。というのも，先に触れたように，何らかの選択を行った場合，それがもたらす結果についての責任は，選択をした個人が負うことになるからである。つまり選択肢の増大は，個人にかかる負担の増大もまた，もたらすのである。

　たとえば私たちは，健康を考えて，喫煙をしない，脂っこい食事やアルコールを控える，食品添加物や残留農薬を避けるといったように，健康に気を使った生活を送ることができる一方で，このようなことを気にかけずに生活することもできる。これは，どのような生活を送ることも個人に任されているという意味で，私たち消費者が選択の自由を手にしていることを示している。しかし，別の見方をすると，これは，何らかの選択をしなければならないことも意味するのであり，消費者は選択を強いられているのだともいえる。つまり，健康を気にする／気にしない，という選択肢が存在するならば，私たちは選択をせずに消費生活を送ることはできないのである。

　そして選択という行為は，その結果についての責任をともなうのであるから，喫煙，食品添加物，残留農薬などのリスクを避けるにしても，あるいは逆に引き受けるにしても，消費者は，選択によって得られる結果についての責任を多かれ少なかれ負わなければならない。つまり抗リスク消費の広がりという選択肢の増大は，選択肢がなければ存在しなかったはずの責任を消費者個人に生じ

させることになるのである。たとえば，高血圧や糖尿病といった生活習慣病に罹患した場合には食事内容に問題があること，空き巣の被害にあった場合には防犯の努力が足りなかったことが原因であるとされるのである。

このような選択の増大にともなう責任の増大は，抗リスク消費に限らず，消費一般に存在するのではあるが，安全という生活の基礎的部分と関わる抗リスク消費の場合には，個人の責任がより強く意識されると考えられる。

このように，リスク社会論においては，選択の拡大が個々人の責任を増大させるという問題が議論されてきたのであるが，消費社会に関する議論では，このような問題は取り上げられてこなかった。消費社会に関する議論の多くは，消費における選択肢の増大は望ましいことであるという暗黙の前提をおいていたからである。

1950年代半ば以降の高度経済成長期に，人々の暮らし向きが右肩上がりに向上し，洗濯機やテレビなどの電化製品をはじめとして多様な消費財を購入できるようになることで，生活上の選択肢が広がっていくことは望ましいことであると考えられたし，70年代半ば以降の消費社会の成熟化の過程で，消費の選択肢がさらに増大していく中にあっても，この見方は基本的には変わらなかった。

だが先に見たように，リスク社会論における個人化に関連する議論は，このような選択の自由こそが人々の負担を増大させているという見方を提示し，消費における自由の拡大を肯定的に評価する議論が見落としていた問題を可視化している。そして，このような見方は，リスクというネガティブな現象を扱う，抗リスク消費には，とりわけ当てはまりやすいと考えられるのである。

抗リスク消費が実現する価値

前項までは抗リスク消費の背景にある社会変化を見たが，本項では抗リスク消費そのものに戻って，これによって実現される価値について見ていこう。すなわち私たちがサプリメントを摂取したり，有機野菜を購入したり，防犯カメラを取り付けたりすることで満たそうとしている欲求がどのようなものであるかということを考えていこう。

表6-1で見たように，抗リスク消費には食品リスク，健康リスク，災害リスク，経済リスク，犯罪・情報リスクに関わる消費がある。これらは，危険や損

害から自らを守るという実利の確保を目的とした消費であるから，機能的な価値の実現を目指す消費だといえる。さらにいうと，その多くは身体的安全，生存的安全といった，人間が生物として生きていく上での基礎的な欲求充足に関わる消費である。つまりこれらは，流行りのファッションを追うとか，SNS上での「映え」を意識して話題のスイーツ店を訪れるといったような他者との関係を意識した消費や，映画，書籍，音楽を楽しむといった文化的消費のような，社会的・文化的な次元に存在する消費よりも基礎的な次元にある消費である。要するに，抗リスク消費は，人間の生活条件や生存に関わる基礎的な実用性や機能性の実現を主要な目的としているのであり，第1の消費文化に含まれる部分が大きい。

　だが，抗リスク消費が実現する価値は機能的価値に限定されるわけではない。前章の最後に述べられていたように，消費行為においては，複数の価値が実現されるのが通常なのである。

　たとえば，メディアを通じて，ジョギングやヨガなどを取り入れた健康的な生活，有機野菜や食品添加物を使用しない食材を用いた安全な食事，ホームセキュリティやキッズケータイなどの，よりきめ細やかな安全を求める消費などが，新しいライフスタイルとして喧伝されると，実際には健康や安全といった機能的な価値を強く求めていなくても，人々がそのような消費を行なうことがある。このような場合，人々を動かしているのはリスクを避けるための実用性というよりは，新たに社会的正当性を獲得し始めたライフスタイルがもつ新しさそれ自体であったり，そのような新しいライフスタイルを実践している自己を他者に呈示することであったりするだろう。つまり，このような場合には第2の消費文化の要素がより強く影響しているといえる。

　とはいえ，抗リスク消費の意味を広い視野から理解しようとするならば，このような第2の消費文化の側面ばかりにとらわれ過ぎないほうがよい。というのも，新しさや物珍しさという要素が健康食品やキッズケータイの購入を促進することには限度があるだろうし，SECOM のマークを門前に掲げてステータスの高さを他者に示すことが，ホームセキュリティサービスの購入動機に占める割合はそれほど大きくないと思われるからである。もちろんこのような新しさや，他者の目を意識した関係的価値が抗リスク消費においても存在すること

は確かだが，それは抗リスク消費にとっては部分的な要素として理解すべきだろう[6]。

　では次に，第3の消費文化に含まれる価値はどうだろうか。ここで問題になるのは，不安を取り除いて安心感を得るという精神的欲求の充足である。

　私たちは，健康を維持するために健康食品を摂取したり，食品添加物を避けたりしたとしても，しばしばこれらの効果を実感できない。このような場合，私たちは健康維持という機能的価値を実現しているとは必ずしもいえない。だが心理的な側面に注目すると，そのような行為は，不安を減らして安心感をもたらすといった心理的な満足をもたらすことが多いことがわかる。つまり，このような場合，客観的な機能的価値の実現は不明瞭だが，主観的な精神的価値は実現されていることになる。要するに，抗リスク消費には，リスクを回避するという機能的価値の実現のほかに，心理的安定という精神的な欲求を充足させる側面，すなわち第3の消費文化における文化的価値の実現という側面が存在するのである。

　実はこのような安心感を得るという文化的価値の存在は，抗リスク消費の特徴を理解する上で意外に重要である。次項以降では，この点も含めて，抗リスク消費に対するさまざまな見方を見ていきたい。

抗リスク消費に対する批判的な見方

　多面的な価値を実現しうる抗リスク消費は，そのあり方をめぐってさまざまな評価が存在する。そのうち本項では三つの批判的見方を紹介し，次項で三つの肯定的見方を見ていく。

　批判的な見方の1つ目は，企業が広告等を通じて消費者の欲望を煽り，需要を操作しようとしているという見方である。たとえば，マスメディア等が疾病に罹患することや犯罪に巻き込まれることの恐怖を大げさに取り上げることで，それまで存在していなかった不安を消費者に惹起し，健康食品や防犯グッズなどの需要を拡大しようとするといった場合である。このような見方は，一般的にも耳にすることがあるし，ベックもまた指摘している［Beck, 1986 = 1998: 86-87］。

　抗リスク消費において，このような需要の操作が起こりうるのは，消費者に

とっては，リスクの程度を評価することがしばしば困難だからである。そこで，生産者は，危険性を大げさに取り上げ，不安をかき立てることで，抗リスク商品の消費を促す場合があるのである。

　また，もう一つの需要操作のやり方に，生産者が，効果のはっきりしない商品を消費者に購入させようとする場合がある。これが起こりうるのは，先に述べたように，抗リスク商品を使用したとしても，消費者はその効果を実感しづらく，機能的価値が実現されたかどうかがしばしばあいまいだからである。

　無論，以上のような，不安を煽りたてることや，効果のはっきりしない商品を購入させようとすることが過剰に行なわれるならば，無意味な消費を促しているとして，批判の対象になるだろう。

　ただ，このような需要を作り出そうとする働きのもつ力は，あまり大きく見積もるべきではないようにも思われる。たとえば筆者（藤岡）が行なった研究では，健康不安や健康行動に与えるマスメディアの影響は，存在しないわけではないが，限定されたもので，大きくはないことが明らかになっている［藤岡，2015: 285-323］。

　2番目の批判的見方は，投入されるコストとそれによって得られる結果のアンバランスを問題にする見方である［中西，2010: 2-66；佐藤，2012: 8-10］。たとえば，科学的には意味のある効果が十分にあるとは認められないのに，食品添加物等を過剰に避けたり，健康によいとされる食品や器具を次々に試したりする場合である。このような場合には，コストをかけているにもかかわらず，それに見合うだけの機能的価値が実現されないことが問題になる。そして，この種の行為の非合理性を指摘する際に，ゼロリスクを求めることの不可能性が述べられることもある［佐藤，2012］。

　このようなコストと結果のアンバランスが存在するのは，消費者がリスクの程度を明確にとらえることが難しかったり，機能的価値の実現があいまいではっきりしない場合があるためである。

　このコストと結果のアンバランスという見方は，抗リスク消費が過剰になるという点においては，先に見た需要の操作という見方と共通しているが，後者が生産者によって引き起こされるのに対して，前者は消費者の側から発生するという違いがある[7]。

3番目はリスクの個人化という見方である。これは，リスクを回避すること
の負担が個人に，より多くかかるようになっていることを問題にする見方である。
　先に触れたように，現代では，抗リスク消費によって，個人的にリスクに対
処することが多くなっている。たとえば，体重に加えて体脂肪率や骨密度など
も測定できる体重体組成計や，心拍数やランニング時間，睡眠時間などを測定
できる活動量計（スマートウォッチなど）などの健康器具を用いて，自らの健
康状態を細かくモニターする人が増えていたり，1990年代後半頃から治安の
悪化が人々に意識されるようになって以降，子供にキッズケータイをもたせた
り，ホームセキュリティサービスを導入するなどして，犯罪から身を守るため
の消費を行なう人が増えていたりする[8]。
　古来，人間は，降りかかってくる危機に対して，基本的に集団として対処し
てきたと考えられるが，なぜ現代の人々はこのように個人的にリスクに対処す
るようになったのだろうか。
　この問題を考えるにあたっては，社会全体における消費者の位置づけに関す
る二つの変化を理解することが重要である。一つは個人的にリスクに対処する
ことが可能になったということで，もう一つは個人的にリスクに対処すべきだ
という考えが広まったことである。
　前者が意味するのは，社会が経済的豊かさを増すにつれて，消費を通じた個
人的な選択が可能になると同時に，そのような個人の選択やライフスタイルの
多様化を許容する考え方が広まったということである。この変化は，個人の自
由な選択を尊重するというリベラルな考え方を基礎に持っており，消費社会の
肯定的側面を示すものといえる。これに対し，後者が意味するのは，第2の近
代＝リスク社会において家族，地域，企業等の既存の社会関係が弱まり，かつ
国家財政の余裕が失われて政府機能が縮小していくにつれて，個人的な事柄に
ついては個人で対処すべきだとする考えが強まってきたということである。こ
れは，いわゆる自己責任論といわれる見方で，この見方が強調されると，リス
クを回避するための負担が個人にかかりすぎることになるだろう[9]。

抗リスク消費に対する肯定的な見方
　抗リスク消費のありようをめぐる見方には肯定的なものもある。

1つ目は欲求の高度化という見方で，リスクを回避したいという欲求の水準が以前よりも高まったことに注目する見方である。たとえば，現在よりも平均寿命が短かった時代には，健康で長命な人生を求めようとする意識は現在よりも弱く，生活習慣病をはじめとした諸疾患を避けるために行なわれるウォーキング，ジョギングなどの軽い運動や食生活への配慮は，現在ほど熱心には行なわれていなかったであろう。しかし社会が豊かになり，以前よりも質の高い生活を送れるようになった結果，消費を通じた健康への配慮にもより多くの意識が向けられるようになったのだと考えられる。ほかにも，ホームセキュリティサービスへの加入や，子供にキッズケータイをもたせたりすることは，空き巣や連れ去りなどの被害に巻き込まれる可能性を小さくしたいという欲求が以前よりも高まったことで生じたのだと考えられる。

　このような欲求の高度化の背景として考えられるのは，上にも述べたように，経済的豊かさの増大である。豊かさの増大は，基本的な欲求の充足をもたらすことで，さらなる高度なリスク回避の追求に道を開き，また，人々は豊かな生活を維持し，享受するために，リスクの回避に関心を向けるようになったと考えられる。

　このような欲求の高度化という見方は，リスク回避に対する欲求の高まりという現象面においては，前項で見た，生産者による需要の操作という見方と共通している。しかし需要操作説が，生産者側の要因に着目する見方であるのに対し，欲求の高度化論は，消費者側の要因に着目する見方である。

　2つ目は安定化への志向である。これは，リスクを回避するための対策を十分にとることで心理的負荷を低減し，安定した日常生活を送ろうとすることを肯定的に評価する見方である。

　この見方において問題になるのは，リスクについて不安を感じなくてすむかどうかということである。すなわち，この見方では，リスクを回避するという機能的価値の実現を当然の前提とした上で，リスク回避のためのしっかりした対策がもたらす不安の低減という心理的安定，つまりは文化的価値の実現が問題になる。もし不安が低減し，将来起こりうるあれこれについて気に病まずにすむならば，未来に対する見通しがよくなり，安定した快適な日常生活が可能になるだろう。

この安定化への志向は，機能的価値を超え出る部分が問題になっている点で，前項で見たコストと結果のアンバランスという見方と異なっている。アンバランスを問題にする見方は，機能的価値の観点からリスクを問題化するのみで，心理的安定という文化的価値は問題にしないからである。

　3つ目の視点は，抗リスク消費の「自然志向」といわれる側面を評価する見方である。

　近年，抗リスク消費の一部には，自然本来のあり方に立ち返ろうとする動きが多く見られる。たとえば有機野菜を購入する，食品添加物を避ける，旬の食材を購入する，ウォーキングやジョギングをして汗を流す，ヨガ教室に通う，温泉に入るなどといったことである。これらの行為においては，科学技術を応用して生みだされたものを避けたり，身体に心地よい刺激を与えたり，自然に親しんだりすることで，身体的リスクが回避されると同時に，食材本来のおいしさを感じたり，身体的な快適さを得るという快楽もまた達成されている。つまりリスクを回避する行為が快楽と結びついているのであり，機能的価値と同時に文化的価値もまた実現されているのである。

　自然に立ち返ろうとするこのような志向が抗リスク消費の中に存在するのは，第2の近代としてのリスク社会が，科学技術の発展とそれにともなう産業化という大きな社会変化に対する反省的な視点を含んでいることを考えれば自然なことであろう。

　以上，本項では抗リスク消費に対する肯定的な見方を見た。これまでの抗リスク消費に関する議論では否定的な側面がしばしば取り上げられたが，肯定的な側面も存在するのは明らかであり，否定面のみを取り上げるのでは，抗リスク消費を十分に理解することにはならないだろう。

3　抗リスク消費の高まりがもたらすもの

リスクがもたらす摩擦と対立

　本節では抗リスク消費の高まりが私たちの社会に何をもたらすのかということを見ていく。そのうち，本項と次項では，リスクの存在が，どのように私た

ちの間に距離を生みだし，あるいは逆に私たちを結びつけうるかという，人々の関係に対する影響を考えたい。

　何かしらのリスクが存在する場合，その受け取り方には個人差があり，それがすれ違いや，場合によっては対立的な関係を生みだす。たとえば福島で原発事故が起こった後には，放射性物質の危険性についての見方のずれが顕在化し，ネット上で他者に対して攻撃的な言葉を投げつけるということがあったり，家庭内では食材の安全性をめぐる意見の食い違いによって関係にひびが生じたりする場合があった。あるいはそこまでいかずとも，知人との会話において放射性物質の問題を話題にしづらい空気が生じたりした。このようなすれ違いや対立的な関係は，コロナ禍において外食をするか否か，旅行に行くか否かをめぐって家庭内で意見が割れるなど，リスクに関するさまざまな場面で生じうるものである。

　そもそも，このような見方の違いは，抗リスク消費以外の多くの消費についても存在するのであるが，抗リスク消費は，生命・生活の安全という基礎的な部分の損失可能性と関わっているため，見方の違いが深刻な問題であると感じられやすく，感情的な摩擦を生みやすいのだと考えられる。

　では，以下に，上に見たようなリスクについてのとらえ方の違いをもたらす要因を，大きく四つに分けて見ていこう（ただし，社会的要素の弱い心理的要因は取り上げない）。

　まず第1に考えられるのは，影響の受けやすさの違いである。たとえば年少の子供をもつ母親は，食品中の放射性物質の危険性に，より大きな不安を覚え，リスク回避のための行動を多くとる傾向にあるだろう[10]。あるいは新型コロナウイルスのリスクに対しては，若者よりも高齢者のほうが不安を感じやすいであろうし，重いアレルギー性疾患を抱える子をもつ親は，食品添加物や合成洗剤の身体的影響により多くの不安を感じるであろう。このように性別，年齢，居住地，家族構成，健康状態などのような，おかれている立場や状態の違いは，リスクの影響の被りやすさに違いをもたらし，リスクのとらえ方に影響を与える[11]。

　二つ目の要因は科学的知識の有無である。これは，あるリスクについての科学的知識を多くもつ者ほど，リスクの程度をより正確に評価できていると考え

るため，リスクの存在に過剰な不安を覚えにくいということである。たとえば小杉素子らが1998年に行った調査研究では，専門家よりも一般市民のほうが，遺伝子組み換え食品や原子力発電のリスクに対する不安が大きいことが明らかになっている［小杉，2012］。

　このような科学的知識の効果が存在するのは，人間の心に，未知の存在を恐れるという性質が備わっているためであろう。つまり，専門的な知識を多くもつ者ほど，リスクに関する未知の領域が小さくなり，不安が小さくなるのである（ただし知識が少ないがゆえに，リスクに注意を払わない場合もあるだろう）。

　三つ目の要因はマスメディアの影響である。これには，マスメディア上のリスクに関する情報に多く接することでリスク不安が高まるという情報の量的な影響と，リスクの危険性をセンセーショナルに取り上げたマスメディアの情報に接することでリスク不安が高まるという情報の質的な影響の二側面がある。

　前者の量的な側面については，地震に関する情報に多く接触している者ほど地震不安が大きく，原発事故に関する情報に多く接触している者ほど原発事故不安が大きいという研究結果がある［福田，2012］。

　また，より重要だと考えられる，質的な側面については，マスメディアの伝えるリスク情報において，危険性の存在だけが示されて，その程度の大きさが示されなかったり，受け手の目を引きつけようとするがために，幅広いリスク評価のうち深刻なものが強調されがちであったりすることが，人々の不安を増大させるという指摘がある［中谷内，2006: 38-54］。

　四つ目の要因は，リスクの管理主体や専門家に対する信頼の大きさである［中谷内，2006: 174-207；中谷内，2012；大沼，2014］。これは，リスクの基準設定や測定などを行う国・地方自治体や専門家に対する信頼が低い者ほどリスクについての不安が大きくなるということである。一般の人々が，リスクの程度を判断するには，リスク管理主体や専門家のリスク評価に頼らざるをえないのであるから，このような関係が存在するのは当然であろう。たとえば2011年の原発事故の後に存在した，政府，東京電力，原子力の専門家などに対する不信は，放射性物質に対する人々の不安を高めたと思われる[12]。

　以上に見た複数の要因からわかるように，私たちのリスクに対する見方はさまざまな要因の影響を受ける。その結果，リスクについての考え方や，消費の

仕方などの対処法をめぐって他者との間にすれ違いが起こったり，場合によっては対立的な関係が生じてしまうのである。

抗リスク消費と人々のつながり

　抗リスク消費の高まりは，すれ違いや摩擦を生じさせることがあるが，他方で，抗リスク消費を媒介にして人々が結びつく場合もある。たとえば健康に関心をもつ者が，スポーツジムやヨガ教室などで知り合ったり，食の安全に関心の高い消費者が，ファーマーズマーケットや後述する CSA（Community Supported Agriculture）で生産者とつながりを得たりする場合である。

　このような人々のつながりは，すべての抗リスク消費において生じるわけではないが，部分的にではあっても抗リスク消費が，前節で見た機能的価値や文化的価値とは異なる，人間的つながりという価値と結びつきうることは注目に値する。以下では，抗リスク消費をきっかけに生まれる人々のつながりの例として，CSA について簡単に見てみよう。

　地域支援型農業と訳されることもある CSA は 1980 年代の半ばにアメリカで始まった農業のあり方で，安全性の高い有機野菜がおもに栽培されている点や，生産者と消費者が直接結びついている点などに大きな特徴がある[13]。

　農業経済学者の波夛野豪は CSA の特徴として次のような点をあげている。①生産者と消費者が直接結びついている，②消費者は 1 シーズン分の代価を事前に支払う，③消費者はセットの形で野菜を受け取る，④消費者も農場の運営に関わる，⑤主として有機野菜が扱われる［波夛野，2019b: 11-17］。波夛野は，このような特徴をもつ CSA を，「生産者と消費者がコミュニティを形成して支えあう有機農業」と述べている［波夛野，2019a: 2］。

　上にあげた特徴のうち，本章の問題関心と直接関係するのは①④⑤で，消費者の側から見ると，生産者と直接関わりをもちながら安全で品質のよい農産物を購入できる仕組み，ということになる。

　つながりの形成に大きく関与している④については，会員が，援農ボランティアという形で農作業に関わったり，意見交換会に参加したりすることが挙げられる。また，中には，料理教室や餅つきといったイベントを行なっている CSA 農場もある［飯野・飯野，2019: 195-96；今村，2019: 175-76；片柳，2017:

20-24]。会員は，このような交流の機会に生産者やほかの会員と顔を合わせ，つながりを感じるようになるのである。神奈川県大和市でCSA農場を営んでいた片柳義春は，CSA農場は野菜だけでなく，人，そしてコミュニティを育てる場であると述べている［片柳，2017][14)。

　上からわかるように，CSAは，安全で品質のよい農産物を口にしたいという思いが前提として存在しつつ，同時に農産物を媒介にして人々のつながりを感じようとする営みだといえる。つまり，抗リスク消費がつながりの形成と結びついているのであり，消費者から見れば，食のリスクを回避すると同時に，個人化によって増大した，個人にかかる負担を緩和することができる消費のあり方なのである。

　以上のCSAの例が示すように，リスクの存在は，すれ違いや対立的な関係といったネガティブな面だけでなく，つながりの形成というポジティブな面をもたらす場合がある。

抗リスク消費の意義

　抗リスク消費は1980年代頃から目立つようになったと考えられる消費であるが，この消費は現代人の生活にとってどのような意義をもつのだろうか。最後に，この問題を，実現される価値との関係で考えてみよう。

　抗リスク消費が実現する価値の一つは，危険や損害から身を守るという機能的価値であった。消費財が実現する機能的価値の代表は，高度経済成長期以降に普及した，洗濯機，テレビ，自動車などの耐久消費財がもたらす利便性や快適性であるが，これらと，抗リスク消費によって実現される機能的価値は性質が異なる。前者ではプラス面が増大するのに対し，後者では，損害の可能性を減らすというようにマイナス面が減少するのである。つまり，前者では積極的な機能的価値が実現されるのに対し，後者では消極的な機能的価値が実現されるのである。

　抗リスク消費のこのような特徴は，文化的価値の実現という点でも同様である。抗リスク消費において実現される心理的安定という文化的価値は，音楽を楽しむ，観光地を訪れる，読書を楽しむなどといったことがもたらす楽しさや充実感と比較して消極的だからである。

つまり，抗リスク消費がもたらす満足は，基本的に消極的で地味なのである。

　だが，このような特徴は，抗リスク消費の重要性が低いことを意味するわけではない。近代化の進展にともなって豊かな暮らしを築いてきた私たちが，それを維持し，享受するには，リスクを低減する行為が不可欠だからである。もし個人としてリスクに対処する方法が十分に存在しないのであれば，生活の質は低下してしまうことだろう。

　また，先に述べたように，抗リスク消費は，積極的な価値とも結びつきをもつ場合があるということにも注意を向ける必要がある。それは，自然志向的な側面に含まれる身体的快楽や，人々のつながりの形成がもたらす充実感である。

　これらの積極的価値は，すべての抗リスク消費にともなうわけではないが，リスクを低減するために行われる消費が，単に地味で味気のないものでしかない，というわけではないことを示している点で重要である。抗リスク消費は，損害を避けるために消極的に行なわれるだけでなく，楽しみをともなって積極的に行なわれる場合もあるのである。

　要するに抗リスク消費は，派手さはないが，私たちの豊かな社会に必要不可欠なものとして存在し，背景にリスクのとらえ方をめぐる感情的摩擦を潜在させながらも，時に楽しみや充実感とも結びつきうる消費のあり方なのである。

課　題

1.　自分や家族が行っている抗リスク消費を，なるべく多くあげてみよう。
2.　上であげた抗リスク消費のうちのいくつかについて，それらが広まった時期と背景を調べてみよう。
3.　人々の間に感情的摩擦を生みだしているリスクをあげ，そのリスクについてのとらえ方や消費の仕方が異なる理由を考えてみよう。

注●

1)　本章では個人的リスクを回避するために行なわれる消費のみを取り上げる。したがって，集合的リスクを回避するために行なわれる環境問題に関する消費は取り上げない。
2)　この健康保持用摂取品に含まれるのは，青汁，朝鮮人参，酵母食品，梅エキス食品などである。なお，図6-1で示されているデータのうち，1999年以前は農林漁家世帯を含んでおらず，この前後で対象世帯が若干異なるが，両者のデータの間に大きな落差はないと思われる。
3)　たとえば1970年代には紅茶きのこという健康食品が流行している。これは，キノコのような形をしたゲル状の菌を紅茶に漬けることで出来る発酵飲料である。日本ではやがて流行は去ったが，欧

米ではコンブチャという名称で商品化され，2010 年代に入ってからブームになっている。

4)　セコムが公開している契約件数の推移はグラフによってのみ示され，正確な数字が付されていないため，図 6-1 の折れ線グラフは視覚的に判断して作成した。

5)　自然食品等を扱うオーガニックスーパーは，1960 年代終わりから 70 年代に出店され始め，80 年代，90 年代以降に拡大していったようである。筆者が調べた限りでは，2020 年 6 月時点で 10 店舗以上出店している大手チェーンは四つあり，それぞれの創業年は，ナチュラルハウスが 1982 年，自然食品 F&F が 92 年，こだわりやが 99 年，ビオセボンが 2016 年である。

6)　安全性の高い食品，健康グッズ，防災グッズなどを考えればわかるが，そもそも抗リスク消費は人目につきにくいものが多く，どちらかというと関係的価値を実現しにくい。

7)　コストと結果のアンバランスを問題にする見方に関連して，フードファディズムという見方がある。これは，食べ物や栄養が健康や病気に与える影響を，過大に信奉したり評価することを問題にする見方である［高橋，2007］。

8)　ただし，1990 年代後半以降に日本社会の治安が悪化したという見方は，客観的根拠に乏しいことが指摘されている［浜井・芹沢，2006］。

9)　さらにいうと，リスクの個人化はリスクへの対応力の社会階層格差を生じさせる可能性をもっている。リスクに対処するために必要な経済力や知識にはばらつきがあるためである。たとえばアメリカなどに存在するゲーテッド・コミュニティはその典型であろう。だが，このような格差は，社会的にリスクに対処する場合には生じにくい。

10)　2016 年に首都圏で行なった「21 世紀の消費とくらしに関する調査」（代表：間々田孝夫，サンプル数：1609）のデータを分析した結果，このような関連が認められた。

11)　さらに付け加えると，あるリスクの存在によって経済的リスクを負うかどうかということも，リスクのとらえ方に影響を与えるかもしれない。たとえば，コロナ禍によって顧客が減るなど経済的痛手をこうむる飲食店主は，生活が立ちゆかなくなるという不安が影響して，新型コロナウイルスの恐怖を小さくとらえがちであるかもしれない。逆にいうと，そのような経済的痛手の心配があまりない者は，恐怖を相対的に大きくとらえがちであるかもしれない。

12)　注 10 と同じデータを分析した結果，政府に対する信頼度が低い者ほど，放射性物質についての不安が高いという関連が認められた。

13)　日本では 1990 年代半ばに最初の CSA 農場が開かれた。現在も数は多くないが，徐々に関心が高まっている［唐崎，2019］。アメリカの CSA については，小規模農家やファーマーズマーケットに関する情報を掲載している Local Harvest というサイトが参考になる。このサイトには，2020 年 9 月時点で 7209 件の CSA 農家が登録されている［Local Harvest，2020］。

14)　CSA と近いコンセプトをもつサービスに「食べる通信」がある。これは，農産物や魚介類等の食材と，それを生産した農家や漁師を紹介する情報がセットになった「食べ物付き情報誌」である。2013 年に食べる通信を立ち上げた高橋博之は，「分断された生産者と消費者をつなげることで，現代の行き詰った消費社会を乗り越えていきたい」と述べている［高橋，2015：92］。

第7章　情報社会化の進行と消費

YouTube 上でミュージックビデオを視聴するパレスチナの少女（時事通信社提供）

1　情報化と消費の変容

消費社会と情報社会

　現代の先進諸国は，消費社会であると同時に情報社会でもある。消費社会が人々の消費への関心をかき立て，物質的に豊かにする一方で，消費者問題や環境問題など多様な社会問題を生じさせたのと同様に，情報社会は人々の情報への関心を高め，豊富な情報を作り出し，伝達し，享受させる一方で，プライバシーの漏洩や監視社会化などの問題を生みだしてきた。

　両者は，同じように資本主義経済の発展，科学技術の発達を背景としているため，消費社会化と情報社会化の過程はほぼ同時に進行してきた。

　それだけでなく，両者は相互に影響し合ってきた。

　近代以降の消費社会化の過程では，必ずといってよいほど，以下のように新しいメディア，言い換えると情報の表現・記録・伝達媒体の普及が見られ，それらは商品情報を消費者に伝達することで消費社会化を促進するとともに，熱心に求められる消費対象ともなってきた（表7-1)[1]。

　たとえば，デパート文化が花開いた19世紀のパリでは，輪転機の技術的改良が進み，服飾などの流行品を扱う雑誌が普及した。1920年代のニューヨークでは娯楽機器としてラジオを買い求める消費者がデパートの売り場に列を作った。1950年代のアメリカでは，豊かな郊外生活を喧伝するドラマがテレビ放映されて人気を集め，他の先進地域におけるアメリカ的な消費文化の普及に影響を与えた。

　第2次世界大戦後の日本の高度経済成長期，三種の神器（電気洗濯機・電気冷蔵庫・白黒テレビ）に象徴される耐久消費財が家庭に急速に普及していったが，当時の情報技術の発達を背景に，クレジットカードが発行され（1960年），銀行口座からの口座振替が可能になり（同年），JRの前身である国鉄の主要駅に「みどりの窓口」が設置され（1965年），特急の指定席予約ができるようになるなど，消費を促進する情報化が次々と生じた。

　さらに，1974年，日本に進出したコンビニエンスストアでは，多様化する

表7-1　近代以降誕生した新たなメディアと普及した地域

雑　誌	19世紀のパリ
ラジオ，家庭用電話機	1920年代のニューヨーク
テレビ，レコード	1950年代のアメリカ
携帯オーディオプレイヤー，ビデオ，CD	1980年代の先進地域
パソコン，携帯電話，スマホなど	1990年代以降の先進・後発地域

（出所）　筆者作成。

消費ニーズに対応するため，詳細な顧客情報と膨大な商品の在庫管理・発注を目的にPOSシステムが導入され（1983年），その後，他の業種にも普及していった。

　1980年代の先進地域，たとえば，渋谷などの消費都市においては，若者たちが「ウォークマン」などの携帯オーディオプレイヤーのイヤホンを装着し街を闊歩するとともに，贅沢な服飾消費を謳歌した。

　そして，1990年代半ばからはコンピュータやインターネットなど基盤となる情報技術（IT）が普及し，2000年代半ばからはITを活用して多様な用途でコミュニケートする技術，つまり，情報通信技術（ICT）の発達が現在まで絶え間なく続いた。スマートフォン（スマホ），スマート家電などが地球規模で普及し，Twitter，FacebookなどのSNSが広く利用され，消費者はAmazonや楽天市場など消費者向けネット通販であるECサイト・アプリで積極的にショッピングをするようになった。

　実際，日本における消費者向けのEC市場の規模は2010年代の10年間で2倍以上に増加し，2019年には約20兆円にまで達した（図7-1）。

　以上のように，デパート，郊外，消費都市，ECといった各時代に特徴的な消費文化現象は，メディアや情報技術の発達と密接に関わりながら生じていたことがうかがえる。

　本章では，以上のような消費社会と情報社会の関係に注目し，とくに最近のICTの発展にともなって消費文化がどのように変化し，それがわれわれの生活にどんな影響を及ぼしているのかを解説していくことにしよう。

　だがその前に，まずは現代の情報やメディアのあり方について確認しておき

図 7-1 日本における消費者向けの EC 市場の規模

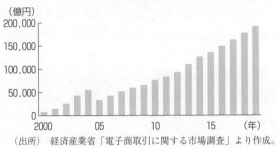

（出所） 経済産業省「電子商取引に関する市場調査」より作成。

たい。

インターネットと情報コミュニケーション

　情報を辞書で調べてみると「知らせ」と説明されている。したがって，たとえば，メールやメッセージアプリで友だちから届いた連絡は知らせであるから情報ということになる。そして，届いたメッセージは，文字やスタンプやマークで作られ，音声，図，動静画像などのファイルが添付されることもある。私たちはそれらから意味を読み取り，情報の内容を確認するのである。こうしたことから，情報とは文字などの意味内容を表わすもの，つまり，有意味シンボルによって作られていることがわかる。

　以上のように，情報は有意味シンボルによって構成されるが，文字などの有意味シンボルを用いて情報を表現したり，伝達したり，記録したりするにはメディアが用いられる。

　古典的なメディアとしては，紙を用いた書字，描画があり，現代でも私たちは紙に文字を書き，絵や図を描いて情報を表現したり，バインダーにファイルして記録したり，書いた紙を渡して情報を伝達している。

　とはいえ，近代以降は，技術的発達・改良によって，活版印刷・写真・映画・電話・ラジオ・テレビなどのメディアが開発され，広く利用されるようになっている。

　そして，現代では，インターネットが世界規模で普及し，ICT が登場してインターネットが多様な用途で活用されるようになり，情報の表現・伝達・記

録といったメディアの機能は著しい発展を遂げた。たとえば，複雑な情報を精確に表現したり，大量の情報を地球規模で高速かつ双方向で伝達したり，記録された膨大な情報から必要なものを短時間で検索したりすることができるようになった。

　その結果，多様な情報処理が簡単に実行できるようになった。たとえば，スマホの画面をタッチしたり，パソコンのマウスをクリックするといった簡単な操作だけで情報をやりとりすることができ，EC サイト・アプリでは，検索機能を使って欲しい商品を絞り込み，商品情報を確認し，電子決済で代金を支払い，商品を購入できるようになった。また，購入した商品が紙の書籍や音楽CD ではなく電子書籍や楽曲ファイルであれば，すぐにダウンロードやストリーミングをして読書・鑑賞することができる。

　インターネットを用いた情報コミュニケーションの特徴は，このような情報処理の簡便性だけではない。

　まず，上述した EC サイト・アプリでのショッピングからわかるように，インターネットを用いた情報コミュニケーションには，人と人の間以外でも行なわれるという特徴がある。EC サイト・アプリでのショッピングでは EC のシステムを運用しているサーバーと呼ばれる特殊なコンピュータとインターネットを用いて情報のやりとりをしている。また，現代では，IoT（モノのインターネット）と呼ばれるように，人間とサーバーなどの情報通信機器の間だけでなく，事前に設定しておけば，情報通信機能を備えた製品間で情報通信が行なわれ，自動制御などが実行されるようになった。

　また，上述した電子書籍や楽曲ファイルの例からわかるように，インターネットでやりとりされる情報は電子化してデータファイル化し，物理的に触れるなどはできないという意味で「脱物質化」という特徴をもっている。先述した近代以降に開発されたメディアは，現代に近づくほどに脱物質化してきたといえるだろう。それは紙の書籍と電子書籍，レコードとインターネットでストリーミング鑑賞される楽曲ファイルを比較すれば明らかだろう。

　以上をふまえて次項では，情報化の消費への影響をどのような視点からとらえればいいかについて解説しよう。

情報化する消費——商品とその購入

　現在，インターネットを用いた情報コミュニケーションは広く普及し，ICT によって多様な用途で利用されるようになった。こうした情報化によって，消費は大きな影響を受けるのだが，その影響は，消費される商品自体と，商品の購入という二つの側面からとらえなければならない。

　このうち，わかりやすいのは商品の購入のほうであろう。情報化以前の商品購入では，実店舗，あるいは郵便や電話で注文するカタログ，TV 通販などが利用されていた。だが，情報化によって，EC サイト・アプリが利用されるようになり，買物＝商品購入は著しく便利なものとなった。

　しかし，ICT による情報化の影響はこのような買物の便利さに関わるものだけではない。商品自体も情報化している。

　まず，紙の書籍，図書館など，従前からある物的情報財・情報サービスは，しだいに ICT の発展により電子化した情報財・情報サービス，たとえば，電子書籍，電子図書館や Amazon Kindle などの電子書籍サービスに置き換えられる傾向にある。

　ICT はこのような情報財だけでなく，物的財のあり方も変えた。情報化によって，物的財はロボット掃除機などのように IoT 化し，消費者と情報通信機能を備えた製品との間で，あるいは情報通信機能を備えた製品同士の間でコミュニケートされるようになってきた。

　そして，ICT による情報化は人的サービスにも及んでいる。人的サービスは，文字どおり人間による対面サービスを特徴としていたが，情報化によって，英会話レッスンのオンデマンド教材のように電子情報財化したり，ビデオ通話機能を用いた英会話レッスンや遠隔診療のようにオンライン化して電子情報サービスとなったりするものが増えてきた。

　このように，ICT による情報化は，物的財，人的サービス，情報財・サービスのすべてにわたって，消費のあり方を変化させるのである。

　なお，情報化によって消費の概念自体を再考しなければならなくなった点にも注意する必要がある。

　これまで消費とは，モノやサービスによって欲求を充足する行為だと考えられ，その考え方に従うと，市場での購入によって入手せず，自家生産したモノ

や，他者の無償のサービスによって欲求充足することも消費だということになる。

しかし，その考え方を情報に適用すると，インターネット上でテキストメッセージ，写真，動画などを作成する作業を趣味としたり，SNS上で他者からそれらの情報を得て楽しんだりするといったことも，欲求を充足する行為だから消費だ，ということになる。その結果，インターネットを用いた情報コミュニケーション全般が消費行為となってしまうのである。これでは，消費の範囲が広がりすぎ，それらを消費として他から区別することに意味がなくなってしまうのではないだろうか。

こういった問題を避けるため，とりあえず本章ではITの普及，利用を前提として，市場で購入した商品を用いて欲求充足する行為のみを消費としてとらえることにしたい。

さて，本節ではここまで，情報社会と消費社会との密接な関わり，インターネットを用いた情報コミュニケーションの特徴，ICTによる消費への影響について確認してきた。次節では，情報化の消費への影響について，さらに深く理解するため，第5章で示した三つの消費文化ごとに，情報化の影響を検討していくことにしよう。

2　情報化と三つの消費文化

第1の消費文化

第5章で述べたように，第1の消費文化とは，便利さ，早さといった機能的価値と（第1原則），大きさや多さなど量的規模の拡大（第2原則）を追求するものであった。以下，こうした第1の消費文化が情報化によってどのように変化しているのかについて解説していくことにしよう。

まず，従来の物的財は，IoTなど情報通信機能が組み込まれてより便利になり，複雑なことを簡単に実現できるようになった（第1原則）。たとえば，ロボット掃除機が障害物を検知したり，掃除エリアやスケジュールを設定できるようになったように，AIが組み込まれ，複雑な機能を備えて自動化し，イン

ターネットに接続してスマホから遠隔操作できる製品が多くなった。

　他方，人的サービスについても，ホテルのフロントサービスにおけるタッチパネル・精算機操作などによるセルフサービス化，医療・福祉サービスでのビデオ通話によるオンライン化など，従来可能でなかったスピーディーあるいは便利なサービスが可能になってきた。

　従来の物的情報財・サービスが電子情報財・サービスに移行しているケースも見られる。たとえば，地図で道順を調べたり，辞書で言葉の意味を確認する場合，現在でも紙の書籍を用いることもあるが，カーナビや地図・辞書アプリを用いることが多くなり，それらは検索機能も充実し，持ち運びの点でも紙の書籍に比べてより便利である。

　しかし，電子情報財・サービスは便利なだけではなく，情報量の点で物的財・人的サービスに比べてより量的規模を拡大しやすいという特徴がある（第2原則）。たとえば，地図アプリであれば，コンビニ，ガソリンスタンド，行楽施設，飲食店，病院などの情報を地図上に表示でき，それらの住所や電話番号などの詳細情報を検索できるものも多い。このように情報量を増やすと，紙の書籍ではページ数が多くなり大型化して扱いにくいが，アプリでデータをメモリに保存して利用するにせよ，オンラインでサーバーにアクセスして利用するにせよ，スマホやパソコンの体積や重量が増加することはなく，消費者にとって扱いにくくなることはない。このように，電子情報財・サービスは情報量の点で量的規模を拡大しやすいから，消費者はより情報量が多く，使い勝手のよい電子情報財・サービスを好んで求めるだろう。

　さて，このように情報化によって商品は便利なものになったが，商品購入もまた情報化によって便利になった。

　先述のとおり，近年，消費者は実店舗をもたないAmazonや楽天市場などのECサイト・アプリで商品を購入することが多くなってきた。ECサイト・アプリにおいて，消費者は好みに応じて表示されるおすすめ商品，商品レビューやSNSの広告を参考にして，膨大な商品群から検索機能を用いて商品を絞り込み，ECサイト・アプリによっては，チャットでAIアシスタントから商品説明を受け，購入を決めたらオンライン決済して，物的財であればすぐに配送してもらえる。

EC サイト・アプリ上でのオンラインショッピング (PIXTA 提供)

　人的サービスについても同様であり，荷物の宅配（集荷・配達），家事代行，工事・修理，配達代行，外食など多くの分野でネット予約・購入ができるようになっている。

　電子書籍や楽曲ファイルなどの電子情報財については，ネットで購入し，スマホやパソコンにダウンロードするか，配信サイト・アプリにアクセスしてすぐに利用することができる。

　このような EC サイト・アプリでの購入は，実店舗と異なり，店舗まで出かける必要がなく，そのため，混雑に巻き込まれることもなく，商品を持ち帰る手間も省けるという点で，消費者にとってたいへん効率的で便利である（第1原則）[Ritzer and Miles, 2019]。

　だがそれだけではない。EC サイト・アプリを利用することで，物的財の量的規模拡大が追求されやすくなるという面もある（第2原則）。消費者としては購入した商品を配達してもらえるため，大型・多量，大量の商品を購入することにあまり躊躇しないだろう。他方で EC サイト・アプリの販売業者も，実店舗を構えて商品販売しないことが多く，倉庫から購入者に商品を直接配送するためコストを削減でき，大型・多量，大量の商品を比較的安価で販売しやすい。こうしたことから，たとえば，EC サイト・アプリでは業務用の大型製品

やケース単位の製品が販売されることが多く，それらが比較的安価だということもあって，消費者も積極的に購入するようになった。

　以上のとおり，第1の消費文化は，ICT による情報化の進展によってますます促進され，消費はいっそう便利になり，量的規模を拡大しやすくなったといえるだろう。

第2の消費文化

　前項のような，情報化による目覚ましい消費の変化を見ると，情報化は，もっぱら第1の消費文化を発展させるだけのように思えるかもしれない。しかし，情報化が第2の消費文化，第3の消費文化に与える影響も，けっして軽視できないものである。

　第2の消費文化は，消費財（物的財や人的サービス）の外観の差異やイメージを消費者間で競い合うなど，他者との人間関係に配慮すること（関係的価値の追求，第1原則），あるいは，消費財の機能性が失われ，差異が自己目的的に追求されること（第2原則）を特徴としている。

　こうした消費は，従来「記号的消費」と呼ばれてきた。たとえば，消費者がファッション誌の記事に惹かれて高級ブランドの，ただし，モノをほとんど収容できないくらい実用性を欠いたバッグを，セレクトショップの路面店で購入して，友だちの面前で見せびらかして《セレブ》といったイメージを他者に誇示することで優越感に浸る，といったことが記号的消費である。

　こうした，物的財や人的サービスによる記号的消費は，現代では，情報化によって SNS など情報空間上でも行なわれるようになった。上述した例でいえば，消費者は高級ブランドのバッグをもって自撮りして加工した画像を，Instagram などにアップしてフォロワーに見せびらかすのである。

　SNS を用いた記号的消費には，従来の記号的消費とは異なる点がある。従来の記号的消費は，商品を見せびらかす際，他者が面前にいなければならなかったが，SNS ではその必要がなく，自宅の家具やインテリア，庭の様子，レストランでの飲食，旅行先で楽しむ姿や風景などを，その場にいないフォロワーに見せびらかすことが可能である。

　また，SNS の場合，アカウントを使い分けるなどして，コミュニケーショ

ンの受け手（公開範囲）を指定でき，画像加工アプリを用いて投稿する動静画像を映えるように自在に編集できる。このことにより，誇張する（話を盛る），虚偽（フェイク）の見せびらかしをする，印象操作によって他者の嫉妬や反感を受けないよう微調整するといったことを可能にしている。

　以上は，従前からある消費財を見せびらかす範囲，そして方法が変化したということを示しているが，それとは別に，見せびらかすもの，つまり記号的消費の対象自体の変化も生じている。

　従来，記号的消費の対象となるのはおもに物的財であり，一部人的サービスも加わったのだが，情報化が進展すると，そこに電子情報財・サービスが加わってくる。特定の物を所有していることを見せびらかすのではなく，こんなアプリを使っている，こんな動画を見ている，これだけゲームの課金アイテムを使っている，といった情報の消費を見せびらかす，あるいは言いふらすことが多くなってくる（第1原則）。また，そこには奇抜な有料スタンプを用いる，流行の先端にあるゲームで遊ぶなど，見せびらかしというよりは，差異の自己目的的追求と考えられるような情報消費も含まれる（第2原則）。

　こういった消費にともなって，記号的消費の場は，従来の繁華街や宴会，パーティーなどの集まりから，パソコンやスマホで操作するSNSなどの情報空間へと移っていくのである。

　このような情報消費における見せびらかしや差異の追求に関して注目すべきことは，それが情報空間上の出来事であるため，しばしば消費とはいえないものになりがちだということである。たとえば，自作の楽曲を演奏しYouTubeなど動画投稿サイトで公開するとか，危険を冒して崩れそうな崖に登り自撮りをする，といった行為は，情報空間を通じての見せびらかしであるが，とくに何も買っておらず，費用が直接的にはかかっていないという意味では，もはや消費ではなくなっている。

　このような見せびらかしや自己顕示がますます盛んになれば，記号的な行為が消費の場面を離れ，記号的消費というもの自体が衰えるという事態も，起こりえないとはいえなくなる。従来は素敵なバッグを持って街を闊歩するのが魅力的な女性だったのが，TikTokで素敵なパフォーマンスを披露するのが魅力的な女性になっていくのである。

第3の消費文化(1)──文化的消費

　第3の消費文化は，精神的な充足を目指し，文化的な価値を実現しようとする文化的消費（第1原則），そして，消費社会化がもたらす社会的影響に配慮し，環境・健康・労働問題などの社会問題に対処しようとする社会的消費（第2原則）の二つからなる。この両者を両立させようとするのが第3の消費文化であった。文化的消費と社会的消費には親和的な面も多いが，基本的な性格が異なるので，本項では文化的消費の情報化を，次項では社会的消費の情報化をそれぞれ取り上げることにしよう。

　文化的消費とは，具体的には DIY，スポーツの観戦と実践，カラオケやスロットマシンなどの娯楽，文芸・芸術の鑑賞・創作，文化・教養・知識の習得，アクセサリーや雑貨など美的なものの購入と鑑賞，好きな物品のコレクションなどを意味するが，このうち，スポーツ観戦，読書，音楽・映画鑑賞などは，従来，競技場，図書館，劇場，映画館などの施設で，または，TV 中継，紙の書籍，レコード，CD，DVD など物的情報財・サービスを用いて鑑賞されてきた。

　だが，現在では ICT による情報化によって，Amazon kindle や BOOK WALKER などのアプリを用いた電子書籍，DAZN，Netflix，Amazon Prime，Spotify などの配信サイト・アプリを用いたストリーミングでも鑑賞できるようになった。また，スポーツ観戦や演劇・音楽の鑑賞などは同時性が重視されるため，生ライブ配信されることも多い。こうした配信サービスは文化・教養・知識の習得でも用いられ，同時性を重視して講師やインストラクターの指導をオンラインで受けられることも多くなった。

　以上のように，文化的消費の中には，もともとは物的情報財を用いていたが，配信サイト・アプリなどの利用により脱物質化し，スマホやパソコンなどの情報機器でも行なえるようになったものが多い。こうしたことは Amazon などでの情報財の購入や，配信サービスの利用が容易になったために実現したものである。言い換えると，先述した第1の消費文化における情報技術の発達により，第3の消費文化の一要素である文化的消費が大幅に簡単，便利に行なえるようになったのである［間々田，2016: 307-08］。

　しかし，情報化の文化的消費への影響はそれだけではない。情報化によって，

従来存在しなかったような文化的消費のスタイルが見られるようになった点にも注目しなければならない。たとえば，コンピュータゲームは 1960 年代までは存在しなかったものであり，YouTube など動画投稿サイトで一般人が投稿やライブ配信し，それを有料メンバーとなって動画視聴するといったことも，従来なかった文化的消費である。こういった消費は，社会全般ではマイナーな印象があるが，若い世代では，すでに非常に多くの時間を投入するものとなっている。

とはいえ，こういったスマホやパソコンを利用した文化的消費は，利用上の手軽さや匿名性のために過激化し，法令違反，人権侵害，フェイク情報の拡散など，好ましくない事態を引き起こすことも多い。愛好者間で罵倒し合うようなやりとりが生じることも少なくないし，著作権上の問題が生じてアカウントが停止され，利用できなくなることもある。文化的消費には反社会的でないことが求められるが，この種の文化的消費には，常にその条件を満たさない可能性がつきまとうともいえる。

また，この種の文化的消費は，第 2 の消費文化に見られたように，とくに何も買っておらず，費用が直接的にはかかっていないという意味では，もはや消費とはいえないようなものも多い。知人，友人が作った動画を，無料でYouTube や TikTok で楽しむ，といったことを考えてみれば，そのような「脱消費」的な情報行動が身の回りにあふれていることがわかるだろう。

他方，ICT による情報化が，文化的消費をめぐる消費者間の交流を生んでいる点も注目に値する。

たとえば，ゲームでは，他のプレイヤーや愛好者と SNS やボイスチャットで交流することが盛んであり，また YouTube など動画投稿サイトでは，愛好者間で情報交換，批評，激励などためのコメントが盛んにやりとりされている。

こうした交流は，従前からある文化的消費でも見られ，文化的消費の活動を活性化させている。たとえば，植物を生長記録のために撮影し，栽培方法を記して撮影画像とともに SNS にアップしたり，タブレットやパソコンで作曲した作品を動画投稿サイトにアップすることで，愛好者間の交流を促し，愛好者を増やす，といったことが行なわれている。

第3の消費文化(2)──社会的消費

次に社会的消費を取り上げよう。

まず，社会的消費は文化的消費と同じように，第1の消費文化の情報化によって実現，促進されるようになった。

たとえば，情報化によって紙の書籍ではなく電子書籍が，DVDやCDではなく動画・楽曲ファイルがEC・配信サイト・アプリで簡単に購入・利用されるようになるが，それにより，紙やプラスチックの使用を減らすことで環境負荷を低下させる。

また，こういった個別の変化とは違って，情報化によって，人々の余暇消費が全体として物的財を用いたものから電子情報財・サービスを利用した消費──ゲーム，SNS，動画投稿サイトを用いたものへと変化していけば，やはり紙やプラスチックなどの使用を減らすことができ，環境負荷を低下させると考えられる[2]。

他方，第1の消費文化の情報化によって，社会的に配慮した商品，たとえば，古材や小道具，エコ商品，フェアトレード商品などは，専門のECサイトで扱われるようになり，消費者はそうした商品を手軽に購入できるようになった。これも，情報化が社会的消費を促進する例の一つといえるだろう。

さらに，現在，シェアリングエコノミーが普及し始め，中古品消費も活況であるが（第9章を参照），これらも資源を有効活用することで持続可能性に貢献すると期待されている［Shor, 2010 = 2011: 125-27］。シェアリングエコノミーでは，衣類や家具など個人が長年，物置にしまって使わずにいるような製品，企業の在庫品などを一定期間，レンタル利用する。使われず廃棄されるかもしれない製品を他の消費者が使い回すため，資源の有効活用につながるのである。

ただし，扱われる商品の性格上，供給と消費者のニーズをマッチングさせるのは難しいという特徴がある。だが，現在では情報化によってマッチングサイト・アプリが開発され，需給のマッチングが効率化されたため，多様なシェアリングエコノミーによる消費が普及し始めている。

また，SNSや動画投稿サイトは，文化的消費の活動を活発化させたのと同様に社会的消費全般を促進すると考えられる［Parigi and Gong, 2014］。たとえば，環境配慮的消費などの社会的消費の普及を目的とする団体は，費用の面で

マスメディアを用いることは困難であるが，SNSや動画投稿サイトを利用することは容易なので，盛んにこれらを利用して情報発信している。それによって，社会的消費を実践する消費者を増加させ，消費者間の意見交換や交流を促進しているのである。

　他方，これらとはまったく異なる社会的消費も存在している。それは，消費を通じて社会的メッセージや社会的意味を他者に伝達する場合である。

　たとえば，奇抜なパンクファッションは「反体制」の意思を伝え，自然派志向のサーファー的なライフスタイルは「反産業社会」的な価値観を伝えるものと以前は考えられていた［Hebdige, 1979 = 1986；Fiske, 1989 = 1998］。これらは，他者に何らかの意味，メッセージを伝えるという意味では記号的消費であり，「対抗的な記号的消費」と呼ぶことができよう。しかし他方では，社会に対して意見を表明し，消費者間の共感を通じて社会の改革や社会問題の解決を目指すという点では，ある種の社会的消費としてもとらえることができる。

　この対抗的な記号的消費は，現在ではSNSを通じても行なうことができるようになった。たとえば，黒い服を着て，それを自撮りして #MeToo のタグをつけて SNS にアップすれば，それは「反セクシャル・ハラスメント」の意見表明となる。また同じ服装で #BLM のタグをつければ，「人種差別反対」の意見表明となるだろう。このような SNS を通じた対抗的な記号的消費は，従来とは違って急速に消費者間の共感をもたらすことができ，また急速にグローバルに広げることができるようになった。情報化は，対抗的な記号的消費を強力なものにし，大きな社会的影響を及ぼすことを可能にしたのである。

　以上，本節では消費文化が情報化によってどう変化しているかについて解説してきた。次節では，こうした消費文化の変化が社会に何をもたらすのか，どのような影響を与えるのかについて見ていくことにしよう。

3　消費文化の情報化がもたらすもの

情報化と消費者問題

　情報化による消費文化の変化は，さまざまな消費者問題を生じさせるが，そ

の多くは EC サイト・アプリでのショッピングで生じている。

　EC サイト・アプリでの商品購入に特徴的な消費者問題として，商品の未発送，代金詐取，返品処理の困難がある。また，1 回限りの商品購入だったはずが，定期購入の契約をさせられていたというトラブルが健康食品や化粧品購入で多く生じている［消費者庁編，2020: 44］。

　こうした定期購入契約トラブルに類似したトラブルは電子情報財・サービスの購入でも生じている。たとえば，App Store などスマホのアプリ販売サービスからアプリをダウンロードしてインストールし，無料試用期間中にアンインストールしたにもかかわらず，無料試用期間後に，消費者の自覚がないままに月額利用料金が発生し，料金を支払い続けるといったトラブルが生じている。

　消費者がこうした商品購入のトラブルに遭遇する要因は多様である。まず，EC サイト・アプリでの商品購入にはクーリング・オフ（一定期間，無条件に申込み・契約を解除できる制度）がないといった制度的要因がある[3]。また，情報化が商品購入を簡単な操作にしたことで，消費者庁による注意喚起にもかかわらず[4]，商品の仕様，契約内容（返品条件・方法），販売業者情報などを十分に確認せず，商品購入してしまうという消費者側の要因もある。

　他方，EC サイト・アプリ側の要因もある［消費者庁編，2020: 35］。EC サイト・アプリでは広範な分野の膨大な種類の商品を扱い，出店・出品業者が商品販売を展開し，しかも，業者が海外に事業所や倉庫を構えていることも多い。そのため，商品の品質管理を徹底するには限界があり，商品の交換・返品，代金の返金などについて，消費者が業者と交渉することを難しくしているのである。

　こうした現象は，ネットオークションやフリマサイトなどにおける素性のはっきりしない個人間での商品取引では，より顕著に現われている。

　そのほか EC サイト・アプリでは，消費者問題とはいえないものの，指定薬物，稀少な動植物，ドラッグなど，さまざまな違法取引が起こりやすく，またイベントチケットやコロナ禍でのマスクなどが異常な高額で転売されやすいなど，さまざまな問題が発生しやすい環境が生じている。

　そして，EC サイト・アプリは，そのシステム自体にも問題を含んでいる。

　現在，EC サイト・アプリは大手・中小さまざまな規模の業者が運営してい

るが，消費者にとっては，新規利用のたびに会員登録して支払い方法を指定するのは面倒だろう。他方，EC サイト・アプリ運営業者にとっても，消費者情報の管理は漏洩リスクもあり面倒で，中小・零細業者にとってはとりわけそうだろう。

　こうしたことから，現在では多くの EC サイト・アプリでは「ソーシャルログイン」が導入され，消費者は SNS やスマホ，大手 EC サイト・アプリの ID を利用して，たとえば，「Google でログイン」「Apple でサインイン」を選択してログインでき，支払いも登録済みのオンライン決済サービス，たとえば，Amazon Pay で済ませることができる。こうした ID 連携などによるソーシャルログインは，消費者，EC サイト・アプリ運営業者双方にとって面倒から解放される点でメリットは大きいといえる。

　しかし，ソーシャルログインの利用に際しては，当該サイト・アプリに対し，Google などからさまざまな消費者情報が自動的に送られるシステムになっており，消費者が知られたくない情報が当該サイト・システムに知られてしまうという問題が指摘されている。また，ソーシャルログインの利用によって，いったん ID が外部に漏れると，他のサイト・アプリにも影響が及んで，被害が大きくなるといわれている。

　また，消費者が Amazon Pay などの登録済みオンライン決済サービスを利用する場合，商品購入価格の数％の決済手数料が発生し，EC サイト・アプリ運営業者がオンライン決済サービスを提供する業者に支払うことになる。だが，実際には決済手数料は商品価格に上乗せされ，消費者が決済手数料を負担していることもあるだろう。さらに，オンライン決済サービスを提供するのが「GAFA（Google, Amazon, Facebook, Apple）」と呼ばれる一部の巨大情報通信企業に限られる傾向にあることから，競争は公正さを欠き，決済手数料が低下しにくい恐れもある。

　巨大情報通信企業がこれまで主導してきた情報化は便利で興味を惹くものが少なくないが，消費者は自身が被る可能性のあるこうした不利益にも目を向ける必要があるだろう。

情報化と消費の非人間化

　第5章第1節で書いたように，第1の消費文化は機械やロボット，合理的なシステムなどによって，消費を著しく便利で，楽なものにした。しかし，第1の消費文化は，多くの場合裏の顔をもっており，肯定的にのみとらえられるものではない。リッツァのマクドナルド化論が示したように，第1の消費文化の発展は，消費経験を非人間的なものにすることが少なくない。

　ICT による情報化は，消費経験の非人間化（脱人間化）をさらに促進する面をもっている。

　前節で見たように，情報化は商品購入の場を実店舗から EC サイト・アプリに変える傾向にあるが，それは便利さをもたらす反面，販売員との対面的コミュニケーションをなくし，買物を味気のない物とクレジットカード負債との交換に変えてしまう。

　また，情報化は消費される商品自体を，物的財・人的サービスから情報財・サービスに転換する傾向がある。それによって人々は，長時間家に閉じこもって，スマホやパソコンの画面を見ながら指先で操作するような生活を送るようになり，物や人との生き生きとした付き合い，触れ合いを減少させてしまう。こうした傾向は 2020 年のコロナ禍以降，より顕著になり，一種の非人間化をもたらしているといえるだろう。

　また，スマートスピーカーの普及など消費のスマート化の進展は，人間と情報通信機能を備えた機器との間のコミュニケーションを活発化させ，またそうした機器同士のコミュニケーション（通信）を盛んにするが，他方で人間と人間の間のコミュニケーションは不活発化させ，人を人間の世界ではなく機械の世界の一員にするかのような状況が生じてくる。

　このように人間同士のコミュニケーションを減少させることから，多くの消費者は，情報化によって，従来の機械化がもたらした非人間化以上の非人間化を経験し，味気なさ，物足りなさ，欠如感を強める可能性がある。

　しかし，このような機械的で非人間的なイメージだけで情報化による消費をとらえるのは，いささか一面的である。

　たとえば EC サイト・アプリは，住んでいる地域の実店舗では購入できないような小規模の生産者による商品や，国内の地方物産，諸外国の物産，中古品

など，多様な商品との出合いを提供しており，けっして消費経験自体が単調になることはない。その取引の過程では，出店・出品業者とのやりとり，商品レビューや評価サイトなど，人々のさまざまな間接的な交流も行なわれている。その交流は，対面的なコミュニケーションよりは浅いものであろうが，その範囲はより広範で，その相手はより多彩である。

　また，配信サイト・アプリや動画投稿サイトは，多様な動画・楽曲ファイルにアクセスする機会を提供し，それを通じて人間性豊かな消費経験をもたらしている。また，前節で述べたようなSNSやチャットは消費者間の交流を促進している。

　情報化した消費は，たしかに人間同士のコミュニケーションを減少させ，浅くし，その点では非人間化を促進するかもしれないが，同じ人間同士のコミュニケーションでも，その範囲を広げ，多様性をもたらすという点では，必ずしも非人間化をもたらさないように思われる。また，物やサービスとの関係でいえば，消費を単調で味気ない物にするというよりは，むしろ多様で複雑なものにする傾向があり，その点では，非人間化ではなくむしろ「人間化」が生じると考えられる。

　こういったことを考えると，情報化には，非人間化と人間化，両方の効果があり，単純にどちらかの効果が著しく大きいと考えることはできないように思われる。重要なのは，むしろどういう点で人間化し，どういう点では非人間化するかを冷静に分析し，それに対処することであろう。

情報化と消費経験の変容

　前節で見たように，情報化によって消費のあり方は大きく変化した。それにともなって，消費という経験が人間にもたらす「意味」，つまり精神的な影響も，さまざまな変容を被っている。

　まず，前節で示したように，第2の消費文化ではSNSを用いた記号的消費が行なわれるようになった。それは，一見すると従前からの「見せびらかし」が，そのままインターネットを介して広がったように思えるかもしれないが，実はその意味を変容させている。

　SNSを用いて自分の消費情報を流す行為は，公開の範囲を自分でコントロ

ールすることができる。そして，フォロワーに向けたやりとりを中心とする場合には，不特定の他者の前で行なう記号的消費と違って，見せびらかしと同時に情報共有という性格をもつ。見た人に羨みや妬みをもたらすというよりは，「いいね！」で示されるような共感をもたらすことも多い。そのため，この行為が第2の消費文化であるのかどうかは，微妙な問題になってくる。

公開の範囲を設定しない場合には，逆に，従来の見せびらかしの消費よりはるかに広範囲の人に公開することになる。そのため，まったく価値観の異なる人の反感を買い，言いがかりをつけられたり，批判の渦が湧き起こったりすることがある（いわゆる炎上）。

他方，情報化は第3の消費文化の消費経験も変化させている。ここでは文化的消費を取り上げるが，前節で見たように，情報化は文化的消費を促進し，豊かなものにしている。たとえば，紙の書籍から電子書籍に移行することによって読書は場所を選ばなくなり，ゲームや動画作成・投稿といった従来なかった文化的消費を生みだし，SNS は文化的消費の活動を活発化させている。

しかし，情報化は，必ずしも本当の意味での精神的充足をもたらすとは限らない。

現代のインターネットは，利用者の検索・クリック履歴から，興味・関心に応じた情報が優先的に表示され，興味・関心に合わない情報を遮断するようなアルゴリズム（コンピュータによる処理方法・手順）を特徴としている［総務省，2019: 103］。それによって，人々は自分の見たい情報だけに囲まれて生活し，見たくない情報からは隔離されるような情報環境，つまり，「フィルター・バブル」の中にいることになる。消費の場面でも，EC サイト・アプリでの商品購入では，消費者の興味・関心に応じた検索結果，広告，おすすめ商品だけが表示され，興味・関心に合わない商品情報からは隔離される傾向にある。その結果，購入する商品が好みに合致するとはいえ，狭い範囲に偏ることになる。

たとえば，電子書籍で読書をする場合，自分の好みに合う作品だけが画面上に表示されてしまう。消費者がそうした作品ばかり読み，他の優れた作品の存在に気づかないとしたら，それは表面的には満足をもたらすとしても，読書経験を豊かにし，人生の充実をもたらすことにはならないかもしれない。

他方，電子情報財・サービスへの熱中が問題を生じさせることもある。

情報化によって生みだされたコンピュータゲームは，現在では著しく普及し，多くの人が楽しんでいる。しかし，多くのゲームは「基本プレイ無料（F2P, Free-to-play）」がほとんどであり，ゲームの重要場面を楽しんで遊ぶためには，課金して（お金を払って）アイテムを入手する必要がある。その際，子供が時には何十万円もの課金をして親に負担をかけるとか，大人でも，非常識なほど高額の課金をして支出のバランスをくずすといった現象が生じ，社会問題化している。

　また，プレイヤーがゲームのプレイ時間をコントロールできず，ゲームにのめりこんで閉じこもり，家族・友人などとの社会関係，学校・仕事などの社会生活に支障をきたすことがある。時には，心身の健康を害することさえある。そのため，国連は2019年に「ゲーム障がい」を国際疾病分類に加え，専門医が「デジタルデトックス」を目的とした治療に当たっている［樋口，2019］。

　以上は一例に過ぎないが，情報化は文化的消費を促進し，豊かにするのに貢献するばかりではない。他方では，文化的消費の経験をゆがめ，社会問題を引き起こす恐れもあることを，忘れてはならないだろう。

　さて，本節では，消費文化の情報化がもたらす影響をテーマに，まず，情報化による消費者問題について確認した。ついで，マクドナルド化による消費経験の非人間化を，情報化がさらに推し進める可能性について検討し，非人間化と人間化の両方の可能性があることを示唆した。さらに，記号的消費がSNSを用いて行なわれるようになり，従来の記号的消費とは他者への影響の与え方が変化していることを示唆した。最後に，情報化は，文化的消費を促進し，豊かなものにするのに貢献する一方で，悪影響を与える恐れがあることを指摘した。

　以上のような消費文化の情報化によって生じる現象は，これまでの消費理論，とくに本書における三つの消費文化の理論では処理しきれない論点を示している。

　情報化によって著しく便利になった消費は，何が非人間的で，何が人間的で望ましいものかについての再考を促している。SNSを通じた消費情報の提供は，「見せびらかし」の意味を変え，誇示することと共感を求めることの境界があいまいであることを示している。また，スマホやパソコンでの文化的消費

は，直接的な支払いをともなわない楽しみ方を容易にし，消費であるのかないのか，微妙な領域があることを露見させている。

このように，ICT による情報化は，これまでの消費に関する理解のおおもとを揺るがしかねない，さまざまな現象を出現させている。それだからこそ，情報化が消費に及ぼす影響については，今後も注意深く見守らなければならないのである。

課 題

1. 対抗的な記号的消費の最近の事例をあげて，それが社会改革や社会問題の解決につながっているのか考察してみよう。
2. 情報化は消費経験の非人間化を深刻化させるだろうか，それとも消費経験の人間化をもたらすだろうか，具体例をあげて検討してみよう。

注●────

1) 当時の消費社会・情報社会の状況については，たとえば，19 世紀パリについては北山［1991］，1920 年代については Allen［1931 = 1986］や吉見［2004］，50 年代については常松［1997］を参照。
2) とはいえ，ゲームや SNS は長時間利用されやすく，消費電力量が増加することが予想され，環境負荷に対する影響は慎重に評価する必要があるだろう。
3) 国民生活センター「えっ！通信販売 クーリング・オフできないの？」(http://www.kokusen.go.jp/mimamori/mj_mailmag/mj-shinsen357.html)。
4) 消費者庁「インターネット通販トラブル」(https://www.caa.go.jp/policies/policy/consumer_policy/caution/internet/trouble/internet.html)。

第8章　環境問題の深刻化と消費社会

消費社会は自然界に深刻な影響を与えている。気候変動によってエサに困り，ゴミ捨て場をあさる
ロシアのホッキョクグマ（時事通信社・AFP フォト提供）

1　環境問題の変容と大量消費

深刻化する環境問題

　環境問題は，現代社会が抱える最も深刻な問題の一つであろう。いや，「一つ」ではなく「最大の」問題なのかもしれない。これまでにも，地球にはさまざまな気象，気候，地形の変化が生じ，さまざまな災害が起こってきた。しかし，現代の環境問題は，人類誕生以来最大の自然の変化，しかも人類にとって悪い方向への変化をもたらす恐れがある。最近でも，ヨーロッパの熱波，東アジアでの台風の強大化，アメリカやオーストラリアの山火事など，異常気象と大きな災害が頻発している[1]。

　こういった被害をもたらす主要因と考えられる地球温暖化を緩和するため，2015 年には気候変動枠組条約に加盟する 196 カ国すべてが参加する，気候変動に関する国際的枠組み「パリ協定」が採択され，21 世紀後半に，地球上の温室効果ガスの排出を実質的にゼロにする目標が掲げられた。しかし，目標は立てられたものの，日本をはじめとして各国の取り組みは，けっして十分なものではない。それゆえ，2019 年に世界中の注目を集めた環境活動家グレタ・トゥーンベリさんをはじめとして，若い世代の環境問題に対する懸念，そして大人世代への抗議の声は日増しに強まっている。

　地球の平均気温が，21 世紀末に，パリ協定で上限目標とされている 2 度を大幅に超え，4 度上昇してしまった場合，地球規模で毎年食料危機が生じ，酷暑に関連する死者が何と死者全体の 1 割程度に達するという予測も出されている［Wallace-Wells，2019 = 2020][2]。

　本章で検討したいのは，こういった深刻な環境問題と消費社会の関連についてである。

　環境問題は，自然の問題として見れば消費社会とは関係がないように思えるが，社会のあり方が環境問題をもたらしたと考えれば，消費社会ときわめて密接な関係をもっている。見方によっては，消費社会こそが，現在の深刻な環境問題をもたらした元凶なのである。

消費と環境問題の結びつき

　人間の生産と消費の活動は，その過程でさまざまな廃棄物，排出物を生じさせる。「消費」は「消耗」に通じる言葉だが，消費によってすべてを消耗させることはできず，活発に生産し消費すればするほど，そこに残る物，すなわち廃棄物や排出物は多くなる。

　また，生産，消費の活動は，その原材料として，エネルギー資源，鉱物資源，生物資源等さまざまな資源を必要とする。人間が活発に生産し消費すればするほど，資源は消耗し，枯渇していく。その量はともかくとして，人間が生活している限り，必ず廃棄物，排出物によって環境が汚染されるし，必ず資源は消耗するのである。

　このように，生産，消費は廃棄物や排出物をプラス，資源はマイナスの方向に変化させ，必然的に環境を変化させる。そこで，生産，そして消費のプロセスは，人類の歴史が始まった当初から環境の変化をもたらし，それが大きくなりすぎた場合には環境問題を引き起こしてきた。今日では，考古学の研究により，古代文明においてもさまざまな環境問題が生じていたことが明らかになっている。

　たとえば，古代地中海文明（ミノア文明，ミケーネ文明）は，森林資源のおかげで隆盛を極めたものの，やがてその森林資源の枯渇や，それにともなう土壌劣化，農業不振など，環境変化が大きな原因の一つとなって衰退したという説が唱えられている［安田，1997: 97-136］。

　その後史上空前の大帝国を築いたローマについては，古くから周辺の農業衰退が衰亡の原因と考えられてきたが，さらにその原因は，森林の伐採によって水の流れが変わったことにある，とする見方もある［Huntington, 1917 = 1973］。また中世ヨーロッパについては，牧畜が発展し，森林が失われるとともに，ネズミが繁殖してペストの病原菌が広がりやすくなり，ペストが大流行して人口が激減したという見方がある［安田，1997: 158-66］。

　しかしながら環境問題は，工業化が目覚ましく進んだ産業社会，その延長線上で消費生活が著しく豊かになった消費社会において，その姿を大きく変え，また深刻さを増すこととなった。以下その変化をまとめてみよう。

産業社会における環境問題

18世紀末から19世紀に欧米諸国で産業革命が起こり，工業化が進む「産業社会」が訪れた。産業社会は，工業を中心とする社会であるから，それ以前の森林伐採や牧畜，農耕など第1次産業による環境問題ではなく，エネルギー資源，鉱物資源の採掘増大や，近代工場の操業にともなう環境問題が，多数発生するようになった。

鉄，銅，亜鉛などの鉱物資源を採掘する地域では，採掘によって周辺の自然が破壊されただけでなく，精錬や加工にともなって，排水汚染や鉱毒事件などが頻繁に起こるようになった。19世紀末，日本の資本主義勃興期に起こり，多くの犠牲者を出した「足尾銅山鉱毒事件」は，その代表的なものといえよう。

また，製鉄所，化学工場，製紙工場などでは，生産の過程で大量の廃棄物が出るため，著しい環境汚染が発生するようになった。煙突からの排煙による大気汚染，工場廃液による水質汚染，有害廃棄物による土壌汚染，機械の作動にともなう騒音などである。水俣病，イタイイタイ病，四日市ぜんそくなど，日本の多くの公害病は，工場の廃棄物によって引き起こされたものである。

さらに，産業社会は人口を都市に集中させたため，都市部でも，大気汚染問題，水資源の不足，都市交通による騒音，ゴミ問題など，さまざまな環境汚染，環境悪化が生じるようになった。かつてロンドンが「霧の都」と呼ばれ，工場の排煙と住民の石炭暖房による深刻な大気汚染が日常化していたことは有名である。また明治以来，東京が人口の急増にともなって慢性的な水資源の不足に悩まされたこともよく知られている。

産業社会における環境問題は，それ以前の環境問題と違って，農業の現場より鉱工業の現場，資源の不足よりは環境汚染が問題の中心となった点に特徴があった[3]。産業社会においては，従来大きな問題であった森林資源の不足は，石炭，石油などそれに代わる新しいエネルギー資源や，鉱物資源の多用によってあまり問題とはならなくなった。むしろ，それら新しい資源の利用がもたらした廃棄物，排出物が問題になり始めたのである。

しかし，消費社会の到来以前の産業社会では，環境問題はまだ「本格的」に姿を現わしていなかった。そもそも，環境問題という言葉自体が，当時はあまり使われておらず，「公害問題」という言葉のほうが広く用いられていた。私

的な加害行為が特定個人に被害をもたらすのに対して，被害が社会的に広がった場合を示す言葉として「公害」が用いられたのである。

　しかし，広がったといっても，その被害の範囲はまだ比較的狭くとらえられていた。

消費社会における環境問題

　産業社会が発展して「消費社会」と呼ばれる時期になると，環境問題はさらに好ましくない方向に進んでいった。

　消費社会では，従来鉱山や工場の周辺や一部の大都市で起こっていた局地的な被害＝公害問題から，地球規模でのさまざまな汚染，被害へと環境問題の範囲が広がっていった。1980年代後半以降は，CO_2等の大量排出によると考えられる地球温暖化，フロンガス等によるオゾン層破壊，大気汚染をおもな原因とする酸性雨，大規模な海洋汚染，生物多様性の減少などが大きな問題となり，「地球環境問題」と呼ばれるようになった。それらは，特定の地域ではなく広い範囲，多くの場合地球全体に影響を与えると考えられる。とくに地球温暖化とそれにともなう気候変動の問題は，先に述べたとおり，人類に莫大な被害を及ぼすものとして，今日まで最も強い関心と懸念を集めている。

　他方，消費社会では，電気，ガス，ガソリンをはじめとして，さまざまなエネルギー資源が大量に消費され，そのおもな原料となる原油は，1960年代から，近未来に枯渇する恐れがあると指摘されるようになった〔Meadows et al., 1972＝1972〕。

　銅，亜鉛，鉛，水銀などの鉱物資源についても，その消費量はおびただしく増え，近い将来に採掘し尽くしてしまうことが心配された。海洋資源や森林資源についても，大量の漁獲や伐採によって，供給が急速に減少することが懸念され始めた。鉱物資源の場合にはリサイクルの可能性があり，海洋資源や森林資源は再生が可能であるが，いずれもそういった努力が追いつかないほど，資源の消費は急増した。

　そして，エネルギー資源枯渇問題の解決策とされた原子力発電は，それと引換えに，放射性物質によって大気や海洋が大規模に汚染される危険性をもたらした。東日本大震災にともなう福島第一原子力発電所の事故は，まさにそれが

現実化したものであった。

　さらに，もっとローカルな次元で現われる，大気汚染問題，ゴミ問題，化学物質による水質と土壌の汚染問題，大都市でのヒートアイランド現象の問題なども，しだいにその範囲を広げ，強度を強めていった。

　このように，環境問題は，消費社会においてはじめて，深刻で人類全体を巻きこむ社会問題となったのである。

消費者による環境破壊

　消費社会の成立と環境問題の深刻化は，ただ時期が一致しただけの関係にはとどまらない。消費社会の成立は環境問題の発生と密接に関わっている。

　それ以前の産業社会では，環境が破壊・汚染される場所は，工場や鉱山のような生産の現場が多かった。生産を行なっている企業が環境破壊，環境汚染の元凶だったのであり，消費者が環境問題に関わるとは考えられなかった。

　もちろん，消費財を作る工場が環境を悪化させるという場合には，消費者が（間接的に）環境問題に関わることになるが，消費社会以前には，消費財生産が環境悪化に関わることは比較的少なく，環境問題（公害問題）を起こす企業は，生産財（生産のために使用される金属，機械，化学製品等）や輸出用製品を生産する企業に多かった。高度経済成長期の公害問題として有名な水俣病やイタイイタイ病は，いずれも生産財の製造に携わる企業によるものであった。

　ところが，消費社会が発展するにつれて，しだいに消費者と環境問題の関わりが強くなってきた。

　まず，消費者の行動が，直接に環境を破壊・汚染する傾向が目立ってきた。

　たとえば，排ガスによる公害は，企業のトラックや営業用車だけでなく，自家用車が相当程度普及した時点で起こっており，消費者の運転する自家用車が，排ガス公害の発生源として，けっして無視できない比重を占めるものとなった。

　また日本では，長期的に見ると電力の消費が増加傾向を示しており，CO_2排出による地球温暖化の原因を作り，原油等エネルギー資源を枯渇の方向に導いてきた。ところが，消費社会の成立以降の電力需要を調べると，産業用の電力より民生用（消費者用）電力の増加のほうが明らかに大きくなっている。

　一般消費者の電力使用が大部分を占める「電灯需要」は，1965 年度には 300

億 kWh に満たない程度であったが、その後激増し、2010 年度には 3000 億 kWh を超えた。その後東日本大震災の影響と省エネ傾向の強まりによってやや減少しているものの、電力需要中の構成比は 20% 程度から 30% を超えるまでに上昇した[4]。消費者が冷蔵庫、エアコン、大型テレビなど電力消費量の大きい製品を使うようになり、電化製品の種類も大幅に増えたことが、このような電灯需要増加のおもな原因である。

　廃棄物に関しても、産業廃棄物による環境汚染と並んで、消費者が合成洗剤を使うことによる水質汚染、家庭ゴミによるゴミ問題など、生活関連の廃棄物による問題が深刻化している[5]。

　従来の消費者は、消費の過程においてそれほど大量の資源やエネルギーを用いることがなく、また廃棄物を出すことも少なかった。しかし、豊かな社会が実現し、消費者が盛んに物財を消費するようになると、消費という行為が環境破壊、環境汚染を引き起こす大きな原因になってくる。

　このような消費者が直接引き起こす環境問題だけでなく、消費者がより便利で快適な消費生活を求め、企業がそれに対応した生産活動を行なう結果として、環境問題が生じる場合も多い。たとえば、カップ麺、ファストフードのテイクアウトなど、加工度の高い食品の普及は、加工の工程、包装容器、運搬等さまざまな面で電力や原材料、包装材等の使用量増加をもたらし、CO_2 の排出増加やゴミ問題の深刻化をもたらしている。

　それらを販売するコンビニエンスストアは、頻繁に商品の搬入を繰り返すため、トラック輸送の増加をもたらし、その燃料（おもに軽油）の消費を増加させる。また、大量の食料廃棄物を出して資源の無駄を生みだしている。便利さゆえに消費者によく利用される宅配便も、トラック輸送を盛んにし、エネルギーの消費を増加させている。

　消費社会では旅行がますます盛んになったが、旅行それ自体は形のあるモノの消費ではないものの、それにともなって輸送手段である鉄道、航空機、自動車に、大量のエネルギー資源が投入されることになった。とくに飛行機は膨大なエネルギー資源を消費し、最近の環境活動家から、「飛び恥」（flying shame）、つまり飛行機で飛ぶことは恥ずかしいことだとの評価を下されている。

　日本の高度経済成長期には、おおざっぱにいえば、大量消費より大量生産の

ほうが先行していた。大量消費のほうはまだ発展の緒についたところであり，消費者が環境問題の原因を作るという認識は生じなかった。しかし，現在の消費社会においては，消費の増大を直接・間接の原因として生じる問題が，環境問題の中で大きなウエイトを占めていることは明らかである。これを正面から見据えることなしには，現在の環境問題を語ることはできないのである。

消費－環境関係の認識

以上のような消費と環境問題の関係は，それほど理解がむずかしいものではないが，実は環境問題の研究者や専門家の間でも，消費と環境問題の関係が指摘され始めたのは，それほど昔のことではない。1980年代末，地球環境問題が世界的に注目され始めたが，ようやくその頃から，消費行動および消費者と環境問題の結びつきは本格的に認識され始めた。

D. E. シャイが詳しく調べたように［Shi, 1985 = 1987］，近代の初期から，浪費的な消費や資源多消費的なライフスタイルが問題視されることは少なくなかった。しかし，その多くは，消費者の大量消費を思想的ないし宗教的な観点から批判したものであった。

その後，アメリカの消費社会が絶頂期を迎えると，パッカードのように（第1章を参照），大量消費によって資源不足が生じる危険性を指摘する声が現われ始め［Packard, 1960 = 1961: 223-45］，1970年代前半には，その声がずっと大きくなっていった。

この時期，ローマクラブの委託研究報告書『成長の限界』［Meadows et al., 1972 = 1972］や，E. F. シューマッハーの『スモール・イズ・ビューティフル』［Shumacher, 1973 = 1986］が資源の枯渇を警告し，ほぼ同時期に，第1次石油ショック（1973年）が起こったことから，世界的規模で「経済成長を続けると資源が枯渇に向かう」というジレンマが認識されるようになった。とはいえ，その当時でも，消費者が環境汚染の大きな原因となるという認識はあまり見られなかった。

ところが，1980年代後半以降，地球環境問題が話題になるとともに，人々の消費活動が直接的に地球温暖化，酸性雨やオゾン層破壊等に結びつくことが明らかになってきた。また，次のように，地球環境問題のみならず，身近な生

活でも，消費者が環境汚染と関わっていることが認識されるようになった。

「日本の生活者は，日本国内において，一方では今も続く窒素酸化物による大気汚染の被害者でありながら，他方で，自動車や新幹線を利用して大気汚染や騒音を発生することに加担し，合成洗剤の使用によって水質を悪化させ，形のよい野菜や果実を求めることで化学肥料や殺虫剤の使用を促進させ，日々多量のごみを出すことで，ごみ問題という一大社会問題の発生源となっているなど，生活の多側面において環境問題の加害源となっている」［飯島編，1993: 30］。

1990年代を通じて，そのような認識はしだいに広がっていき，消費社会と環境問題を明確に結びつける論者が増えていった［Durning, 1992 = 1996；古沢，1995；鳥越編，1996；間々田，2000］。そして21世紀に入ると，消費社会と環境問題の解決を両立させるためのさまざまな思想，戦略も生まれてきたのである［Flavin, 2004 = 2004；間々田，2016］。

現在では，環境問題を解決するために，消費社会のあり方を再考しなければならないという認識は，ほとんど常識化しているといっても過言ではない。

ただし，環境問題の深刻さは，消費社会のあり方（一人当たりの消費水準に代表される），技術の水準，人口という3条件に依存するので［Ehrlich and Ehrlich, 1990: 58；Carley and Spapens, 1998 = 1999: 60-62］，消費社会だけに焦点を当てるのは適切ではない。消費社会のあり方を論じるに先だって，他の2条件について検討しよう。

技術開発と環境問題

まず技術開発について見ていく。

環境問題は，たしかに人間の生産と消費の結果生じたものであるが，技術開発によって，同じように生産し消費しても環境問題が生じないようにすることができる。たとえば，かつて深刻な問題だった森林の過剰伐採によるエネルギー不足は，石炭，石油等の採掘加工技術が進歩して克服されたし，硫黄化合物による大気汚染に悩まされた先進各国は，高性能の脱硫装置を開発し，自動車等の消費水準を下げることなく有害な硫黄化合物の排出を抑えることができた。

このようなことから，資源，環境関係の科学技術は日進月歩であり，技術開

発を熱心に行ない，環境への負荷を減少させていけば，消費を抑えなくても環境問題を解決できる，という考え方も一定の説得力をもっている[6]。

　実際，現在では各国の技術者たちが環境関連の技術開発を競っており，省エネルギーやエネルギー利用効率化の技術（自然エネルギー利用を含む），汚染物質の処理技術（CO_2回収技術を含む），資源の再生・再利用技術などが日進月歩で進んでいる。その進歩の側面だけを見ていると，あたかも技術進歩がすべてを解決してくれそうな印象もある。

　しかし，ここで考えなければならないのは，技術進歩のスピードが環境問題の悪化のスピードに勝るという保証はない，ということである。「必要は発明の母」ということわざがあるが，そのことわざどおりに問題の発生が回避されるのなら，これまで人類が苦しんできた飢餓，貧困，災害，病気などは一切生じなかったはずである。

　現在最も深刻な問題である地球温暖化についても，被害の激化に技術進歩が追いつかないのではないかという懸念がしばしば表明されている［Wallace-Wells, 2019 = 2020: 207］。

　技術開発は，環境問題の解決にとって非常に重要なものであるが，技術開発だけで環境問題をすべて解決できるというのは，いささか楽観的過ぎる考え方であろう。

人口の抑制と環境問題

　次に，もう一つの条件である人口について見ていく。

　世界の人口は爆発的に増加し続けており，20世紀末に60億人を突破し，2020年には早くも80億人に近づいている。このような人口増加は，たとえ一人当たりの消費量を一定としても，世界全体の環境汚染や資源の枯渇をもたらしかねないものである。消費の水準だけでなく，人口増加を抑えることも望まれるのである。

　しかしながら，技術を開発する場合と違い，人為的に人口を抑制することはきわめてむずかしい。現に生存している人間を直接減らすことは，倫理上まったく不可能であるから，人口の減少は出生率の低下という形でしか実現できない。

出生率の低下も，一人っ子政策を進めた中国のような国家権力の強大なところを除いては，容易に強制することができないものであり，「出生率転換」と呼ばれる出生率の自然な低下を待つほかはない。

　そして，近代化と消費社会化の進んだ欧米や東アジア諸国では，出生率転換が起き，たしかに大きく出生率が低下しているが，そのことと人口減少との間には時間のずれがあり，2008年以来出生率の著しい低下が続く日本でも，人口の減り方はそれほど大きなものではない[7]。

　さらに，これから消費社会化が進む可能性のある南アジア，西アジア，アフリカ，南米などではまだまだ人口が増加しており，消費水準の上昇と人口増加が同時に起こる可能性が十分ある。ヨーロッパや東アジアに見られる人口減少の環境問題に対する貢献は，これらの地域の人口増加と消費水準上昇によって，たちまち相殺されてしまうかもしれない。

　そう考えると，環境問題の深刻さを加速する人口増加の傾向を逆転させ，人口の抑制を通じて環境問題を解決することは，当面非常に困難だといわざるをえないのである。

消費社会の見直しと過剰消費

　以上述べたとおり，環境問題の解決に当たって，技術の進歩は非常に大きな役割を果たすものの，それを全面的に解決するほど適切なタイミングで生じるものではない。また，人口は資源枯渇，環境汚染の程度を決定づける大きな要因でありながら，それをコントロールすることは困難であり，環境問題を解決する手段とはなりにくい。

　そのため，環境問題の解決のためには，もう一つの条件である消費に注目し，消費社会のあり方を見直し，消費の水準を適正な状態にとどめようとすることが必須となる。消費は社会が環境負荷に耐え，「持続可能」な水準にとどめなければならないのである［Carley and Spapens, 1998 = 1999: 84-86］。

　消費の水準を変えることは，環境問題の解決にとって非常に有効である。2020年に世界を襲った新型コロナウイルスは，各地に大きな被害を与えたが，他方では消費の減少を通じて，急速に大気中の窒素酸化物やCO_2排出量を減少させたことが明らかになっている。このことからわかるように，消費を変化

させることは，環境問題への影響が「即効的」であり，その速さは技術開発や人口の抑制を大幅に上回っている。この点からも，消費の見直しという手段は，ぜひとも実行中かつ強化可能の状態にしておかなければならない。

　環境負荷の面で上限を超えた消費，持続可能でない消費は「過剰消費」と呼ばれる[8]。消費には正しいあり方，適正な水準があり，それ以上の消費は過剰消費であるという考え方は，消費水準は上昇すればするほど好ましく，人間の幸福につながるというこれまでの常識から，180度方向を変えたものである。

　消費社会はこれまで，かつて富裕階級が，金にあかせてごちそうを食べあさり，あり余る衣服や装飾品に囲まれ，大邸宅で歌舞音曲にうつつを抜かすような，快楽主義的な生活を理想にしてきたといえる。しかし，環境問題を考えると，そのような生活はとうてい理想像として描くことはできないのである。

　消費の水準を適正な水準に保つことは，20世紀までの消費社会が，絶えざる消費の増加を目指してきただけに，容易でない課題のように思われるだろう。第1章で見たように，現代の消費社会では，企業と消費者がもちつもたれつの関係にあり，消費者は欲望の実現を追求し，企業は消費者の欲望追求を通じて利益を追求してきた。このような基本構造は堅固なものであり，それを方向転換させるという考えは，非現実的と思えるかもしれない。

　しかし，20世紀の歴史が示すところによれば，消費者は必ずしも無限に物質的欲望を追求するとはいえない。むしろ，20世紀末には，物質的欲望が満たされ，物的な消費に対する執着がなくなる方向に向かっているという見方も有力になった。消費者の側から自然発生的に，消費社会の物的消費拡大にブレーキがかかる可能性もあり，すでにその傾向は部分的にははっきり表われている。

　また，この20〜30年の間に，消費者の環境問題についての理解は大幅に進んできた。そして，環境問題の解決と両立するような消費のあり方を模索する動きは，一部にとどまるとはいえ，大きく進展してきた。第9章で述べるように，その試みはしだいに活発化しており，もはや一つの有力な消費文化のあり方（第3の消費文化）と考えられるレベルに達している。

　以下次節では，消費者のあり方に注目しつつ，消費社会の見直し，消費水準の適正化がどれだけ現実性をもつかについて検討していこう。

2　消費主義のゆくえと脱物質主義の可能性

甘やかされた消費者

　消費社会は，消費者の消費への関心の高さと，それを実現しようとする熱心な企業活動を特徴とする社会である。

　消費者が消費欲求を募らせるという現象は，とくに消費社会特有のものであるとはいえないが，消費社会では，それが高い社会的価値をもつ傾向にある。あまり感心しないが黙認するというのではなく，「消費は美徳である」とさえ主張される社会なのである［石井，1960］。

　消費社会において，企業は過剰なまでに消費者を厚遇する。第1章で示したように，資本主義社会の企業にとって，消費者は重要な利益の源泉であり，消費者が消費を増やしてくれなければ，多くの企業が成長できない仕組みになっている。企業にとって，消費者は王様のような存在であり，常にそのご機嫌をとり，その意向に敏感に反応しなければならない。そこで企業は，広告，セールス，景品，付帯サービスなど，消費者に対してさまざまな働きかけを行なうようになる。

　資本主義経済を維持しようとする政府も，消費を奨励する。戦争中のように節約を訴えるのではなく，消費を促進するための雇用維持政策，減税，消費者ローンや信用販売の制度化，消費財メーカーの保護，流通機構の整備などを積極的に行なう。

　このように，消費社会では消費は無条件によいこととなり，消費に強い関心を抱くようになる。周囲のあらゆる制度，あらゆる機関が消費を肯定し促進しようとし，消費者は恵まれ，甘やかされた状況におかれる。

　ところが，20世紀末以降，環境問題から突きつけられた問題は，このような甘やかされた状況を真っ向から否定するものとなる。

　環境問題との関係を考えれば，消費は無条件に好ましいことではなく，「環境に悪影響を与えない限りで」という但し書きが付けられたものになるはずである。しかし，甘やかされた消費者にとって，このような条件はとても厳しい

ものであり，とかく目をそらしたくなるものであろう。消費者は，環境問題のことを知らず知らず視野の外におこうとする傾向をもつ。

そして，企業や政府も，消費者に消費と環境問題の関係について積極的に情報を与えようとはしない。消費者が消費を抑えれば，消費社会はたちまち不況と経済不振にあえぐことになるからである。そのため消費者は，外部から，消費と環境問題の関係について率直に指摘されることもなくなる。

以上のような状況により，消費と環境問題の関係については，とかくその認識が遅れがちになる。このように消費者が甘やかされるようになったのは，それほど昔のことではなく，長い人類の歴史の中ではつい最近といっていいほどである。しかし，その最近の消費者が，著しく環境問題を深刻化させてしまった。

このような状況は，環境問題の深刻さが繰り返し報道され，消費と環境問題の関連がすでに明らかになった現在でも，大きくは変わっていない。

理解しにくい構造

消費者が，消費と環境問題との関係を理解しにくくなる要因には，このような社会的要因のほかに，環境問題の性質自体から生じるものもある。

その一つは，消費者は個人個人では環境に対する影響力が小さい，ということである。消費者は，全体としては環境にきわめて大きい影響を与えるが，一人ひとりをとってみれば，目に見えるほど環境を悪化させることは少ない。

たとえば，決められた時と場所を守らずにゴミを投棄しても一人だけならその量はたかが知れており，自分が大都市のゴミ問題の原因を作っているという実感は生じにくいだろう。また，1軒の家がエネルギー資源を使って出すCO_2の量はわずかであるから，自分たちの消費生活と地球温暖化の関連は自覚しにくく，この問題への責任は無限に小さく感じられる。企業の場合，一つの工場だけで深刻な公害を起こし，多数の被害者を出すのとは対照的である。

それにもかかわらず，消費者は数としては膨大であり，しかも広い地域に拡散していて，全体としてはきわめて大きな環境汚染，破壊を引き起こす。その範囲は，かつての公害が特定地域に限られていたのに対して，広い地域，一つの国家，そしてついには地球全体にまで広がっていく。

消費者の行為の「小ささ」と，結果としての環境問題の「大きさ」は対照的であるが，前者が小さいからこそ後者が大きくなってしまう，ともいえるのである。

他方，消費者が引き起こす環境問題が，消費の現場と近くないところで起こるために，消費者が自覚しにくいという場合もよくある。

たとえば，都市住民の膨大な廃棄物（一般廃棄物）は，居住する市町村内で処理されるのが建前であるが，実際には他の市町村や都道府県外，さらには海外に運ばれるものも多く，その場合には，そこでどれだけ環境汚染が広がっても，なかなか消費者の目には見えてこない。とくに，海外で廃棄される場合には，その当事者以外に，環境汚染の事実はまったく知られることがない。

山や海の人気のある観光地では，特定の時期に多数の人が訪れるために，水質汚染，自然破壊が起こりやすい。しかし，行楽を楽しんだ消費者は短期間でその地を去ってしまうため，行楽地で何が起こっているかなど知るよしもないだろう。

さらに，消費が引き起こす環境問題が，消費される時間より後に生じるという事情もある。

消費社会の環境問題は，一般的には比較的緩慢に生じることが多く，消費によって原因が発生する時期と問題が深刻化する時期とのタイムラグ（時間的なずれ）が大きい傾向にある。

最も深刻な地球環境問題である地球温暖化の場合，CO_2など温室効果ガスを大量に排出する消費生活は，消費される時点ですぐその結果を生じさせるわけではなく，温室効果ガス排出を増やし続け，蓄積されたあとに問題を顕在化させる。

地球温暖化の場合ほどではないが，家庭の排水が海や川を汚染し，水質汚染の被害をもたらす，石炭暖房の量が増えることによって窒素酸化物による大気汚染が深刻化する（おもに発展途上国）といった場合も，被害は消費の時点からしばらくのちに現われる。このように，消費の時点では環境問題が目に見えないため，たとえ被害の予想を知らされても，消費者は，消費と環境問題の関係を十分に実感できないのである。

物的消費の増大は必然的か？

　このように，甘やかされ，消費に夢中になった消費者と，その消費者にとって理解しにくい性質をもつ環境問題という二つの悪条件を考えると，消費を通じた環境問題の解決はなかなか難しいと思われることだろう。

　しかし，20世紀末に近づくにつれ，一つの希望をもてる現象が現われてきた。そしてそれにともなって，一つの新しい認識が生まれてきた。

　解説の都合上，後者から先に述べよう。

　これまで述べてきたように，消費社会はその進展とともに人々の消費水準を上昇させ，その結果資源を大量に消費し，また環境汚染物質を大量に排出する。消費社会の発展は，通常環境悪化をもたらし，この二つの現象は必然的に結びついているように思える。しかし，改めて考えてみると，消費者がより多くの欲望を満たすことと環境が悪化することとはイコールではない。消費者がより多くの欲望を満たしたが，資源消費と環境汚染は増加しないということは，理論上ありうることである。

　たとえば，人々が猛烈に音楽への欲求を高め，盛んに音楽配信を利用し，とくに熱心な人たちはCDを多く買うようになったとしよう。この現象はたしかに欲望の追求であり，消費社会的な出来事である。このような消費が増大するにつれ，たしかにスマートフォンやステレオ装置の利用は増え，その分多少のエネルギーの利用が増えることになる。しかし，その増加分は，自動車が増加し，ガソリンの消費が増えた場合に比べれば微々たるものであり，環境への影響はきわめて小さいものとなるだろう。

　同じようなことは，家庭で花を育てる人が増えるとか，テレビゲームが普及してそれに費やす時間が増大するとか，サイクリングを愛好する人が増えるといった場合もほぼ同様である。

　消費社会において，消費者はたしかに欲望を追求し続ける。さまざまな消費財を通じて，少しでも快適なこと，少しでも楽しいことを実現しようとする。しかし，その際消費するものは，必ずしもモノ（物的消費財）ではない。モノ以外に，自分の時間，体力，他者の演技や演奏，外部のサービス，設備，自然界の大気，風景なども消費されるのである。そして，モノが消費されないならば，欲望が追求されたとしても，環境問題につながるような消費は生じないと

いうことになる。

　消費社会の歴史において，たしかに欲望の実現は物的消費を増加させてきた。それは，物的消費を増やすことによって，消費者が多くの欲望を実現できたからである。しかし，欲望の実現と物的消費の増大は，論理必然的に結びついたものではない。物的消費は，欲望を満たすための手段として必要だったに過ぎず，欲望が，物的消費という手段をあまり必要とせずに満たされる可能性もある。もしそれが可能だったなら，物的消費の増大も，それによる環境の悪化も生じないですむであろう。

　人間の欲望には，物質的な欲望（欲求）もあるが非物質的な欲望（欲求）もある[9]。物質的な欲望とは，最新のファッションを追い続けたいという欲望，大きな家に住みたいという欲望，より大きくスピードが速い自動車への欲望など，相対的に大量の物質を必要とするような欲望である。それに対して非物質的な欲望とは，家庭愛への欲求，精神的いやしへの欲求，読書欲，音楽や絵画への欲求など，精神的，文化的な欲求である。

　このうち，消費が後者だけに向かうのであれば，消費の増大と環境の悪化は，あまり関係しない。なぜなら，それらはまったく物質の使用を必要としないか，必要だとしても副次的で，少量しか必要としないことが多いからである。

　したがって，同じように消費者が新しい欲望，欲求を追求し続けるとしても，欲望が満たされるにつれて，物質的な欲望から非物質的な欲望へと関心が移っていけば，物的消費は現状にとどまり，環境の悪化は避けられるであろう。それどころか，従来の非物質的欲望が物質的欲望に取って代われば，環境問題が改善に向かうことすらありうることになる。

　たとえば，若者がドライブよりもテレビゲームに夢中になったとすれば，物的消費の減少が生じるだろう。なぜなら，テレビゲームも物質の消費をともなうが，その量はドライブの場合よりは少ないと考えられるからである。高齢化が進んで人々がしだいにファッションに関心がなくなり，その代わりに健康と美容に関心を集中させるようになれば，同じく物質の消費は減少するだろう。

　こういったことが社会の多くの分野で起これば，物的消費はしだいに減少し，環境は悪化しないどころか，むしろ改善の方向に向かうことだろう。

　上記の「一つの新しい認識」とは，こういったことを示している。

物質主義・消費主義・快楽主義

　ここで注意しなければならないのは，環境問題を解決するために消費のあり方を考え直し，消費を抑えなければならないとしても，そこで抑えるべきなのは「物的消費」であって，消費の全体ではないということである。

　消費社会は欲望を追求する社会であり，その欲望には多くの「物的欲望」が含まれている。そのため，消費社会は「物質主義」がはびこった社会だと考えられてきた。それを逆転させようとすれば，物質主義を見直し，物的消費を抑えなければならないことになるが，抑えるべきはあくまでも物的消費であって，消費のすべてではない。

　これを言い換えると，環境問題の深刻な現在，必要なのは物質主義の克服であるが，消費主義の克服ではないということである。物質主義と消費主義とは，似た印象を与えるが，環境問題という観点からは区別をはっきりさせたほうがよい。消費主義の中で克服すべきなのは，過度の物質主義，つまり過剰消費につながるような部分なのである。

　そして，消費社会は好ましいこと，楽しいことを追求する社会であるから，消費社会には「快楽主義」がつきもののように思われる。しかし快楽主義もまた，物質主義とは分けて考えたほうがいいものである。つまり，物質主義を克服する必要はあるが，快楽主義を克服することは必要とはいえない。快楽主義のうちで物質主義につながるような快楽は克服するとしても，すべての快楽を克服する必要はないのである。

　たとえば，ドライブで大量のガソリンを消費したり，巨大な電力を消費する娯楽施設を利用したりすることについては見直しが必要かもしれないが，サイクリングの楽しみを放棄する必要はないし，簡単にできるスポーツを控える必要もない。昔から快楽追求の典型とされた飲酒，ギャンブル，セックスなども，いずれもそれ自体は大量の物質を消費するものではないから，環境問題の観点から見直す必要はとくにないということである。

　このようなことをわざわざ注意するのは，消費と環境問題の結びつきを克服しようと熱心になるあまり，消費の全体を「悪者」扱いにしてしまうことを避けるためである。

　消費主義，そして消費社会は，環境問題とのつながり以外にも，精神的荒廃

や経済的破綻などの懸念から否定的にとらえられてきた。しかし，20世紀の消費社会の拡大は，一方で環境問題をもたらしたものの，他方では人々に著しく快適で，楽しい生活を与えてきたことは事実である。物質主義と消費主義，快楽主義との混同は，前者の問題を避けようとするあまり，後者の成果を否定してしまう可能性がある。

　避けるべきは，あくまで環境問題をもたらす物質主義であり，物質主義をともなうことによって過剰消費と環境問題が生じないかぎり，消費主義や快楽主義は，必ずしも否定する必要はないというのがここでの主張である。消費主義や快楽主義の否定は，実現不可能で非人間的な理念を主張することによって反動を引き起こし，かえって環境問題の現実的解決を遠ざけてしまうように思われる。

消費者の脱物質主義化

　次に，20世紀末頃に現われた「希望をもてる現象」について述べよう。

　これまで拡大の一途をたどってきた消費社会を想起すると，過度に物質を消費し，環境に負荷を与え続けた消費社会を，このように物質主義から切り離すという主張は非現実的なものと感じられるかもしれない。しかし，21世紀もかなりの年月を経過した現在では，もはや非現実的とはいえなくなっている。

　一般的にいえば，人はある程度までは物質的欲望を必要としており，それなしには生存を続けることができない。その意味で，人は常にある程度の物質的欲望をもたざるをえず，その限りでは物質主義に染まる。

　しかし，だからといって物質的欲望だけにとらわれ続けるものでもない。むしろ，一通り物質的欲望が満たされれば，そこから離れることはけっして不自然ではなく，むしろ物質的欲望にとらわれ続けることのほうが不自然である。

　歴史的に見れば，多くの学問，芸術，社会運動，政治的改革などは，一通り物質的に満たされた人々によって生みだされてきた。それらを支援し，広めてきたのも比較的物質的に恵まれた人々であった。物質的欲望がひたすら人間を動かし続けるという見方では，このように多くの人々が精神的な欲求をもち，文化的，社会的な活動に携わってきたことをまったく説明することができないであろう。

消費社会は，物質的欲望を追求する傾向が強い社会であるが，他方では物質的に恵まれた人間がかつてないほど大量に生みだされる社会でもある。したがってまた，このように物質的欲望から離れる人も，かつてないほど大量に現われる可能性のある社会だといえる。

　このような傾向は，実はすでに現実となっており，消費社会においては「物質主義」から離れ，「脱物質主義」化する傾向がしだいに強まっているといわれる。

　政治学者のR. イングルハートは，その著書『静かなる革命』の中で，20世紀後半，先進各国において脱物質主義的な価値観が広がり始めたことを指摘した［Inglehart, 1977 = 1978: 23-69］。イングルハートは，調査を通じて，第2次世界大戦後戦争のない時代に育った若い世代が，経済活動よりも，言論の自由，社会参加，人格の尊重，環境や美観の保持など脱物質的価値を重視するようになったことを発見し，世代交代にしたがって，しだいにそのような脱物質主義的価値観が有力になると予測している。そしてその傾向は，後の調査で着実に強まっていることが確認された［Inglehart, 1990 = 1993: 76-157］。

　イングルハートは直接消費に言及しているわけではないが，このような見方をとれば，消費についても物質主義からの離脱は十分予想されるところである。

　日本では，消費社会化の途上にあった1970年代後半以降，脱物質主義的価値観がしだいに強まったと考えられる。

　1970年代後半以降，マーケティングの分野では，消費者が物的欲望を一通り満たしたため「モノ離れ」を起こしており，サービスや付加的な機能（第5章で示した記号的消費に当たる）を求める方向に進んでいる，ということがしばしば指摘されるようになった［山口・財津, 1976: 126-30］。

　官庁の世論調査にも類似した傾向が現われている。図8-1に示した内閣府の「国民生活に関する世論調査」によれば，今後の生活の仕方に関する質問に対して，

　　「物質的にある程度豊かになったので，これからは心の豊かさやゆとりのある生活をすることに重きをおきたい」

とする回答がしだいに増加し，1979年以降は，

　　「まだまだ物質的な面で生活を豊かにすることに重きをおきたい」

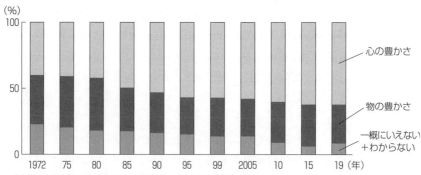

図 8-1　これからは心の豊かさか，まだ物の豊かさか

（注）　調査開始は1972年で，2000年，2020年は調査なし。
（出所）　内閣府「国民生活に関する世論調査」各年度集計結果により作成。

とする回答を上回るようになった。しかも，両者への回答比率の差は，それ以降ますます開いている[10]。図に示された2019年には，前者の62.0％に対して後者は29.6％にとどまっている（残りは「一概にいえない」と無回答）。

　これらの結果は，物質的豊かさを追い求め，ますます多くの物質を消費する，という消費社会のイメージとは大きく違う。豊かになったからこそ，関心は非物質的な方面に向けられるようになったのである。

　以上は，あくまでも「意識」の上での変化であるが，現実の消費行動においても，部分的には脱物質化と考えられるような動きが現われている。

　日本の政府統計によれば，食生活では，高齢化の影響もあるものの，1980年代半ば以降，たんぱく質摂取量，エネルギー摂取量（カロリー），カルシウム摂取量など，一人当たりの栄養摂取量が全般的に減少傾向にある。衣生活では，1980年頃をピークとして衣服や履物の消費水準指数が長期減少傾向を示している。住宅の建築は年によって増減が激しいが，長期的に見れば着工住宅戸数は減少傾向にある。耐久消費財については，冷蔵庫，洗濯機，エアコン，乗用車など，普及率がもはや上昇しなくなったものが少なくない。[11]。

　先進工業国では，エネルギー消費も，1970年代半ば以降伸び率が小さくなり，最近のデータではほぼ横ばいとなっている。日本では，21世紀初頭まで家庭用の電力消費量，ガス消費量，ガソリン消費量など，エネルギー関係の消

費が引き続き増加したが，2010年代以降は低下傾向が見られるようになった。水資源についても，家庭用水を含む生活用水の使用量は，2000年代末以降ゆるやかに減少する傾向にある。

　このように，現代の消費社会は必ずしも「物質主義の社会だからモノの消費は増える」という状況にはない。部分的には，明らかに脱物質主義の傾向が生じている。

　こういった動きが加速して，消費の減少する財がしだいに多くなれば，消費者がより豊かな生活を目指して欲望（欲求）を追求しているにもかかわらず，物的消費が減少し，環境が改善されるという可能性が十分ある。

情報化と環境問題

　このような，消費社会における物的消費の停滞傾向に拍車をかけそうなのが，情報化の進展である。

　消費社会が成立したのとほぼ時を同じくして，アメリカでコンピュータが発明され，またたく間に世界各国に普及していった。コンピュータは，それ自体が飛躍的に改良されるとともに，半導体，ソフトウェア，通信機器など，関連する技術革新を次々に呼び起こして，情報関連の産業を著しく発展させた。先進各国は，消費社会とほぼ同時に情報社会にもなったのである（前章を参照）。

　情報産業の発展とともに，従来の重厚長大産業は比重が低下し，いわゆる経済のソフト化が生じた。その結果，エネルギーや金属資源など，物的資源の需要にブレーキがかかり始めたし，情報技術は，製造業，建設業，運輸業等の製造・作業工程を合理化し，それが省資源化につながった。さらにオフィスでも，紙をコンピュータ記憶装置に替える（ペーパーレス化），通信手段の発達により出張を減らす，などの節約が可能になるといわれた。情報化は，このような意味では環境にとってプラスの影響を与える可能性が指摘されてきた［環境庁（現環境省）企画調整局編，2000］。

　生産面だけでなく，消費面でも，情報化は環境問題の解決にプラスとなる面をもつ。

　情報技術の発達は，CDプレーヤー，パソコン，携帯電話，スマートフォン，カーナビゲーション，ゲーム機器など，魅力的な消費財を次々に生みだしたが，

これらは製造工程においても，その使用場面でも，そして製品の素材自体についても，従来の家電製品や乗用車より省資源的であり，環境にやさしい面をもつ。たとえばスマートフォンは，自動車ほど多くの材料を必要としないし，排ガスを撒き散らすこともないのである。

　それだけでなく，情報機器の普及とともに，コンピュータゲーム，動画配信，SNSなど，さまざまな消費者向け情報サービスが発展してきた。これらの情報サービス消費は，環境問題との関係でいえば，形のないものに対する需要を増大させ，より資源節約的な生活関心を強めさせるものといえる。自動車を乗り回し，ショッピングを楽しむ若者よりも，室内でヴァーチャルな世界に遊ぶ若者のほうが，環境にはやさしい消費行動をとっているのである。

3　環境問題をのりこえる消費社会へ

消費社会見直しの主体

　これまで本章では，現代消費社会は環境問題を深刻化させており，消費社会の見直しと消費水準の適正化を必要としていること（第1節），それを実現するためには消費者が物質主義を脱却する必要があるが，一見困難なように思われるものの，実際には消費者の脱物質主義化が進んでいて希望がもてること（第2節）を述べてきた。

　それでは，第2節で示した希望をもちながら，第1節で示した課題を実現するには，具体的に誰が，どんなことをすればいいのだろうか。

　まず「誰が」ということについていえば，直接的にそれを実行するのは消費者である。廃棄物の削減や資源の枯渇防止のためには，消費者が消費行動を変えることが不可欠であり，どんな形であれ，最後は消費者の行為を通じてしか，環境に配慮し環境問題を克服するような消費社会は実現することができない。

　しかし，それでは消費者にどういう条件を与えれば，そのような環境配慮的消費をするのだろうか。

　この点について，最も楽観的な考え方は，脱物質主義が広まっているのだから，何もしなくてもしだいに環境配慮的消費が普及していくだろうというもの

であろう。脱物質主義は消費という私的な欲望充足への関心を失わせ，環境という社会的な課題に目を向けさせるだろうから，自然に環境配慮的消費が主流になっていくだろうという見方である。

　けれども，筆者（間々田）はこのような考え方にはくみしない。脱物質主義は，たしかに環境配慮的な消費の土壌を作り，受け入れやすくはする。しかし，消費者が自発的にそのような行為を始めるためには，外部からさまざまな刺激を与えることが必要だと考えている。とくに日本のように市民が自発的に行動する習慣が乏しいところでは，他のさまざまな主体の協力を得ながらでなければ，環境配慮的消費はなかなか前に進んでいかないように思われる。

　ここでさまざまな主体というのは，行政の主体である政府や地方自治体，消費財を生産あるいは販売する企業，環境と消費に関する情報を提供するマスメディア，環境と消費に関して知識を授ける教育者，率先して環境配慮的消費を実行するNPOや市民活動家などである。これらの主体がそれぞれの立場から，消費者が環境配慮的な消費を行なうよう誘導し，あるいは条件づけることが重要であろう。消費と環境の関係を見直し，再構築するためには，社会全体が協力し合うことが必要なのである。

消費社会をどのように変えるのか？

　それでは，社会のさまざまな主体が協力し合って行なうべきことは，具体的にはどんなことなのだろうか。消費社会をどのように変えれば環境問題の解決につながるのだろうか。

　この点については，大きく分けて二つの方向性が考えられる。

　一つは，はっきりした数値的目標を掲げ，それを実現していくことである。これは，今までに述べてきた「消費水準の適正化」という言葉に当たるものであり，たとえば，レジ袋や白熱電球の使用をゼロにする，廃棄されていた資源の再利用率を一定の数値まで上げる，消費者が出す温室効果ガスの排出量を一定の数値以下とする，といったことがそれに当たる。これを「目標達成型」の方策と呼ぶことができるだろう。

　こういったやり方は，わかりやすく，実現されれば効果も明確で，その点では好ましいものである。しかし，問題はそのようなはっきりした目標が立てら

れるか，またその目標を達成するための有効な「手法」が見つけられるか，ということであろう。

　もう一つは，消費についての，何らかの新しい考え方，価値観，生活態度といったものを生みだし，それを普及させることである。上記の目標を掲げそれを達成していくやり方が，消費者の行動に直接働きかけようとするのに対し，もっと人間の内面にふみこんで，人間の生き方を変え，間接的に環境問題の解決につながる行動を導き出そうとするのである。これは「文化変容型」の方策と呼ぶことができるだろう。

　たとえば，これまでの消費社会では，さまざまな消費財を世帯ごとに購入し，所有してきた。しかし実際の使い方を見ると，おもちゃ，工具，自家用車など，使用頻度が少なく，わざわざ全部の世帯が買い揃える必要のないものが少なくない。そこで，それらを近隣の住民と共同利用するとか，レンタル店で借りる等の方法をとる「シェア」の考え方が生まれてきた。シェアの考え方は，直接的に環境の改善につながるような成果を求めるものではないが，その普及によって，しだいに資源消費と廃棄物の減少をもたらすことだろう。

　このやり方は，間接的でなかなか効果が明確にならないものであるが，より根本的で広範囲にわたる影響をもたらすものだろう。

　人々が環境に悪影響を与えるような消費は，個々の消費における不注意や無自覚によってではなく，身に付いた生活態度やものの考え方によって生じることが多い。それを考えると，個々の消費という末端部分を取り締まるのではなく（目標達成型の方策），その元にある人々の精神のあり方を変えたほうが（文化変容型の方策），より根本的であるし，さまざまな消費分野で好影響を及ぼすと考えられるのである。

消費水準適正化の問題

　地球環境問題が深刻化し，すでに急を要する段階に入った現在，目標を掲げ，それをさまざまな手段によって実現していこうとする目標達成型の方策は，もはや欠かすことのできないものといえるだろう。実際，温室効果ガスの排出量削減目標をはじめとして，すでにさまざまな分野で目標設定のための努力がなされてきた。

しかし，その目標値の設定については，いくつかのハードルが待ち受けている。

　一つは，消費に関しては目標を設定するという考え方自体に賛同が得られにくいということである。消費という行為は，もともと個人が自由に選択できるものであり，何らかの目標を外から与えられるようなものではなかった。消費社会は選択が自由であるからこそ歓迎されてきたのである。そのため，消費に目標が定められ，その達成に向けて拘束されることは消費者にとって非常に苦痛である。企業のほうも，利益のチャンスを失うため敬遠することが多い。そのため，環境問題の解決の目標は，同じ目標でも消費者に向けたものではなく技術開発によって実現されるようなもの，たとえば窒素酸化物の排出量を一定水準で抑えるといったものになりがちである。

　さらに，目標を定めることには合意が得られたとしても，それをどう設定するかについては，さまざまな可能性があり，また当事者が利害を異にするために容易に結論を得られないことが多い。

　温室効果ガスの排出量削減目標は，これまで何度も国際会議の議題にのぼったが，各国の利害が対立して，2016 年 11 月に発効したパリ協定まで，なかなか合意に達することができなかった。国内でも，全発電量に占める原子力発電の割合をどれだけ減少させるかについては意見が分かれており，いまだに国全体としての合意は得られていない。

　このような合意の難しさを避けるため，政府や自治体が強引に目標を設定することもあるが，そのような強制的手法を用いることは，自由や人間性の尊重，民主的政治，豊かさの追求など，近代社会の諸価値を無視した，専制的な政治状況をもたらす恐れがある。環境問題の緊急性との兼ね合いということになるが，そのバランスをとることは難しい[12]。

　そして，目標が設定されたとしても，その目標を達成すべき適切な手段が存在するかどうかも問題である。

　まず，ある種の消費財について強制的に消費を規制するという方法がある。消費すること自体，あるいはそれ以前に，生産すること自体を法的に禁止し，取り締まるのである。しかし，この方法は上記のように対立を生みやすく，合意に達するのが容易でない場合も多い。

消費を抑えるためには，このような直接的規制以外にもいくつか方法がある。経済学者が環境政策の有力な手段として薦めるのは，税や市場原理を用いた方法である。たとえば，すでにいくつかの国で導入されている環境税の場合，環境に好ましくない影響を及ぼす消費財に課税し，コストを企業または消費者に負担させる。そうすると，市場を通じて供給や需要は自動的に調節され，結果として当該消費財の消費が減少すると考えられる。

　税という形はとらないが，容器包装リサイクル法における企業のコスト負担や，近年多くの自治体で実施されるようになった家庭ゴミの有料化も，類似の手法だといえる。

　このような，環境汚染的な消費財のコストを高くする手法とは逆に，「環境にやさしい」消費を補助金等で優遇し，普及をはかる方法もある。政府が太陽光発電の電力を電力会社に固定価格で買い取らせ消費者に金銭的メリットを与える，自治体が資源のリサイクルに協力する団体に補助金を支出する，などの措置がそれに当たる。

　そのほか，もっと間接的に，社会環境を変化させることによって，消費を減少させるやり方もある。たとえば，都市の公共交通機関を整備して自動車交通を減らし大気汚染を防ぐとか，サマータイムの導入によって夏の冷房による電力需要を減らす，といったやり方である。

　直接的規制以外に，このようなさまざまな手法が考えられているが，その中には有効に機能しないといわれるものも少なくない。環境問題解決に寄与する消費を実現するための手法は，まだ開発の途上にあるといえるだろう。

消費文化変容の意味

　目標達成型の方策は，以上のようにさまざまな課題を克服しなければならないとはいえ，環境問題が切迫した現在では必須のものであろう。しかし，それだけではなく，人々に新しい価値観や生活態度を普及させていく文化変容型の方策も重要である。前者が消費行動という表層面を変えようとするのに対し，後者は精神や文化という深層を変えようとするのである。

　前者が直接的効果を生むのに対して，後者は効果が明確でないから，なぜ後者が必要なのかという疑問がわくかもしれない。しかし，人類の歴史を振り返

ってみれば，人々を何らかの方向に導こうとするとき，一方では法的規制，経済的動機づけなどの直接に行動に働きかける方法が用いられてきたが，他方では宗教，思想，教育などを通じた人間の内面への働きかけが必ず行なわれてきた。どんな問題についても，この両者はセットで実施されてきたはずである。

前者だけであれば，主旨が理解できない者，内心それに反発する者，無視する者がいて，必ずしもその方策が十分効果を発揮しないことだろう。しかし，後者によって内面の価値観，倫理観が変化するならば，おのずから前者を理解し，協力しようとする機運が高まるだろう。また，前者で求められること以外にも，さまざまな自発的行為が起こってくるだろう。人間が元から変化しているから，その具体的な表われはさまざまな形をとりうるのである。

環境問題についても，具体的な目標を設定して消費行動を変えようとするだけでなく，消費者が何を求め，どういう生活を送り，何に気をつけるべきかといったことについて，消費者の基本的な考え方を変え，環境問題の解決につながる自発的な行為を促すことが必要なのである。

目標達成型の場合，それを担うのは政府や自治体，企業などであるが，文化変容型の場合，それを先導してきたのは思想家，文化人，社会活動家，研究者などであり，それを幅広く伝える役割を果たすのは，マスメディア，教育者，文学者などである。

環境問題と消費の関係については，すでに述べたように20世紀の終わり近く，1980年代頃から関心を呼び，これらの人たちがさまざまなことを考え，伝えた。その背景には，もちろん環境問題の深刻化があるのだが，他方では脱物質主義化が進み，物質的な豊かさ以外のことに目を向けようとする社会的機運が高まってきたことも影響している。物質的豊かさ以外に何が必要かは，物質的豊かさが実現したときにしか実感されない。20世紀の終わりは，まさにこの時期に当たっていたのである。

21世紀にはその成果がしだいに現われ，消費文化の代替案がいくつか示され，広がっていった。それらの中には，直接環境問題を意識したものもあるし，間接的に環境問題に寄与するようなものもあるが，いずれも人々の消費の仕方，消費についての考え方に変化を求め，消費社会の持続可能性をもたらそうとするものである。

20 世紀の末まで，先進国の人々は物質主義的な消費主義を追い求めた。それは，第 5 章で示したとらえ方でいえば，「第 1 の消費文化」と「第 2 の消費文化」であったといえよう。しかし，この二つの消費文化が行きわたり，新しい欲望，欲求が生まれるにつれ，また環境問題をはじめとする多くの問題を引き起こすにつれ，消費に関するさまざまな新しい考え方，取り組み方が生まれてきたのである。それらは，まさに第 5 章で示した「第 3 の消費文化」といえるものであろう。

　第 9 章では，環境問題を中心とし，それ以外の問題も含めて，消費社会の持続可能性を高めようとする，これら新しい消費文化の動きをまとめてみることにしよう。

課　題

1. 自分自身，あるいは自分の家庭の消費生活で，ほかの人（家）と比べてとくに環境に悪影響を与えているものがあるかどうか，振り返ってみよう。
2. 今の日本で脱物質主義の表われと考えられる社会現象を，いくつか考えてみよう。
3. 環境税の具体的中身は各国で異なっている。インターネットで検索してその違いを明らかにしてみよう。

注●────────────
1) おもに本書を執筆している 2020 年の前年，つまり 2019 年の出来事を示した。この本が読まれる時点では，また別の異常気象や災害が起こっているかもしれない。
2) D. ウォレス‐ウェルズは，『地球に住めなくなる日──「気候崩壊」の避けられない真実』で，このような気候変動の最も悲観的なシナリオを示して話題を呼んだ。
3) 環境問題と資源問題とは分けて論じられることもあるが，どちらとも言い難いもの，両方が関連し合って起こるものも少なくないので，本書では一括して環境問題として扱う。
4) 電力関係のデータは，経済産業省資源エネルギー庁『電気事業便覧』による。なお，2016 年の電力小売の全面自由化にともなって，電灯需要の数値は公表されなくなった。
5) ただし，2000 年代に入ると，不況やリサイクル運動の影響により，ゴミの排出量は減少傾向を示している。
6) 近年注目を集めている環境関連の技術については，『世界を動かす 100 の技術』を参照されたい［日経 BP 社編，2018: 102-37］。
7) ちなみに日本では，長期間の出生率低下にもかかわらず，人口減少は 2008 年まで起こらなかった（総務省「国勢調査報告」「人口推計」による）。なお，国家単位では外国との間の人の移動によっても人口増減が起こるが，それは地球全体の人口には影響しない。
8) 過剰消費という用語は十分定着したものではないので，いろいろな意味で使う余地があるが，最

近は環境の許容範囲を超えた消費という意味で用いられることが多い［日本消費者連盟，1994］。

9）「欲望」と「欲求」という言葉は，それほど区別なく用いられるが，「欲望」はより快楽主義的ないし物質的な場合，「欲求」はより文化的で非物質的な場合に用いられることが多い。

10）　内閣府広報室がほぼ毎年実施してきた。対象者は全国の 20 歳以上の男女（2016 年からは 18 歳以上）。最近の調査では調査対象者 1 万人である。

11）　以上のデータは，厚生労働省「水道統計」，同「国民栄養調査」，総務省「家計調査」，国土交通省「建築着工統計調査」，経済産業省「生産動態統計調査」による。

12）　環境保護運動に関しては，すでに「エコファシズム」と呼ばれるファシズム的主張と結びつきやすいことが指摘されているし［Pepper, 1984 = 1994: 251-52；Vincent, 1995 = 1998: 324］，旧来の急進的な社会主義やアナキズムが，思想的あるいは人脈的に受け継がれている面もある［McCormick, 1995 = 1998: 203-06；Vincent, 1995 = 1998: 323］。

第9章　持続可能な消費社会を目指して

ビール代金の寄付先が選べるアメリカのビアパブ（オレゴン州ポートランド〔撮影：寺島浩美〕）

1 消費社会の方向転換

持続可能性への希求

　第8章では，消費社会の抱える問題として最も深刻な環境問題について論じてきた。第3章で見たように，消費社会のもたらす問題は環境問題ばかりではなく多岐にわたる。諸々の社会問題を解決しつつ，今ある自然や社会が将来にわたって長く存続できること，あるいは，その能力を「持続可能性」(sustainability) という。初期の消費社会では，人々の生活の豊かさが絶対的な目標となり，持続可能性は置き去りにされてきた。しかし現在の成熟した消費社会は，持続可能性に向けて大きく舵を切ろうとしている。本章では，持続可能な消費社会に向けた数々の取り組み，運動，潮流について取り上げる。

　持続可能性という言葉が現在の意味で使われるようになったきっかけは，国際自然保護連合 (IUCN)，国連環境計画 (UNEP)，世界自然保護基金 (WWF) が1980年に共同で発表した「世界保全戦略」で「持続可能な開発」という概念が用いられたことである。その後，国連の「環境と開発に関する世界委員会」がまとめた報告書『地球の未来を守るために』が1987年に公表されて以降[1]，広く用いられるようになった [World Commission on Environment and Development, 1987 = 1987]。その報告書では「持続可能な開発」がキー概念として用いられ，「将来の世代の欲求を満たしつつ，現在の世代の欲求も満足させるような開発」と定義された。そこでは，人類が今後も持続的に発展していくためには地球環境と調和できるような開発が必要であることが主張された。

　当初，持続可能性は，生物多様性，生態系，地球環境の保全を重視する概念であったが，近年では環境に関する要素に加えて社会，経済，文化の持続へと広がりをもつようになった。つまり，貧困，飢餓，差別などをなくし，医療，福祉，教育があまねく行き渡り，多様な文化が共存していける平和で安定した社会を目指す大きな概念へと発展してきたのである。そうした広がりが集約されているのが現在さまざまな取り組みが行なわれている SDGs である。

SDGs

　SDGs（Sustainable Development Goals, 持続可能な開発目標）は，2015 年 9 月
の国連サミットで採択された「持続可能な開発のための 2030 アジェンダ」に
記載された，2030 年までに持続可能でよりよい世界を目指す国際目標である。
これは，2000 年の国連ミレニアム・サミットで策定された MDGs（Millennium
Development Goals, ミレニアム開発目標）の発展的後継に当たる。SDGs では，
「1 貧困をなくそう——あらゆる場所のあらゆる形態の貧困を終わらせる」か
ら「17 パートナーシップで目標を達成しよう——持続可能な開発のための実
施手段を強化し，グローバル・パートナーシップを活性化する」まで 17 の目
標が設定されており，各目標はより具体的な 169 のターゲットに細分化される。

　消費社会は 17 の目標のほとんどすべてに大なり小なり関係しているが，も
っとも直接的に結びついているのは「12 つくる責任つかう責任——持続可能
な生産消費形態を確保する」である。この目標は，以下 11 のターゲットから
構成されている（表 9-1）。

　ここには，天然資源の枯渇（12.2），食品ロス（12.3），化学物質による環境
汚染（12.4），ゴミの増加（12.5）といった問題に対して，国（12.1），企業
（12.6），行政（12.7），そして個々人（12.8）が開発途上国，地域，貧困層（12.a,
12.b, 12.c）に配慮しながら取り組むことが掲げられている。このように，
国・自治体の政策や企業の生産活動ばかりではなく，一人ひとりの消費者もさ
まざまな社会問題に関心をもちつつ持続可能性を考慮したライフスタイルを選
択することが世界的に期待されるようになったのである。

企業や投資の持続可能性

　SDGs は世界全体の目標として考案されたものだが，経済社会を構成する各
主体に焦点を当てた概念もある。持続可能型消費は，消費者だけでは実現でき
ない。当然ながら，現在の経済システムのもとでは，市場に持続可能な商品・
サービスが供給されてはじめて持続可能な消費選択が可能になる。このため，
持続可能な消費社会の実現には企業の取り組みが欠かせないのである。

　企業は，利益を生みだすことを主目的としている。しかし，自己利益を最大
化するための営利活動を行なうだけではなく，社会を構成する一員として，持

表9-1　SDGs「12 つくる責任つかう責任」を構成するターゲット

12.1	開発途上国の開発状況や能力を勘案しつつ，持続可能な消費と生産に関する10年計画枠組みを実施し，先進国主導の下，すべての国々が対策を講じる。
12.2	2030年までに天然資源の持続可能な管理及び効率的な利用を達成する。
12.3	2030年までに小売・消費レベルにおける世界全体の一人当たりの食料の廃棄を半減させ，収穫後損失などの生産・サプライチェーンにおける食料の損失を減少させる。
12.4	2020年までに，合意された国際的な枠組みに従い，製品ライフサイクルを通じ，環境上適正な化学物質やすべての廃棄物の管理を実現し，人の健康や環境への悪影響を最小化するため，化学物質や廃棄物の大気，水，土壌への放出を大幅に削減する。
12.5	2030年までに，廃棄物の発生防止，削減，再生利用及び再利用により，廃棄物の発生を大幅に削減する。
12.6	特に大企業や多国籍企業などの企業に対し，持続可能な取り組みを導入し，持続可能性に関する情報を定期報告に盛り込むよう奨励する。
12.7	国内の政策や優先事項に従って持続可能な公共調達の慣行を促進する。
12.8	2030年までに，人々があらゆる場所において，持続可能な開発及び自然と調和したライフスタイルに関する情報と意識を持つようにする。
12.a	開発途上国に対し，より持続可能な消費・生産形態の促進のための科学的・技術的能力の強化を支援する。
12.b	雇用創出，地方の文化振興・産品販促につながる持続可能な観光業に対して持続可能な開発がもたらす影響を測定する手法を開発・導入する。
12.c	開発途上国の特別なニーズや状況を十分考慮し，貧困層やコミュニティを保護する形で開発に関する悪影響を最小限に留めつつ，税制改正や，有害な補助金が存在する場合はその環境への影響を考慮してその段階的廃止などを通じ，各国の状況に応じて，市場のひずみを除去することで，浪費的な消費を奨励する，化石燃料に対する非効率な補助金を合理化する。

(出所)　外務省［2015: 22-23］。

続可能性に配慮しつつ，法令を遵守し，ステークホルダー（stakeholder，利害関係者）の要求に応えることが求められる。こうした企業のあり方は，CSR（Corporate Social Responsibility，企業の社会的責任）と呼ばれている。現在，企業が取り組んでいるCSR活動は，環境保護，地域活性化，メセナ（mécénat，企業の文化芸術支援），製品の安全性向上，社員の労働環境の整備など多岐にわたっており，多くの企業がウェブサイトでその内容について情報を公開している。

　企業を含む組織一般の社会的責任は，ISO（International Organization for Standardization，国際標準化機構）によってISO26000として2010年に規格化

されている。そこでは七つの「中核主題」──①組織統治，②人権，③労働慣行，④環境，⑤公正な事業慣行，⑥消費者課題，⑦コミュニティへの参画およびコミュニティの発展──が設定され，それぞれについて取り組むべき「課題」が1～8項目ずつ示されている。中核主題の⑥には，「持続可能な消費」が含まれ，そうした商品・サービスを市場に供給することが社会的責任の中に明確に位置づけられている。現在，多くの企業が「ISO26000対照表」を公開しており，中核主題に対応する形でどのような取り組みがされているか確認できる。

　利益中心主義から社会貢献への流れは，投資の分野でも起こっている。CSRの観点から望ましい企業を投資対象とし，アルコール，タバコ，ファストフード，ギャンブル，アダルト，軍需，化石燃料などの産業を回避する投資はSRI（Socially Responsible Investment，社会的責任投資）と呼ばれてきた。近年では，持続可能性への希求およびSDGsの前身であるMDGsとの関わりから，「ESG投資」という言葉が盛んに使われるようになっている。ESGは，「Environmental（環境），Social（社会），Governance（企業統治）」の略であり，これらに配慮した企業経営を評価した投資をいう。

　通常，投資家は，どれくらい利益を上げることができるかという観点から企業を評価し，投資判断をする。ESGの観点からは，環境に配慮しているか（E），社会に貢献しているか（S），不祥事を起こしていないか（G）が投資対象の評価基準となる。

　ESG投資が広がるきっかけは，2006年に国連のアナン事務総長（当時）がESGを投資プロセスに組み入れる「責任投資原則」（PRI: Principles for Responsible Investment）を証券会社や銀行などの機関投資家に対して提唱したことである。その後，2008年のサブプライム・ショックが起こり，それを引き起こした利益中心主義の投資・運用に対して批判が高まったことがESG投資の普及を後押しした。PRI署名機関数は，2007年に185機関だったが，19年には2372機関に達し，12年で約13倍にまで拡大している。したがって企業にとっては，SDGsに賛同し，ESGへの配慮に努めることが資金調達の大きな要因ともなっている。たとえば，日本国民の年金を運用し，2020年6月末現在164兆円もの運用資産額を有するGPIF（年金積立金管理運用独立行政法人）

は，前述の PRI に署名しており，ESG の観点から投資先の選定を行なっている［年金積立金管理運用独立行政法人，2020］。

　本節では，社会全体，企業，投資のあり方について持続可能性を求める動きが本格化していること，さらには，いずれの領域でも国連や ISO が関与し，すでに世界の共通認識となっていることを見てきた。次節では，持続可能性を追求するさまざまな消費のあり方について取り上げる。

2　さまざまな持続可能型消費の流れ

グリーンコンシューマリズム／ロハス

　環境保護的な消費者の活動や，そのような消費行動の重要性を主張する思想を「グリーンコンシューマリズム」（green consumerism），それを実践する消費者を「グリーンコンシューマー」（green consumer）という。

　グリーンコンシューマリズムの考え方は，環境への関心が高まる中で自然発生的に生まれてきたようであるが，*The Green Consumer Guide*［Elkington and Hailes，1988］が出版され，イギリスをはじめ欧米各国でベストセラーになってから，とくに知られるようになった。日本では，『地球にやさしい買い物ガイド』［グリーンコンシューマー・ネットワーク，1994］をはじめとして 1990 年代半ばからグリーンコンシューマリズムがしばしば紹介されるようになった［本間，1997：グリーンコンシューマー全国ネットワーク，1999：杦本，2006 など］。

　これらの書物では，環境に配慮した消費行動の原則が提示され（表9-2），それらをもとに，日常の消費生活でどんなことに気をつければいいか，同じ消費財の中でどんなタイプのものを選べばいいか，買物に行く時はどんな店やメーカーを選べばいいか，といったことについて細かく提案されている。

　また，このような出版による啓蒙活動だけではなく，組織された市民運動，あるいはボランタリーなネットワークとしてグリーンコンシューマリズムを推進しようとする動きも活発化した。非営利組織の「環境市民」「ネットワーク『地球村』」「グリーンコンシューマー東京ネット」などが，グリーンコンシューマリズムを前面に出した活動を行なっている。また，市民運動，市民団体が

表9-2　グリーンコンシューマー10原則

1. 必要なものだけを必要な量だけ買う
2. 使い捨て商品ではなく，長く使えるものを選ぶ
3. 容器や包装はないものを最優先し，次に最小限のもの，容器は再使用できるものを選ぶ
4. 作るとき，使うとき，捨てるときに，資源とエネルギー消費の少ないものを選ぶ
5. 化学物質による環境汚染と健康への影響の少ないものを選ぶ
6. 自然と生物多様性をそこなわないものを選ぶ
7. 近くで生産・製造されたものを選ぶ
8. 作る人に公正な分配が保証されるものを選ぶ
9. リサイクルされたもの，リサイクルシステムのあるものを選ぶ
10. 環境問題に熱心に取り組み，環境情報を公開しているメーカーや店を選ぶ

（出所）　枝本［2006：85-87］。

ネットワークを組んだ，「グリーンコンシューマー全国ネットワーク」が1997年に発足している。一般の個人や家計ばかりではなく政府機関，地方自治体，企業がグリーンコンシューマーの運動に参加する動きも現われており，1996年に設立された「グリーン購入ネットワーク」などが積極的な活動を行なっている。それらの活動内容は，イベントやメディアを通じての啓発活動，関係者の懇談会や意見交換，環境にやさしい商品の購入支援や普及活動，環境教育・消費者教育の支援，調査研究，自治体・企業・非営利団体の評価・表彰など多岐にわたっている。

　ところで，グリーンコンシューマーと類似した概念で，2000年代からよく使われるようになったものに「ロハス」（LOHAS: Lifestyles of Health and Sustainability，健康で持続可能なライフスタイル）がある。ロハスは，P. H. レイとS. R. アンダーソンが，アメリカ人を対象とした大規模社会調査の結果から見出された特定の新しい価値観をもつ約5千万人の人々を「カルチュラル・クリエイティブス」（cultural creatives）と名づけたことに由来する［Ray and Anderson, 2000］。カルチュラル・クリエイティブスは，他者との関係性，政治意識，将来展望，金銭感覚などを含む幅広い価値観のセットをもつ人々を表わす概念であったが，そこから健康や環境を重視するライフスタイルを抽出し，市場セグメントとしてマーケティング的に再解釈されたものがロハスであった。

　日本では，2000年代にライフスタイル誌『ソトコト』がロハス特集を組む

など，メディアにも頻繁に取り上げられるようになり，グリーンコンシューマーよりもむしろ一般に知られる言葉となった。グリーンコンシューマリズムとロハスは共通部分も多いが，前者が消費者による草の根運動がもとになっているのに対し，後者は企業によるマーケティング戦略のための概念という意味合いが強い。このため，前者が「禁欲的，理屈っぽい」，後者が「おしゃれ，気持ちいい」というイメージについての誤解があった［杦本，2006: 89-92］。また，言葉が示すとおり，環境に健康を結びつけ，「環境にいい＝からだにいい」というライフスタイルのイメージを定着させたことがロハスの成功要因となった［間々田，2016: 427-28］。このように，市民運動的アプローチと市場志向的アプローチの違いが概念の普及度合いにもたらす力は示唆的である。

　現在では，言葉としてのグリーンコンシューマリズムもロハスも積極的には使われなくなった。しかし，「エコ」「環境にやさしい」という標語とともに環境に配慮した消費行動自体は，一般の消費者の間でも定着しつつある。

フェアトレード

　「フェアトレード」（fair trade，公正な貿易）とは，とりわけ開発途上国の農産物や商品を適正な価格で購入することによって生産者や労働者の生活を保証し，持続的な発展に寄与することを目指す取り組みである。具体的には，流通ルートにフェアトレード団体が入り，中間マージンを低く抑えることで現地生産者の取り分を多くする。また，現地生産者との長期的・安定的な取引関係の構築，交易条件・労働条件の改善，自立支援などが行なわれている。グリーンコンシューマリズムが環境問題の解決を目指すのに対して，フェアトレードは先進国と開発途上国の不均衡を是正しようとするものである。解決しようとする社会問題は異なるものの，消費者が日常の買物でフェアトレード商品を購入するだけで気軽に参加できるという点はグリーンコンシューマリズムと共通している。

　フェアトレードの始まりは，1946 年にアメリカのキリスト教慈善団体であるメノナイト中央委員会がプエルトリコの貧しい女性たちを支援するために行なった手づくりの刺繍製品の販売活動だといわれている ［Osterhaus ed., 2006 = 2008: 17］。また，イギリス発祥の国際協力団体であるオックスファムが第 2 次

図 9-1　国際フェアトレード認証ラベル

　世界大戦後に東欧の戦後復興を支援するために手工芸品を輸入したことも活動のルーツだという［Nicholls and Charlotte, 2005＝2009: 25］。以降，フェアトレードの実践を目的とする「オルタナティブ貿易組織」（Alternative Trade Organization）がヨーロッパ各国で設立され，フェアトレード商品を専門に扱う小売店である「ワールドショップ」「フェアトレードショップ」が徐々に増加していく。

　しかし1980年代後半になると，生産者の利益を重視し，品質の向上に取り組まなかった当時のフェアトレード商品の売上げが伸び悩み，倒産するフェアトレード団体まで現われた［渡辺, 2010: 37-38］。そこでフェアトレードは，「市場・消費者志向」へと方向転換を迫られた。現在では，品質の向上，推進団体の組織化，ラベル認証制度の整備，一般企業による取り扱いが進み，世界的に広く普及している。

　市場・消費者志向において決定的な役割を果たしているのが認証ラベル制度である。一般の消費者にとってフェアトレード商品といえば，人を模した独特なデザインのラベルがついた商品という認識であろう（図9-1）。認証ラベル制度は，1988年にオランダの「マックス・ハーフェラール」（Max Havelaar）から始まり，市場拡大を目指す各国のオルタナティブ貿易組織によって多くのものが考案された。1997年，別々に展開していたそれらの認証団体が集結し，認証制度の国際ネットワークFairtrade International（国際フェアトレード認証機構）が設立された。現在，小売店でよく見られるラベルは，Fairtrade International によるものである[2]。

　このラベルの認証を受けるには，経済的，環境的，社会的な基準を生産者や

貿易業者が満たしている必要がある。一つ目の経済的基準は，生産者の生活と事業を安定的に持続させることを目的として買い手が守るべき基準である。生産物の価格下落に対するセーフティーネットとして「フェアトレード最低価格」を保証すること，事業やコミュニティの質を改善するための投資として一定の「フェアトレード・プレミアム」を追加で支払うこと，運営を安定化させるために長期的取引と前払いをすることが定められている。

　二つ目の環境的基準は，水質・廃棄物の管理，生物多様性と土壌肥沃度の保護，駆除剤や農薬の使用を最低限にすること，いくつかの有害物質とすべての遺伝子組み換え品の禁止である。オーガニック認証は要件とされないものの，オーガニック農産物はより高い「フェアトレード最低価格」によって奨励されている。

　三つ目の社会的基準は，小規模生産者に対しては，組合のような民主的な組織化，参加型の意思決定，透明性，ジェンダー不平等を含む差別がないことが求められる。大規模農園に対しては，差別のない雇用，最低賃金以上の賃金，結社の自由と団体交渉権，安全と健康，「フェアトレード・プレミアム」の運用ができるような設備が労働者に与えられていることが求められる。強制労働や児童労働は禁止されている。このように，フェアトレードの射程はかなり広く，労働問題ばかりではなく環境問題にまで及ぶ。

　フェアトレードに認証される製品の種類は，コーヒー，茶，カカオ，スパイス，ハーブ，はちみつ，ナッツ，バナナやココナッツなどの果物，コメなどの穀物，ワイン，コットン，織物，スポーツに使われるボールなど多岐にわたるが，食品がほとんどを占めている。これは，多様な製造工程をもつ手工芸品や布製品よりも一次産品のほうが認証されやすいためである。1990 年代以降，フェアトレード食品が倫理的なものというよりも高品質なものとして消費者に受け入れられ，スーパーマーケットなど新しい販路を拡大していった [Nicholls and Charlotte, 2005 = 2009: 31]。

　現在では，第 3 章で論述した「ラナプラザ崩落事故」を契機として「ファストファッション」に対する批判が高まり，以前から存在していた「エシカルファッション」への関心が一段と高まるようになった [Cline, 2012 = 2014]。団体として WFTO（World Fair Trade Organization）の認証を取得した People

Tree, Fair Trade USA に認証された Patagonia など，アパレル産業のフェア
トレードを牽引するブランドは消費者の支持を集めている。

　2018 年に国際フェアトレード認証を取得した生産者組織は 1707 あり，73 カ
国に 170 万人もの生産者・労働者がいる。また，2480 以上の認可された企業
によって 3 万 5000 以上のフェアトレード商品が世界中に存在するという
［Fairtrade International, 2019: 2］。Fairtrade International の推計によれば，全
世界におけるフェアトレード商品の売上げは，2004 年に 8 億ユーロだったの
が，18 年には 98 億ユーロにまで拡大した。日本に焦点を当てると，2004 年の
250 万ユーロから 17 年の 9400 万ユーロまで増加しており，欧米諸国に比べれ
ば売上高自体は少ないものの急速な成長が認められる[3]。有名コーヒーショッ
プチェーンがフェアトレードのコーヒー豆を使った商品を販売していたり，大
手のスーパーマーケットやコンビニエンスストアが認証ラベルのついたプライ
ベートブランドの商品を展開しており，日本の消費者にとってもフェアトレー
ド商品がますます身近なものになりつつある。

オーガニック

　「オーガニック」（organic）は，無農薬有機農法あるいはその方法で栽培され
た有機農産物のことを指す言葉である。現代の消費者がオーガニック商品を購
入するおもな目的は，食の安心・安全および健康志向の追求である。工業的食
料生産，遺伝子組み換え作物（GMO），ゲノム編集の発展に対する危機感を背
景として，化学物質でできた肥料，殺虫剤，除草剤などを極力使わずに栽培さ
れたオーガニック農産物は，健康志向の消費者の支持を得ている。現在では，
加工食品，飲料，酒，アパレル，化粧品など有機栽培された原料を用いたさま
ざまな商品が流通している。

　1940 年代に起源をもつ近代的な有機農法は，当初は化学肥料によってやせ
た土壌を肥やすことを目指すものだった。しかし 1960 年代後半になると，大
量生産品を拒否し，健康的で自然志向の新しいライフスタイルとして，環境運
動やヒッピーのカウンターカルチャーによって受容された［Guptill, Copelton
and Lucal, 2013 = 2016: 220］。その後，認証制度が整備され，オーガニックの
基準が明確化されると，カウンターカルチャーからグローバル市場へと飛躍を

遂げ，広く健康志向のライフスタイルとして消費者に受け入れられることになった。

FiBL（スイス有機農業研究所）と IFOAM-Organics International（国際有機農業運動連盟）の報告によれば，世界の有機栽培農地面積は 1999 年に 1100 万ヘクタール（全農地面積に占める割合は 0.3％）であったが，2018 年には 7150 万ヘクタール（1.5％）と 6 倍以上に達した。そのうち半分はオセアニアが占め，ヨーロッパ 22％，ラテンアメリカ 11％，アジア 9％，北米 5％，アフリカ 3％の順にシェアが大きかった［FiBL and IFOAM, 2020: 37］。ただし，生産者と消費者市場の地域分布は異なる。2018 年のオーガニック食品の小売り売上高は全世界で 967 億ユーロであったが，その内訳は，北米 45％，ヨーロッパ 42％，アジア 10％，オセアニア 2％，ラテンアメリカ 0.8％であった［FiBL and IFOAM, 2020: 66］。国別に見れば，アメリカ 42％，ドイツ 11％，フランス 9％，中国 8％，イタリア 4％が上位 5 カ国である。第 1 位のアメリカでは，2000 年代からオーガニック市場が急成長しており，Whole Foods Market や Trader Joe's のような全土に展開する大手オーガニック食品スーパーがその成長に大きく寄与している。

一方日本では，生産量はもちろん，消費量についてもアメリカやヨーロッパ各国と比べてかなり規模が小さい。2018 年における有機栽培農業面積は約 1 万ヘクタールであったが，全農地面積に占める割合は 0.2％に過ぎなかった［FiBL and IFOAM, 2020: 40, 44］。2017 年における一人当たり消費額は 11 ユーロであり，同年のアメリカ 122 ユーロ，ドイツ 122 ユーロ，フランス 118 ユーロと比べると 10 分の 1 に満たない［FiBL and IFOAM, 2020: 72-73］。過去 1 年間にオーガニック食品を飲食した 20 歳以上を対象として 2019 年に農林水産省が実施した「有機食品等の消費状況に関する意向調査」によれば，オーガニック食品の飲食頻度は「月に 1 回未満」が最も多く 34％であり，「ほとんど毎日」飲食している人は 6％に満たなかった。

このように，日本は「オーガニック後進国」といえる現状だが，日本人消費者のオーガニック商品に対するニーズは少しずつだが着実に大きくなってきている。農林水産省が行なった推計では，2017 年におけるオーガニック市場の規模は 1850 億円であり，2009 年から年率換算で 4.5％拡大している。国内の

図 9-2　代表的なオーガニック認証ラベル

USDA オーガニック
（アメリカ）

ユーロリーフ
（EU）

有機 JAS
（日本）

大手スーパーマーケットのイオンはオーガニック食品の取扱構成比を増加させている。2016 年にはフランスのオーガニック食品専門スーパーマーケット Bioc' Bon がイオンの出資を受けて日本に上陸した。今後ますますオーガニック市場の規模は拡大していくだろう。

　フェアトレード商品と同様，オーガニック商品も消費者が見た目で判断できるものではないため，認証ラベル制度が重要な役割を果たしている。フェアトレードは統一的な国際基準が整備されているのに対し，オーガニックは国ごと，認証団体ごとにさまざまな基準でオーガニック商品が認証されている。代表的な認証制度として，アメリカの USDA オーガニック，EU のユーロリーフ，日本の有機 JAS がある（図 9-2）。

　消費者にとってわかりやすい認証ラベルだが，現在の審査基準は「市場」としての側面を重視したものになっており，以前のオーガニック運動に不可欠であった要素が軽視されているという批判もある ［Guptill, Copelton and Lucal, 2013 = 2016: 221-22］。たとえば，オーガニック栽培された野菜が輸送される際に消費された化石燃料についての基準，国際フェアトレード認証が定めていたような労働条件や社会的公正についての基準などは，現在のオーガニック認証には盛り込まれていない。現在のオーガニック消費は，身近で手軽なものになったぶん，その意味もあいまいなものになっている。

ローカルフード／スローフード／地産地消
　オーガニック運動が巨大なグローバル・ビジネスに成長し，本来の意味が失

図 9-3　スローフードのロゴ

われていくにつれ，アメリカではローカルフード運動の機運が高まるようになった［桝潟・谷口・立川編著，2014: 第8章］。ローカルフード運動では，地域で生産された新鮮で旬の食品を，複雑な流通システムを介さずに調達し，食すことが目指される。アメリカ各地では大小さまざまなファーマーズマーケットが頻繁に開催され，地域の新鮮な農産物や加工品などが直売できるようになっている。また，CSA（Community Supported Agriculture，地域支援型農業）と呼ばれる，生産者と消費者が流通業者を挟まずに直接的・継続的に農産物を取引する仕組みも成長している。アメリカ農務省が2015年に実施した Local Food Marketing Practices Survey によれば，その年ファーマーズマーケットに参加した農場が4万1156戸，売上高は約7億1000万ドルであった。同様に，CSA は 7398 戸，売上高は約2億2600万ドルであった。

　ローカルフード運動は，2000年代からますます広く展開しており，地域で生産された食材を調達し，レストランやカフェなどで提供する「ファーム・トゥ・テーブル」（Farm-to-table）や「ファーム・トゥ・フォーク」（Farm-to-fork），学校給食で提供する「ファーム・トゥ・スクール」（Farm-to-school）と呼ばれる取り組みもある。こうした一連の運動に賛同し，ローカルフードを食生活の中心とする人々は「ロカヴォア」（locavore）とも呼ばれている。

　アメリカのローカルフード運動よりも一足早く，1980年代後半から，イタリアではマクドナルド出店に対する反対運動をきっかけとして「スローフード」（slow food）運動が始まった。1989年にはスローフード協会が設立され，160 カ国以上に展開する国際的な運動へと発展し，カタツムリを模したロゴでおなじみになっている（図 9-3）。日本でも，2004年に Slow Food Japan が発足した。「テッラマードレ」（Terra Madre，母なる大地）と呼ばれる国際ミーテ

ィングが定期的に開催され，世界中から食の生産者，研究者，活動家などが集まり，さまざまなテーマで議論が行なわれている。

スローフード運動は，"buono, pulito e giusto" というわかりやすいスローガンを掲げ，人々の支持を集めてきた。buono（おいしい）は，質がよく風味豊かで旬の食品であること，pulito（きれい）は，環境や健康にやさしい生産・消費であること，giusto（正しい）は消費者が入手しやすい価格で提供されること，生産者・労働者が適正な労働条件と報酬を得ることを意味している。当初，ファストフードやファストライフへのアンチテーゼ，地域の伝統的食文化の保護として開始されたスローフード運動だが，今では環境問題や社会的公正といった社会的要請を盛り込んだものになっている。

日本におけるローカルフード運動の潮流は，「地産地消」（地域で生産したものを地域で消費すること）という言葉で表現されている。日本では，農林漁業の振興，食料自給率の向上，地方創生などと関係しつつ 1990 年代から草の根運動というよりは農業政策として国・地方自治体・農協によって主導されてきた。当時，小売店で安価な輸入農産物の取り扱いが増加し，食の安全・安心への関心が高まったことも契機となった。2005 年の「食料・農業・農村基本計画」では地産地消の推進が盛り込まれ，10 年 12 月には「地域資源を活用した農林漁業者等による新事業の創出等及び地域の農林水産物の利用促進に関する法律」（六次産業化・地産地消法）が公布された。そこでは，①生産者と消費者との結びつきの強化，②地域の農林漁業及び関連事業の振興による地域の活性化，③消費者の豊かな食生活の実現，④食育との一体的な推進，⑤都市と農山漁村の共生・対流との一体的な推進，⑥食料自給率の向上への寄与，⑦環境への負荷の低減への寄与，⑧社会的気運の醸成及び地域における主体的な取組を促進すること，が掲げられ（同法 26 条～33 条），これらに則ったかたちで国・地方公共団体が促進計画を策定し，必要な施策を策定し実施することが定められている（同法 34 条・35 条）。具体的には，必要なインフラ整備，直売所，学校給食における地域農産物の利用，地域農産物の安定供給，食育，人材育成，国民の理解・関心，調査研究，多様な主体の連携を推進することがあげられている。

以上のような食のローカル志向においては，産業化とグローバル化がもたら

すさまざまな問題の解決が共通の目的となっている。すなわち，作り手の顔が見える農産物によって食の安全・安心を確保すること，もともと結びついていた食と地域のつながりを取り戻し，コミュニティや伝統的な食文化を維持させること，衰退する農業を地域で支え，地域経済を活性化させること，最初の生産地から最終消費者までの食料の移動距離である「フードマイル」(food miles) を減らし，環境負荷を小さくすることである [Lang and Heasman, 2004 = 2009: 240]。

ヴィーガニズム

「ヴィーガニズム」(veganism, 完全菜食主義) とは，動物由来の製品を摂取したり使用したりしない態度のことであり，そうした人々を「ヴィーガン」(vegan, 完全菜食主義者) という。ヴィーガン以前に「ベジタリアニズム」(vegetarianism, 菜食主義) や「ベジタリアン」(vegetarian, 菜食主義者) という概念のほうが先に定着したが，これには多くの種類がある。牛・豚・羊などの畜肉を食べないことは共通しつつも，牛乳・乳製品，卵，魚介類，鶏肉を食べるかどうかでさまざまな種類のベジタリアンが存在する。IVU (International Vegetarian Union, 国際ベジタリアン連合) の定義では，乳製品，卵，はちみつを摂取する人もベジタリアンの範囲に含まれる。一方，ヴィーガンはそれらを一切摂取しない。食品ばかりではなく，皮革，毛皮，ウール，シルク，ダウン，フェザー，真珠，象牙などが使われた衣料品，靴，バッグ，装飾品，インテリア用品などももたない。動物性油脂が使われた石鹸，シャンプー，化粧品なども使わない。

ヴィーガニズムの歴史は浅くないが[4]，近年，かつてないほどにヴィーガン市場が拡大している。欧米では，ヴィーガン料理専門店が多く見られ，通常のレストランでもグルテン・フリー食を示す"GF"とともにヴィーガン食を示す"VG"とメニューに表記しているところが多い。多くの航空会社の国際線の機内食でも，アレルギーや宗教に対応するメニューのほかにヴィーガン・メニューが用意されている。植物由来の代替乳のニーズが高まり，豆乳，ココナッツミルク，アーモンドミルク，オートミルク，ライスミルクなど商品の多様化が進んでいる。そればかりではなく，Beyond Meat をはじめとする植物由

来の代替肉が新しい産業として注目を集め，すでに大手ハンバーガーチェーンではそれらを用いたメニューが提供され始めている。

　ヴィーガンであることを公表しているハリウッド・セレブ，ミュージシャン，アスリートたちも多く，ヴィーガン人口の増加に影響を与えている。イギリスのヴィーガン協会である The Vegan Society によれば，イギリスでは 2014 年に 15 万人（人口比 0.25%）だったヴィーガン人口が，16 年に 27 万 6000 人（0.46%），18 年に 60 万人（1.16%）にまで急増している。アメリカのシンクタンク Pew Research Center が 2016 年に実施した調査によれば，9% が「厳格な」または「概ね」ベジタリアン／ヴィーガンだと回答したが，その割合には世代差があり，50 歳以上では 5% であったのに対し 50 歳未満では 12% であった ［Funk and Kennedy, 2016］。

　ヴィーガニズムの中心理念には「アニマル・ライツ」（animal rights，動物の権利）の尊重がある。The Vegan Society によるヴィーガンの定義「食料，衣服，その他の目的のために用いられる動物に対するあらゆる形の搾取や虐待を可能な限り排除しようとする生き方」を見ても，それは明らかである。しかし近年のヴィーガン市場の急成長には，それ以外の理由が大きく寄与している。市場調査会社 Mintel がイギリスで実施した調査によれば，肉を食べない人のうち半数以上が「アニマル・ウェルフェア」（animal welfare，動物の福祉）を理由にあげていたが，健康や環境と回答した人も 3 割以上いた。また，肉の消費を抑えることに関心をもっている人においては，健康を理由とする人が最も多かった。前述した Pew Research Center の調査では，健康的で栄養豊富な食に注意している層に占めるベジタリアン／ヴィーガンの割合（22%）は注意していない層（3%）に比べかなり大きかった。

　以上から，肉食や乳製品の摂取と癌，心疾患，糖尿病などとの関連性を示唆する研究が発表され，菜食がそれらの予防に有効であることが伝えられるにつれ，ヴィーガニズムが再評価されるようになったと考えられる。健康の追求をおもな動機とする層にとって，食品以外を植物由来の製品に限定する意味はあまりない。そのため，ヴィーガン・フードを食べるがその他についてはこだわらない「ダイエタリー・ヴィーガニズム」（dietary veganism）と，衣服や化粧品などを含む動物由来製品を一切利用しない「エシカル・ヴィーガニズム」

(ethical veganism) という区別も生じている。

　もう一つ，近年ヴィーガニズムを助長している動機は，環境への配慮である。環境保護の観点からは，肉製品や乳製品の生産には，植物由来製品よりも多くの資源が必要であり，環境負荷が大きいことはもはや常識となっている[UNEP, 2010]。肉食から菜食への転換は，土地利用，温室効果ガスの排出，土壌酸性化，富栄養化，淡水採取量を大きく減少させる可能性を示唆する包括的な研究もある [Poore and Nemecek, 2018]。なかでも，牛肉の生産がもたらす環境負荷は他の食料よりもかなり大きく，問題視されている。たとえば，牛肉 1kg を生産するのに必要な温室効果ガス排出量は，豚肉の約 9 倍，鶏肉の約 10 倍と推定される。

コラボ消費

　草の根から始まった運動としての側面をもつ以上の各潮流とは異なるものの，2000 年代以降世界的に急速に拡大している「シェアリング・エコノミー」(sharing economy) の利用，すなわち「コラボ消費」(collaborative consumption) も持続可能性の観点から注目される。

　シェアリング・エコノミーとは，「プラットフォーム」と呼ばれるインターネット上のマッチング・サイトまたはマッチング・アプリを介して，ある人が保有する遊休資産を他の人と取引できる一連の経済的な仕組みのことである。プラットフォーム上で消費者間取引が行なわれる遊休資産には，不動産やモノのように有形のものから，移動手段やスキルのように無形のもの，そしてお金などがある。個人の持ち家に宿泊できる「民泊」，一般のドライバーが運転する自家用車で移動できる「ライドシェア」，私有地内にある空き駐車スペースを利用することができる「駐車場シェア」，個人が使っていない所有物（自転車，子育て用品，レジャー用品など）を貸し借りできる「モノシェア」，個人のもつスキル（家事，修理・組み立て，趣味・習い事など）を空き時間に提供・享受することができる「スキルシェア」，個人の余裕資金を貸し借りすることができる「P2P（Peer to Peer）レンディング」など多種多様なサービスが存在している。

　シェアリング・エコノミーは，新しいビジネスモデルというばかりではなく，

大量生産・大量消費と私有を基盤とする既存の経済社会システムを刷新する潮流として社会科学分野で広い関心を集めている。シェアリング・エコノミーのバイブル的な書物『シェア──〈共有〉からビジネスを生みだす新戦略』では，モノを所有することがアイデンティティや幸福と結びついていた物質主義の時代が終わりを告げ，必要なときにのみモノにアクセスする時代の到来が予見されている［Botsman and Rogers, 2010＝2010］。この「所有からアクセスへ」の転換には，環境負荷を軽減させる効果やコミュニティを形成する効果も期待されている。

現在の過剰消費や使い捨て型のライフスタイルがシェア型のライフスタイルに置き換わっていけば，たとえ消費者が意図しなかったとしても，結果として環境問題に好影響をもたらす可能性が指摘されている。これまで新しもの好きの消費者は，気になる新商品を次々に買っては捨てていた。しかしシェアリング・エコノミーでは，新商品を借りたり，買った商品をすぐに転売したりすることがプラットフォームを通じて容易に実現できるようになる。このシステムの中では，新しもの好きの消費者が自分の消費態度を改めることなく資源が循環するようになる。

ただし，コラボ消費が環境問題に与える影響は複雑である。たとえば，民泊やライドシェアによって旅行や自動車での移動が安価になれば，そのぶん消費者は消費量を増やすかもしれない。また，民泊のホストやモノの売買で得られたお金で今まで以上に環境負荷の高い消費財を購入する消費者がいるかもしれない。こうした波及効果を考慮した上で，コラボ消費が環境に好影響を与えるか悪影響を及ぼすかを総合的に評価すべきであろう［Schor, 2014］。

見知らぬ他者とプラットフォーム上でマッチングされるコラボ消費には，現代社会において失われたソーシャル・キャピタルやコミュニティを再生する可能性も期待されている。R. ボッツマンとR. ロジャースは，「ハイパー消費主義」が利己心や私有感覚の先鋭化を招き，ソーシャル・キャピタルを弱体化させてきたが，シェアリング・エコノミーの普及によって取り戻すことができると主張している［Botsman and Rogers, 2010＝2010: 68］。

たしかに，モノ，空間，スキルなどのコラボ消費を通じてつながりができ，ある種の絆が形成される契機はあるだろう。また前提として，コラボ消費の成

立には多かれ少なかれ他者への信頼が必要である。ライドシェアではドライバーと，民泊ではホストと，モノシェアでは貸し手と，スキルシェアではスキルの提供者と新しい出会いや交流が生まれることもあるかもしれない。ただし，こうした可能性は，CtoC（消費者間）取引が前提であることに注意しなければならない。BtoC（企業—消費者間）取引であるカーシェアリングやバイクシェアリングにこの議論を適用することはできない[5]。また，コラボ消費を通じたちょっとした交流がコミュニティの創発まで発展するかどうか，地理的制約のないインターネット上のやりとりが地域活性化につながるかどうか，プラットフォームに実装されている相互評価機能が他者への信頼性にどのような効果をもたらすかなど，今後検証されるべき点は多い。

3　持続可能な消費社会の条件

持続可能型消費の共通化

　前節では，持続可能型消費の六つの潮流を取り上げた。各潮流は，それぞれメイン・ターゲットとする社会問題を設定しながらも，思いのほか広範な問題を射程に入れており，共通する部分も多かった。グリーンコンシューマリズムは，環境にやさしい消費を追求しながらも，「グリーンコンシューマー10原則」に示されているように，健康への影響や作り手への公正な分配にも配慮していた（表9-2）。フェアトレードは，グローバル経済における先進国と開発途上国の不均衡を是正することを目指しながらも，認証ラベルの要件には「環境的基準」が設けられていた。オーガニック運動は，化学物質や遺伝子組み換え作物（GMO）などを排除した安全で健康的な食生活を求めるものだが，当初は環境運動としての側面も強かった。ローカルフード運動は，食の安全・安心と地域社会の活性化を主として目指すものだが，環境や社会的公正にも目を配っていた。ヴィーガニズムは，アニマル・ライツの保護を主眼としながらも，近年は健康的・環境的観点から支持を集めていた。コラボ消費は，他の持続可能型消費とは性格が異なるが，遊休資産の効率的な活用を目的としつつ，環境負荷を軽減させ，コミュニティを再生する効果も期待されていた。

各潮流にはほかにも共通点がある。それは，社会問題の解決を禁欲的に目指すのではなく，消費による充足感や楽しさを追求するという面も多分に含まれているということである。ロハス，オーガニック，ヴィーガニズムが提案する健康的で美しいライフスタイル，フェアトレード運動が努めた品質の向上や市場・消費者志向への転換，スローフード運動が掲げた「おいしい」というスローガン，コラボ消費で得られるローカルな体験など，社会的配慮には収まらない価値の実現を消費者に訴求する。つまり，これらの持続可能型消費は，まさに「文化的消費」と「社会的消費」が一体となった「第3の消費文化」（第5章第3節）なのである。

　このように，現在ではさまざまな持続可能型消費の実践が共存し，どのような消費がどのような観点から持続可能なのか議論が展開される一方で，そのイメージについては社会的な共通認識が生まれつつある［間々田，2016: 435］。

エシカル消費

　持続可能型のイメージについては，第5章で述べた「社会的消費」（第3の消費文化の第1の原則）という概念がほぼ的確に示しているが，それとやや内容が異なるものの，最近では「エシカル消費」（ethical consumption）という言葉が盛んに用いられている。"ethical"は，「倫理的，道徳的」という意味である。消費者庁の消費者基本計画では，エシカル消費を「地域の活性化や雇用なども含む，人や社会・環境に配慮した消費行動」と定義している［消費者庁編，2019: 81］。この定義には，前節で取り上げた六つの持続可能型消費の要素が詰め込まれており，アニマル・ライツについては触れられていないものの，エシカル消費の包括性が表われている。それらの要素の共通点は，消費選択が，消費者自身だけではなく，消費者をとりまく外的世界にもたらす影響に配慮することである［Harrison, Newholm and Shaw eds., 2005: 2］。

　エシカル消費という言葉自体は，1989年にイギリスで創刊された雑誌 *Ethical Consumer*（倫理的消費者）によって広まったとされる。*Ethical Consumer* は，Ethiscore という独自の評価システムによって，エシカル消費の実践を推進してきたことで知られる。Ethiscore は，五つのメインカテゴリ（動物，環境，人，政治，持続可能性）に分類された19トピックスの観点から企

表9-3 Ethiscore の評価基準

動物	環境	人	政治	持続可能性
・動物実験 ・工場的畜産 ・アニマル・ライツと虐待	・環境レポート ・気候変動 ・汚染と有毒物質 ・生息地と資源 ・パーム油	・人権 ・労働者の権利 ・サプライチェーンマネジメント ・無責任なマーケティング ・武器と軍用品	・反社会的金融 ・ボイコット ・問題のあるテクノロジー ・政治的活動	・社風 ・製品の持続可能性（オーガニック，フェアトレード，エネルギー効率，ヴィーガン／ベジタリアン製品）

（出所）　筆者作成。

業・ブランドの格付を行なう包括的な評価システムである（表9-3）。各企業・ブランドの評価スコアは，誌面やウェブサイトで公開されており[6]，消費者はそのスコアを参考にしながら，自分の信条に沿ったブランドを選択することができる。たとえば，アニマル・ライツやアニマル・ウェルフェアの問題については「動物」，労働問題については「人」，政治献金の有無や多寡については「政治」の評価を参照しつつ企業・ブランドを選択すればいい。

　Ethiscore はイギリス企業やイギリスで流通するブランドを対象としたものだが，現在では世界各国に類似のエシカル評価サイトが存在し，スマートフォンの普及とともにエシカル評価アプリへと変化している。たとえば，GoodGuide（アメリカ），CodeCheck（スイス），myLabel（フランス），ファッションに特化した Good On You（オーストラリア）などのアプリには多くの利用者がいる。

　エシカル消費の課題の一つは，どのような商品の選択がどのような観点から望ましいかという情報が入手しづらく，また，入手できたとしても解釈するのに手間がかかるということである。たしかに，ある食品の製造プロセスに環境負荷の大きな化学物質が用いられているかどうか，あるアパレルブランドが途上国で低賃金労働を強いているかどうか，ある化粧品が動物実験によって安全性を確認しているかどうか，というようなことを一つひとつの企業・ブランド・商品レベルで調べることは一般の消費者にとって容易ではない。しかしこれらのアプリを利用すれば，スマートフォンで商品バーコードを読み取るだけ

で評価スコアが示される。先進国の成熟した消費社会に限った話ではあるが，ごくふつうの消費者が手軽にエシカル消費に参加できる環境が整ってきたのである。

　では，エシカル消費をめぐる日本の現状はどうだろうか。日本でエシカル消費という言葉が少しずつ用いられるようになったのは 2010 年代に入ってからである。入門書が刊行され［デルフィス エシカル・プロジェクト編著，2012；末吉，2016］，ファッション誌やライフスタイル誌が「エシカルファッション」「エシカルコスメ」「エシカルジュエリー」などの特集を組むようになり，「エシカル」を冠した商品やキャッチコピーも増えている。ただし，ショッピングガイドブックやエシカル評価アプリも存在するものの，日々の買物で活用できるほど充実した内容とはなっておらず，一般の消費者にとってはまだ実践しやすいものではない。

　行政サイドからは，消費者庁が 2015 年から 17 年まで「『倫理的消費』調査研究会」を開催し，エシカル消費を浸透させるための取り組みを模索する調査研究を実施した。さらに，エシカル消費の推進を掲げる地方自治体も誕生している。消費者庁の一部（新未来創造戦略本部）がある徳島県は，2017 年 2 月に「とくしまエシカル宣言」を実施した。また，同年 7 月から，同宣言の趣旨に賛同して「エシカル消費自主宣言」を行ない，エシカル消費の推進に取り組む県内の事業者や団体を募集している。2020 年 8 月現在，県内 45 の企業，銀行，病院，学校，協会，NPO，自治体などが自主宣言を行ない，各々の取り組みを公表している。

　第三セクターからは，2014 年に日本エシカル消費推進協議会，15 年に一般社団法人エシカル協会が設立され，エシカル消費の啓蒙活動などを行なっている。また，環境保護やフェアトレードなどを推進する団体が集まって設立した「消費から持続可能な社会をつくる市民ネットワーク」が「企業のエシカル通信簿」プロジェクトを 2016 年から開始し，Ethiscore のような企業評価を行なっている。

　以上のように，日本におけるエシカル消費の動きはまだ緒についたばかりであるが，2010 年代後半から SDGs（とりわけ本章第 1 節で示した「12 つくる責任 つかう責任」）の浸透と連動しながら産官民において取り組みが活発化している。

持続可能型消費の課題

　最後に，持続可能型消費の課題をいくつか指摘する。

　第1に，とりわけ日本における課題として，なによりもその認知度の低さが指摘される。消費者庁「『倫理的消費（エシカル消費）』に関する消費者意識調査」では，関連用語の認知度を2回にわたって測定している（図9-4）。その結果によれば，「エコ」は過半数，「ロハス」「フェアトレード」は2〜3割の消費者が認知していたのに対し，「サステナビリティ」「倫理的消費（エシカル消費）」「エシカル」といった比較的新しい三つの言葉は1割程度にしか認知されていなかった。だが，3年間の変化率を見ると，これら三つが急速に知られるようになってきており，同時に，「知っているものはない」と回答した人が大幅に減少している。加えて，同じ調査の別の質問では，エシカル消費に「非常に興味がある」または「ある程度興味がある」人が2016年度の35.9%から19年度の59.1%まで大きく増加した。エシカル消費に対して「これからの時代に必要」と回答した人も2016年度の29.3%から19年度の51.8%まで2割以上増加した。

　以上により，言葉の認知度は依然として低いものの，その考え方と必要性については漠然とした関心がもたれていることから，エシカル消費は今後着実に浸透していくと考えられる。「倫理的」ではなく「エシカル」という訳語が当てられたこともうまく作用し，今は「少し革新的で少しおしゃれな人・動物・地球にやさしいライフスタイル」というイメージをまとった目新しい言葉として受容されつつある段階である。よりいっそうの普及には，毎日の買物でエシカル消費が実践しやすい環境の構築が鍵となる。

　第2に，持続可能型消費の認知度が向上し，持続可能性が商品の付加価値として消費者に認識されるようになると，実質をともなわない虚偽的な持続可能型企業や持続可能型商品が登場するようになることである。企業が，実際はそうでないにもかかわらず，利益のために「環境にやさしい」という偽りのメッセージを用いて自社の商品や活動をアピールすることを「グリーンウォッシング」（greenwashing）というが，これをどのように回避するかは持続可能型消費全体についても課題となる。フェアトレードやオーガニックのように認証制度によって保証されていれば，消費者は認証ラベルを見て判断することができ

図 9-4 エシカル消費関連用語の認知度

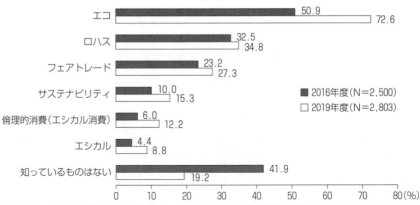

エコ　50.9　72.6
ロハス　32.5　34.8
フェアトレード　23.2　27.3
サステナビリティ　10.0　15.3
倫理的消費（エシカル消費）　6.0　12.2
エシカル　4.4　8.8
知っているものはない　41.9　19.2

■2016年度（N=2,500）
□2019年度（N=2,803）

0　10　20　30　40　50　60　70　80(%)

（出所）　消費者庁「『倫理的消費（エシカル消費）』に関する消費者意識調査」（2016年度，2019年度）をもとに筆者作成。

る。しかし持続可能型消費を全体として見れば，多様な認証ラベル制度をもつ多様な潮流が含まれるため，これ以上認証制度を整備することは無理がある。その結果，「サステナブル」「エシカル」という言葉が根拠をともなわない使ったもの勝ちの空虚なキャッチコピーとして濫用され，陳腐化を招きかねない。

　それを回避するには，消費者が虚偽情報を見分けられる手段を身に付けなければならない。そのために消費者教育の充実が主張されることが多い。だが，企業活動や商品の持続可能性は，生産プロセスやグローバルなサプライチェーンに関わることであり，一般の消費者が虚偽表示や誇大広告を検証するのは困難である。やはり，行政や第三セクターによるチェックや Ethiscore のような評価システムによって容易にアクセスできるデータベースが構築され，そこに網羅的で充実した企業・ブランドの情報が登録されていくことが望まれる。もちろん，本章第1節で述べたように，企業側は CSR の理念を守り，投資家は ESG 投資によって持続可能な企業活動を支援することが求められる。

　第3に，高い価格である。前述したように，持続可能型商品は通常の商品と比較してどうしても価格が高くなる傾向にある。通常のスーパーよりもオーガニック専門スーパーに置いてある商品のほうが高いし，最低価格や「プレミアム」の設定があるフェアトレード商品も同様である。ファストファッションブ

ランドの衣服よりもオーガニック素材やフェアトレードにこだわるエシカルファッションブランドの衣服のほうが当然高価である。この価格差が消費者行動に与える影響は現実問題として大きく，たとえ持続可能型消費に関心をもっていても経済的に余裕がなければ持続可能型商品の購入に至らないことになる。

これについては，よりいっそう市場が拡大することによって，商品の価格帯も多様化し，幅広い所得階層の消費者が利用可能なものになると思われる。実際，巨大なオーガニック市場をもつアメリカでは，さまざまな価格帯のオーガニックスーパーが存在し，それらのプライベートブランドは比較的低価格で提供されている。また，ファーマーズマーケットや CSA をうまく利用すれば節約にもなる。衣料品の場合も同様で，エシカルファッション市場には高級ブランドから中価格帯のブランドまで幅がある。リサイクルショップやフリマアプリを活用すれば，さらに節約になるだろう。商品や流通の選択肢が充実しさえすれば，工夫しだいで多くの消費者が持続可能型消費を実践できると思われる。

環境，人権，アニマル・ライツなどさまざまな側面から持続可能性を追求する消費のあり方は，今後も新しい社会課題が現われるたびにカバーする範囲を広げていくと思われる。また，さまざまな分野のテクノロジーがいっそう進歩し，新しい商品・サービスとして市場に送り出されるとともに，消費する側の倫理もますます問われるようになるだろう。

課　題

1. 本章では，SDGs の 17 目標のうち「12 つくる責任つかう責任」の具体的なターゲットを確認したが，他の目標にも持続可能型消費と関係のあるターゲットがないか，条文を調べてみよう。また，「ISO26000 対照表」をインターネットで検索し，日本企業がどのような CSR 活動に取り組んでいるか調べてみよう。
2. 本章で紹介したエシカル評価サイトやアプリを利用し，ふだん自分が利用している商品ブランドがどのように評価されているか調べてみよう。
3. 「エシカル消費自主宣言」を行なっている徳島県の事業者や団体がどのような取り組みを行なっているかインターネットで調べてみよう。

注●────────────

1) 「環境と開発に関する世界委員会」は委員長であったノルウェー首相（当時）の名を冠して「ブルントラント委員会」，『地球の未来を守るために』は「ブルントラント報告」とも呼ばれた。

2) 正確には，2004 年に Fairtrade International から分離独立した認証機関 FLOCERT が認証業務を行なっている。他のラベルとして，WFTO（World Fair Trade Organization, 世界フェアトレード機関）がフェアトレード団体を認証するのも有名である。また，フェアトレードに取り組む自治体を認定するフェアトレード・タウン運動も存在する。2020 年 8 月現在，全世界で 2,030 都市，日本では 6 都市（熊本市，名古屋市，逗子市，浜松市，札幌市，いなべ市）が認定されており，他に取得を目指している自治体がいくつかある。

3) 2017 年の国別売上げ（単位：ユーロ）のトップ 5 は，イギリス（22.6 億），ドイツ（13.3 億），アメリカ（9.9 億），スイス（6.3 億），フランス（5.6 億）であり，日本（0.9 億）よりも市場規模がはるかに大きい。

4) 精進料理や宗教食のように肉食を忌避する食文化は歴史上にも散見されるが，ヴィーガンという言葉自体は，1944 年，The Vegan Society 設立時，設立者の一人である D. ワトソンが作った造語である。ワトソンは，牛乳も卵も食べない厳格なベジタリアンを表わすために，Vegetarian の最初 3 文字と最後 2 文字をとって Vegan という語を考案したという。

5) シェアリング・エコノミーには，CtoC 取引で貸し借りを行なう狭義のコラボ消費を中心として，BtoC 取引や CtoB 取引による広義のコラボ消費も含まれるのが一般的である。

6) *Ethical Consumer* のウェブサイト（https://www.ethicalconsumer.org/）を参照。ただし，すべての情報を参照するには定期購読料を支払う必要がある。イギリスのエシカル評価サイトには，The Good Shopping Guide（https://thegoodshoppingguide.com/）もあり，環境，動物，人，その他の観点から格付が行なわれている。

終　章　消費社会の将来に向けて

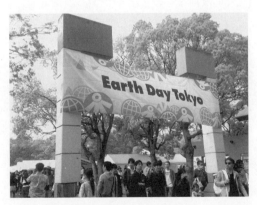

新しい消費社会を作り出そうとする動きは，すでにさまざまな形で生じている。持続可能な暮らし
を考える催し「アースデイ東京」（2019 年，代々木公園）と，上質な暮らしを追求するライフスタ
イル月刊誌 PEN（2020 年 11 月 15 日号）の特集

（撮影：間々田孝夫〔左〕，CCC メディアハウス社提供〔右〕）

1 消費社会の本質

豊かで問題に満ちた消費社会

消費社会は，人類の歴史上最も物質的に繁栄した社会であり，最も多数の人々が豊かな消費生活を送っている社会である。そしてその限りでは，消費社会は成功した社会であり，肯定的に評価されるべきものである。

しかし消費社会は，けっしていいことずくめの社会ではない。

第3章で述べたように，消費社会では，私的消費と公共消費がアンバランスになりがちである。消費者問題が生じ，消費者は健康被害や経済的不利益を受けやすくなっている。消費者間の階層格差が拡大し，社会的不安定をもたらす傾向にある。先進国の消費社会化によって，発展途上国は経済的利益を得る面もあるが，他方では，雇用，労働条件，健康，環境などの面で不利益を被ることも少なくない。人間の精神も，生産と消費の間でバランスを欠きがちである。そして，第8章で詳しく述べたように，消費社会は自然環境にかつてないほど大きな変化を生じさせ，資源の不足，環境の悪化を引き起こしている。環境問題は，人類の生存にさえ関わりかねない深刻なものとなりつつある。

このように，消費社会は豊かな社会ではあるが，けっして手放しで喜べる社会ではない。人々は，すでにそのことにうすうす気づいているが，その思いは漠然としており，どこが問題なのか，何が起こりそうなのか，どうすればいいのかについて，まだ十分自覚していない。本書の目的の一つは，その漠然とした思いをはっきりした知識に変えることにあった。

消費社会のメカニズム

それでは，以上のような問題をはらんだ消費社会は，どのようなメカニズムで動いているのだろうか。本書では，第Ⅰ部でこの点についてさまざまなことを述べた。

かつて，この点についてわかりやすい見方を提供していたのは，第1章で紹介したガルブレイスの依存効果論であった。依存効果論では，企業が広告等の

活動を通じて消費者を操り，欲望を生じさせて需要を作り出していると考える。依存効果論の考え方に従えば，資本主義社会における消費は，利益を上げようとする企業の意思に基づいて作られているのだから，上記のようなさまざまな問題は当然起こってもおかしくない，ということになる。

　しかし，第2章で論じたように，広告やその他の企業側からのプロモーション活動の働きには限界があり，需要を作り出す働きは，むしろ企業が消費者の欲望を察知して，それに見合った製品を作るという活動に負うところが大きいものであった。広告等はミクロのレベルで，しかも一部の消費財について効果をもつにとどまり，よりマクロなレベルになればなるほど，その効果は疑わしくなってくる。

　他方，第5章で紹介したボードリヤールらの消費記号論では，広告よりも地位を表示する消費財や，細かな差異を付与された消費財の働きが強調される。前者は高級ブランドや高級車など，後者はファッションや雑貨における見た目の違いや，自動車，電化製品などのわずかな改良などである。これらが消費者を惹きつけて，実質的な消費財の改良がともなわなくても大きな需要を作り出すと考えられた。しかしこういった現象についても，広告と同様に，ミクロレベルの，部分的な効果にとどまるものであり，マクロの消費需要全体の拡大に結びつくとは判断しにくい。

　依存効果論と消費記号論は，いずれも資本主義システムや企業の力を非常に大きいものと考えているが，その見方は，冷静に判断する限り消費社会の本質を的確にとらえたとはいいがたいものである。日本社会において，最近30年ほどの長い間，膨大な広告や差別化された商品の投入にもかかわらず，その多くが挫折し消費者需要が停滞しているという現実を直視するなら，これらの見方が適切でないことは歴然としている。

　筆者（間々田）は，消費記号論が盛んだった時期の消費社会の見方を「80年代的消費社会論」と呼んでいるが，それが消費社会のメカニズムを見誤ったのは，かつて広告や差別化が非常に活発化した時期が，バブル経済など消費の伸びた時期と重なり，前者が後者の決定的原因であるように思われたからかもしれない。しかし，冷静に考えれば，同時に生じた現象を安易に因果関係と思いこんだだけであり，きちんとした検証を経たものではなかったのである。

主体性をもつ消費者

　そして，80年代的消費社会論が現実を見誤った大きな原因となったのが，消費者が受動的に企業側の働きかけに応じるという，安直な前提であった。

　実際には，消費者は，広告を疑ったり，無視したり，差別化された商品に魅力を感じなかったり，といった主体的な判断を下すことができる。もちろん，常にそうであるわけではないが，消費者がもっぱら受動的で外からの刺激に従うという見方は非現実的である。消費者の反応しだいで，企業側の働きかけが不発に終わることは十分考えられる。

　かつて近代経済学は，消費者が確固たる意思や主体性をもって消費を決定していると考えた。それに対して，80年代的消費社会論の消費者のとらえ方は反対の極を示している。しかし，どちらも誇張された見方であり，現実をとらえそこなっている。

　現実の消費を丹念に観察し，また自分自身の消費行動を振り返ってみるならば，消費者が周囲の人々や，企業の働きかけを含むさまざまな環境要因の影響を受けていることは確かであるが，同時に，消費者は自分の嗜好や価値観，さまざまな判断に基づいて行動しているのであり，環境要因だけが消費を決めているわけではない。

　人間が行動する際には，社会環境要因と心理的要因の両方に基づいて行動するというとらえ方は，20世紀後半の行動科学が到達した基本命題であり［間々田，1991］，消費についても当然当てはまるものである。消費者は，さまざまな社会環境に影響されつつも，内面にある価値観，嗜好，経験などに従って消費するのであり，その限りで一定の主体性をもっている。もちろん，それらの心理的要因も社会環境の影響を受けて形成される面が大きいが，そのメカニズムはたいへん複雑であり，簡単に誰かが操れるものではない。

　たとえば，海外ブランドのバッグの消費は，日本の階層のあり方，景気動向，為替レート，そして広告や企業側の巧みな商品差別化などに影響されるが，消費者の消費の優先度（何を一番ほしがるか），自己顕示欲，過去のブランド品の評価などによって，大きく異なってくる。こういった消費者側の要因を無視して消費社会のメカニズムを想定することは，きわめて不適切なのである。

2 変動する消費社会

変化する消費と消費社会

　現代社会は絶え間なく変化しており，消費社会のあり方もその例外ではない。

　消費社会は，めまぐるしく変化するファッションの流行や，年々性能が向上する機械製品など，物質的要素の細かい変化を繰り返しながら，それを通じて，精神的要素，社会的要素（序章を参照）を含めた大きな変化を惹起し，全体的に変化していく。本書ではこのような「消費社会の変動」にも着目し，第Ⅱ部でさまざまな観点から論じた。

　かつて，消費社会は固定的なメカニズム（たとえば記号的な消費）が作用する社会だと考えられていて，消費社会のあり方全体が変動していくとは想定されていなかった。しかし，消費社会が成立してから数十年を経た現在では，もはやそれを無視することができない時期に差し掛かっている。

　消費社会の変動の具体的内容は，次の三つに分けることができるだろう。

　第1は，消費者が望むことが変化することによって生じる変動である。消費者が望むことの変化とは，消費社会が人間のさまざまな欲求を実現させるにつれて，新たに別の欲求が発生することを意味している。人間は素朴な欲求から出発し，それが満たされると，しだいにより実現しにくい欲求をもつようになる。

　これは，消費社会の精神的要素の変化といえるが，その欲求を実現するため，消費されるもの（物質的要素）が変化し，また社会の仕組みも変化していく（社会的要素）。

　第2は消費社会がもたらすさまざまな問題を解決するために生じる変動である。消費社会は第3章に示したような諸問題を生みだすが，それらを解決するためには，消費者と消費社会がさまざまな面で変化して，それに対処せざるをえない。これらの諸問題は消費社会の社会的要素であるが，その深刻化とともに，消費者の消費に対する考え方は変化し（精神的要素），消費されるものが変化し（物質的要素），消費社会の仕組みも変わっていく（社会的要素）と考えら

れる。

　第3は消費社会を取り巻く，それ以外の社会環境が変化したことによって生じる変動である。現代社会では，消費社会の外部に，さまざまな大きな変化が生じている。第6章で取り上げたリスク社会化や，第7章で論じた情報化がそれに当たる。消費社会は，こういった社会環境の変化によってもさまざまな影響を受け，物質的要素，精神的要素，社会的要素の変化が生じている。

　現代の消費社会では，これら三つが重なり合って複雑な変動が生じている。

三つの消費文化

　第5章では，この三つのうち，消費者の望むことの変化と，消費社会の問題の解決に注目しつつ，三つの消費文化が存在することを示した。

　第1の消費文化とは，便利で機能が優れ，価格も安い製品を追求し（第1原則），消費の量的拡大を目指す（第2原則）消費文化で，誰にもわかりやすく，また多くの人々が望むような消費のあり方を示している。

　消費社会の多くは，著しい産業技術の進歩が生じ，そのおかげで便利な電化製品や化学製品が安価に手に入るようになり，持続的に所得水準が上昇していく時代に誕生したものだから，第1の消費文化は消費社会とともに生まれたものといえるだろう。

　第2の消費文化は，それとはまったく異なり，他者に自分が優れていること，自分が個性的であることなどを示そうとする消費と（第1原則），従来とは異なる目新しい消費を追求しようとするものであり（第2原則），具体的には，高級なブランド品を見せびらかしたり，流行の新しいファッションを追ったりすることを表わしている。第2の消費文化は，第5章で述べた消費記号論がとくに注目してきたものであった。

　日本では，高度経済成長期に第1の消費文化が急速に普及し，それが一段落ついた1980年代頃から，第2の消費文化が目立ち始めたために，以前は，第1の消費文化のような実用的で便利なものから，第2の消費文化のような実用性に乏しく記号的な意味をもつものへと，人々が望むものが変わったと考えられた。

　しかし筆者（間々田）の考え方は，それとはまったく異なる。筆者は，人々

の望むものは，実用的で便利なものを求める傾向に，充実感をもたらし，精神的豊かさをもたらすような消費を求める傾向が加わりつつ，しだいに後者の重要性が増大すると考えている。そして，そこで求められる充実感，精神的豊かさなどを文化的価値，そのような消費を文化的消費と呼んでいる。

　近年では，趣味，娯楽，いやし，生活空間の美化など，文化的活動に関係する消費が盛んになっており，人々の幸福追求に大きな役割を果たしている。実用的で便利なものが一通り充実した後に盛んになるのは，むしろこのような文化的消費であろう。このことはデータ上も，日常の実体験からも明らかである。

　文化的価値の追求は，サービスの消費という形をとる場合が多いが，物の形をとることも少なくない。食物を健康のためでなくおいしさを求めて消費する場合，趣味のために道具を用いる場合，観賞用の装飾品を買う場合などは，すべて物の形をとる。

　こういった文化的消費は，現在の消費生活では非常に大きな比重を占め，ほとんどの消費財がこういった性格をもっているといっても過言ではない。この点で，現代の消費者は，より高度化し，複雑化した消費を望んでいるのである。

　消費者が望むことが高度化し，文化的消費に強い関心を向けるようになった時（精神的要素），消費社会の姿は大きく変動し，消費されるもの（物質的要素），それを作り，支える社会的仕組み（社会的要素）も大きく変化していくと考えられる。

　そこで，文化的消費を中心とした，三つ目の消費文化を考えることができるのである。

社会性のある消費と第3の消費文化

　しかしながら，現在の消費社会は，このように文化的消費を充実させ，消費者のより高度な望みを実現するだけでは成り立たなくなっている。

　というのは，第1の消費文化，第2の消費文化が，あまりにも無節操に消費の拡大に邁進した結果，第3章，第8章に示したように，文化的消費が本格化した20世紀末には，消費社会の諸問題がのっぴきならないほど深刻化してしまったからである。言い換えれば，20世紀末には消費社会は持続可能性を失ってしまったのである。

そこで文化的消費の活発化と同時期に，第9章で紹介した，グリーンコンシューマリズム，フェアトレード，オーガニックなど，持続可能性を求めるさまざまな動きが盛んになってきた。一般にはまだよく知られていないが，それらの動きは急速であり，これまでの消費社会とはまったくイメージの異なる消費社会が形成されようとしている。

　これらは，まさにこの節の最初に述べた，消費社会がもたらすさまざまな問題を解決するために生じた変動だといえるだろう。

　さて，そこで問題なのはこういった持続可能性を回復しようとする消費と，上記の文化的価値を追求しようとする消費の関係である。両者はほぼ同じ時期に盛んになったのだが，両者の関係をどう考えるべきだろうか。

　一つの考え方は，文化的価値を追求しようとする消費はぜいたくなものであり，持続可能性の妨げになる，したがって後者のためには前者を抑えるべきだ，というものであろう。

　しかし本書ではそう考えなかった。持続可能性が失われたのは，第1の消費文化，第2の消費文化が無節操に物的消費を拡大させようとした結果であり，文化的消費は，むしろ持続可能性と両立しやすいと考えた。なぜなら，文化的消費は，消費財の量を追求することが相対的に少なく，環境にやさしいことが多いからであり，高度なスキルを必要とするため，発展途上国の労働力に頼れない場合が多いからである。

　また，文化的消費を否定することは，消費社会とそれ以前の消費の営みが目指してきた生活の豊かさという理想を真っ向から否定することになる。現実的な理念としてはまったく成り立たないものであり，けっして広がらない特殊な思想，信条でしかなくなってしまう。

　そこで第5章では，文化的消費を第1原則，消費の社会的影響に配慮し持続可能性を目指すような消費を第2原則とし，それらを同時に追求する消費文化こそが，これからの消費社会が向かうべき方向だと考えた。それが第3の消費文化である。

　第3の消費文化は，二つの原則を両立させながら発展している。上記の持続可能性を回復させようとする動きは，すべて文化的価値の追求を否定しておらず，むしろ積極的に取り入れている。また文化的消費は，持続可能性に配慮す

る傾向を強めていて，いたずらに消費の量的拡大を求めるよりも，質的な高度化を目指す傾向が強まっている。

ただし，第3の消費文化は，上述の第1の消費文化，第2の消費文化を否定し，弱めようとするようなものではない。むしろそれらに付け加わり，しだいに比重を高めていくようなものといえるだろう。

現代の消費社会は，第3の消費文化に重点をおく方向に，大きく変動しているのである。

外部環境の変化

こういった動きとは別に，現代社会には消費社会に影響を及ぼすさまざまな周辺環境の変化が生じている[1]。

第6章で取り上げたリスク社会化は，現代社会を豊かでありながら危ういものにしている。2011年の東日本大震災や最近の新型コロナウイルスの世界的流行は非常に深刻なものであったが，われわれは，それ以外にも健康，身体の安全，経済的安定性，プライバシーなどを脅かす多くのリスクに，日常的にさらされるようになった。

このようなリスクは消費社会にも大きな影響を与え，さまざまなリスクに対して，消費という手段を通じて対処しようとする抗リスク消費が，近年の消費社会では大きく広がっており，新たな消費分野として定着している。

他方，第7章で取り上げた情報化は，より直接的に消費の対象を変化させている。20世紀の末以来の著しい情報通信技術（ICT）の発展は，パソコン，スマートフォン，タブレットなどの情報機器，インターネットを中心とする情報システム，SNS，ショッピング，ゲームなどのソフトウェア（あるいはアプリ）を通じて，情報消費を活発化させ，消費社会の姿を大きく変えた。

情報消費は，情報機器を通じた新しい購入法（ネットショッピングなど），および新しい情報商品（ニュースアプリの料金，ゲームの課金など）という二つの面で目覚ましく活発化した。それらは，消費の内容にとどまらず，消費社会の基本的なあり方さえ変えようとしている。

さてそれでは，これらの変化は，前項で述べた消費文化の変容とどのような関係にあるのだろうか。

三つの消費文化との関係でいえば，抗リスク消費と情報消費（おもにICTを利用した消費）とは，もともとは第1の消費文化的なものであった。これらは，機能的価値をもつ有用なものであり，抗リスク消費の場合にはリスクの軽減あるいは除去，情報消費の場合には情報伝達や情報処理の効率化を目指すものだった。しかし，第3の消費文化が盛んになるにつれ，これらは文化的価値をもち，本来の目的とは異なる意味でもなされるようになった。抗リスク消費が一種の楽しみや心のやすらぎを目指すものとなったり，情報消費が情報それ自体を楽しみ，時間を忘れるほど夢中になるものとなったりなど，機能的価値だけでなく，文化的価値を追求するという面も強くなってきた（第3の消費文化の第1原則）。その点では，第3の消費文化的側面ももつといえるだろう。

　他方，抗リスク消費と情報消費は，第3の消費文化の第2原則とも接点をもっている。

　抗リスク消費はもともと個人的なリスクを軽減，除去しようとするものだが，そのためには社会全体のリスクを軽減，除去することも必要であろう。そのことは，第2原則の社会的配慮に基づく消費とほぼ同じ方向を目指すことにつながる。

　情報消費は，情報というものが，もともと形のない非物的な存在であることから，環境負荷が少なく，消費社会の深刻な問題である資源・環境問題の解決に一役買える。たとえば，電子書籍化は紙とエネルギーの消費を削減できるし，シェアリングエコノミーのマッチングサイトは，資源の有効活用をもたらすと考えられるのである。

　このように，抗リスク消費と情報消費は，さまざまな面で第3の消費文化的側面を含んでいる。しかし，これらは自覚的に第3の消費文化の方向を目指しているわけではないし，その全部が第3の消費文化に含まれるわけでもない。今後は，独自の「運動法則」に従って，第3の消費文化とは異なる消費文化を形成する可能性もある。これらがどのような方向に向かい，どのような形で消費社会を変動させていくか，今後も注意深く見守っていかなければならない。

消費社会に生きる人間

　最後に，これまで消費社会について検討してきたことから，消費社会に生き

る人間の生き方についてどんな示唆が得られるのかを論じておきたい。

　かつて消費者は，企業に利益を与え，経済を支える存在であることから，厚遇され，責任を負わされず，ひたすら甘やかされる傾向にあった。その間，消費者は気の向くままに消費し，消費が社会に何をもたらすかに関心をもつことなく，大量消費の社会を作り出した。その結果，第3章に示したような諸問題が発生したのである。

　これらの中には，消費者ではなく企業や政府，自治体などが責任を負うべきものも少なくない。しかし，環境問題や発展途上国の諸問題については，消費者の行動によって生じたものが多く，消費者はそれらの問題の解決に一定の責任を負う。自分たちが引き起こしたことは，自分たちが解決しなければならないのである。

　これに対して，消費者の責任を問題にしない立場もある。先に述べた80年代的消費社会論では，消費者はマーケティング活動の対象であり，企業に操られる者，あるいは資本主義のシステムの中で他律的に行動させられる存在と見なされた。そのため，消費者が責任を負うべきだとは，とくに考えられなかったのである。

　しかし，このような消費者観が誤っていることは第2章，第5章で述べたとおりである。消費者は，少なくとも現在では，ある程度の自律的な意思をもち，企業側の期待を裏切り，新たな消費スタイルを自ら作り出せるような存在である。このような存在である以上，消費者は無邪気な子供のように甘やかされるべきではなく，消費の結果に責任を負う必要がある。

　したがって，消費社会においてわれわれがなすべきことは，諸問題をよく理解し，その解決に資するような，社会的配慮をともなう消費を心がけることであろう。これまで，消費はきわめて私的な事柄としてとらえられてきたが，私的ではなく社会的なものと考えることが求められている。

　筆者（間々田）は，このような消費を「社会的消費」，それを実行する消費者を「社会的消費者」と呼んできた。これからの消費者に求められるのは，できる限りこの社会的消費を行なうことなのである[2]。

　しかしながら，社会的消費だけでは現代消費社会の人間像を語り尽くしたことにはならない。第4章で述べたように，消費社会の人間は基本的に消費志向

的な人間であり，消費に熱心で消費を通じて自らの幸福を実現しようとする人間である。

消費志向的な人間は，20世紀にはその最も好ましくない面に注目が集まり，警戒され，批判されるべき対象とされた。しかし，第4章の後半で述べたとおり，消費志向のあり方は多様で変化しうるものであり，好ましくない部分だけに注目するのは適切でない。消費志向は，ただ物質的な豊富さを追求するだけではなく，人間をさまざまな制約や抑圧から解放し，また楽しさや美しさ，くつろぎやゆとりなど，積極的な幸福を求めるものでもあった。そういった消費志向の成果が着々と実現されつつある今日，その追求を断念し，元の木阿弥とすることは，けっして社会の発展とはいえないであろう。

したがって，消費社会では，こういった消費社会の好ましい側面を助長しつつ，同時に社会的消費を着実に実行するような人間が求められる。両者は両立不可能ではなく，並行して追求すべきことであり，そのことは，すでに第4章，第5章，第9章で示している。

そして，消費社会の好ましさは，現在では文化的消費を中心に実現されているから，このような人間の「典型」は，文化的価値と同時に社会的消費を追求しようとする人間，つまり第3の消費文化を目指す人間だといえるだろう。

消費社会の人間の生き方は多様であり，それぞれの生き方は尊重されるべきである。しかし，自分の生き方をそれらと比べ，自分の消費のあり方を再考するための基準となるのは，第3の消費文化以外にはありえないように思われる。

本書の読者が，消費社会の中で漫然と暮らすのではなく，その一員として自分の消費について考えをめぐらし，望ましい消費社会の実現に向けて行動することを期待して，本書の筆をおくことにしよう。

課　題

1. 企業の広告や商品の差別化などに誘惑されかかったが，自分の意思を貫き，それに乗らなかったという消費体験があるだろうか。いくつか思い出してみよう。
2. 現在の消費社会で，人間の幸福を実現しているので好ましく，今後とも絶対になくすべきでないと考えられる文化的消費はどんなものだろうか。自分の経験に即して考えてみよう。

3. 自分の消費生活を振り返ってみて，社会的な消費といえるところ，社会的でない消費だと思われるところを，それぞれいくつかあげてみよう。

注●────────────

1) ほかにも，少子化と高齢化の進展，国際関係の変化，教育システムの変化など，消費社会に影響を与える要因はいくつもあるが，紙幅の関係から本書では割愛せざるをえなかった。
2) 消費者の倫理として求められると考えれば，これはエシカル消費（倫理的消費）を行なうこと，と言い換えることもできる。社会的消費とエシカル消費とは，内容的に重なる部分が大きいのである。しかし両者は強調点が異なっており，重ならない部分も存在している。たとえば，動物愛護に配慮した消費が社会的消費といえるかどうかは疑問である。

文献リスト

以下は，本文中の［　　　］に示した文献のリストであるが，
消費社会論の主要文献リストとしても使えるように，重要な文
献は網羅するよう配慮した。配列は著者名のアルファベット順。

Allen, F. L., 1931, *Only Yesterday: An Informal History of the Nineteen Twenties,* Harper &
　　Brothers. 藤久ミネ訳，（1975）1986，『オンリー・イエスタデイ——1920年代・アメリ
　　カ』筑摩書房。

浅田彰，1984，『逃走論——スキゾ・キッズの冒険』筑摩書房。

朝日ジャーナル編，1989，『現代無用物事典』新潮社。

アースデイ日本編，1990，『地球を救う133の方法』家の光協会。

アースデイ日本編，1992，『豊かさの裏側——私たちの暮らしとアジアの環境』学陽書房。

阿藤誠，1993，「日本の超低出生率」直井優・盛山和夫・間々田孝夫編『日本社会の新潮流』
　　東京大学出版会，29-53。

馬場宏二，1986，『富裕化と金融資本』ミネルヴァ書房。

Backman, J., 1967, *Advertising and Competition,* New York University Press. 五味賢太郎訳，
　　1968，『広告の経済学』誠文堂新光社。

Barber, B. R., 2007, *Consumed: How Markets Corrupt Children, Infantilize Adults, and
　　Swallow Citizens Whole,* Norton. 竹井隆人訳，2015，『消費が人を滅ぼす?！——幼稚化す
　　る人びとと市民の運命』吉田書店。

Barlett, D. L. and J. B. Steele, 1992, *America: What Went Wrong?,* Andrew and McMeel
　　Publishing. 堺屋太一訳，1993，『アメリカの没落』ジャパン・タイムズ。

Barthes, R., 1957, *Mythologies,* Éditions du Seuil. 篠沢秀夫訳，1967，『神話作用』現代思潮社。

Baudrillard, J., 1970, *La société de consommation: Ses mythes, ses structures,* Éditions Denoël.
　　今村仁司・塚原史訳，1979，『消費社会の神話と構造』紀伊國屋書店。

Baudrlliard, J., 1972, *Pour une critique de l'économie politique du signe,* Éditions Gallimard. 今
　　村仁司・宇波彰・桜井哲夫訳，1982，『記号の経済学批判』法政大学出版局。

Beck, U., 1986, *Risikogesellschaft: Auf dem Weg in eine andere Moderne,* Suhrkamp. 東廉・伊
　　藤美登里訳，1998，『危険社会——新しい近代への道』法政大学出版局。

Beck, U., A. Giddens, and S. Lash, 1994, *Reflexive Modernization: Politics, Tradition and
　　Aesthetics in the Modern Social Order,* Polity Press. 松尾精文・小幡正敏・叶堂隆三訳，
　　1997，『再帰的近代化——近現代における政治，伝統，美的原理』而立書房。

Bell, D., 1960, *The End of Ideology: On the Exhaustion of Political Ideas in the Fifties,* Free
　　Press. 岡田直之訳，1969，『イデオロギーの終焉——1950年代における政治思想の枯渇に
　　ついて』東京創元新社。

Bell, D., 1976, *The Cultural Contradiction of Capitalism,* Basic Books. 林雄二郎訳，1976，『資
　　本主義の文化的矛盾』（上・中・下）講談社。

Bellah, R. N., 1956, *Tokugawa Religion: The Values of Pre-industrial Japan,* Free Press. 堀一
　　郎・池田昭訳，1966，『日本近代化と宗教倫理——日本近世宗教論』未來社。

Benson, J., 1994, *The Rise of Consumer Society in Britain, 1880-1980*, Longman.

Berman, R., 1981, *Advertising and Social Change*, Sage Publications.

Bocock, R., 1993, *Consumption*, Routledge.

Bogatyrev, P. G., (1937) 1971, *The Functions of Folk Costume in Moravian Slovakia* (translated from Slovak by R. G. Crum), Mouton. 松枝到・中沢新一訳, 1981, 『衣裳のフォークロア』せりか書房。

Boorstin, D. J., 1973, *The Americans: The Democratic Experience*, Random House. 新川健三郎訳, 1976, 『アメリカ人――大量消費社会の生活と文化』（上・下）河出書房新社。

Borden, N., 1942, "*The Economic Effects of Advertising*", Schramm, W. (ed.), 1960, *Mass Communications* (*2nd ed.*), University of Illinois Press. N. ボーデン「広告の経済効果」, W. シュラム編（学習院大学社会学研究室訳）, 1968, 『マスコミュニケーション――マス・メディアの総合的研究』（改編新版）東京創元社, 118-58。

Boris, J.-P., 2005, *Commerce inéquitable: le roman noir des matières premières*, Hachette Littératures. 林昌宏訳, 2005, 『コーヒー, カカオ, コメ, 綿花, コショウの暗黒物語――生産者を死に追いやるグローバル経済』作品社。

Botsman, R. and R. Rogers, 2010, *What's Mine Is Yours: The Rise of Collaborative Consumption*, Harper Business. 小林弘人監訳・解説, 関美和訳, 2010, 『シェア――〈共有〉からビジネスを生みだす新戦略』NHK 出版。

Bourdieu, P., 1979, *La Distinction: critique sociale du jugement*, Editions de Minuit. 石井洋二郎訳, 1990, 『ディスタンクシオン――社会的判断力批判』（I・II）藤原書店。

Brown, L. R. et al., 1992, *State of the World: A Worldwatch Institute Report on Progress Toward a Susutainable Society 1992*, W. W. Norton. 加藤三郎監訳, 1992, 『地球白書1992-93――いまこそ環境革命を』ダイヤモンド社。

Brown, L. R. et al., 1994, *State of the World: A Worldwatch Institute Report on Progress Toward a Susutainable Society 1994*, W. W. Norton. 澤村宏監訳, 1994, 『地球白書1994-95――迫りくる地球の限界』ダイヤモンド社。

Campbell, C., 1983, "Romanticism and the Consumer Ethic: Intimations of a Weber-style Thesis," *Sociological Analysis*, 44(4): 279-96.

Campbell, C., 1987, *The Romantic Ethic and the Spirit of Modern Consumerism*, Basil Blackwell.

Campbell, C., 1995, "The Sociology of Consumption," Miller, D. (ed.), *Acknowledging Consumption: A Review of New Studies*, Routledge, 96-126.

Campbell, R. H., 1969, *Measuring the Sales and Profit Results of Advertising*, Association of National Advertisers. 八巻俊雄訳, 1971, 『広告効果の測定法』日本経済新聞社。

Carley, M. and P. Spapens, 1998, *Sharing the World: Sustainable Living and Global Equity in the 21st Century*, Earthscan Publications. 中原秀樹監訳, 川村久美子・村井章子訳, 1999, 『地球共有の論理――環境の世紀へのシナリオ』日科技連出版社。

Cline, E. L., 2012, *Overdressed: The Shockingly High Cost of Cheap Fashion*, Portfolio/Penguin. 鈴木素子訳, 2014, 『ファストファッション――クローゼットの中の憂鬱』春秋社。

Colley, R. H., 1961, *Defining Advertising Goals for Measured Results*, Associations of National Advertisers. 八巻俊雄訳, 1966, 『目標による広告管理』ダイヤモンド社。

Cook, D. T. and J. Michael Ryan (eds.), 2015, *Encyclopedia of Consumption & Consumer Studies*, Wiley-Blackwell.

Corrigan, P., 1997, *The Sociology of Consumption: An Introduction*, Sage Publications.

Culbert, T. P. and D. S. Rice (eds.), 1990, *Precolumbian Population History in the Maya Lowlands*, University of New Mexico Press.

大門一樹, 1970, 『盗奪の論理――消費者支配のメカニズムと欺瞞体系への闘争』サイマル出版会。

デルフィス エシカル・プロジェクト編著, 2012, 『まだ"エシカル"を知らないあなたへ――日本人の 11％しか知らない大事な言葉』産業能率大学出版部。

電通, 2012, 「2012 年 日本の広告費」日経広告研究所『広告白書 平成 25 年版』日本経済新聞社, 176-182。

Dumazedier, J., 1962, *Vers une civilisation du loisir*, Éditions du Seuil. 中島巌訳, 1973, 『余暇文明へ向かって』東京創元社。

Durkheim, É., 1897, *Le Suicide*, Alcan. 宮島喬訳, 1968, 「自殺論」尾高邦雄責任編集『デュルケーム, ジンメル』（世界の名著 47）中央公論社, 49-379。

Durning, A., 1992, *How Much Is Enough?: The Consumer Society and the Future of the Earth*, W. W. Norton. 山藤泰訳, 1996, 『どれだけ消費すれば満足なのか』ダイヤモンド社。

Eco, U., 1988, *Le signe: histoire et analyse d'un Concept (adapté de l'italien par Jean-Marie Klinkenberg)*, Éditions Labor. 谷口伊兵衛訳, 1997, 『記号論入門――記号概念の歴史と分析』而立書房。

Ehrlich, P.R. and A. H. Ehrlich, 1990, *The Population Explosion*, Simon & Schuster Press.

Ekins, P., 1991, "A Sustainable Consumer Society: A Contradiction in Terms?," *International Environmental Affairs*, 3(4): 243-58.

Elkington, J. and J. Hailes, 1988, *The Green Consumer Guide: From Shampoo to Champagne: High-Street Shopping for a Better Environment*, V. Gollancz.

Fairtrade International, 2019, "Choosing a Fairer Future Through Trade : Annual Report 2018-2019," Fairtrade International, (2020 年 8 月 1 日取得, https://files.fairtrade.net/publications/2018-19_FI_AnnualReport.pdf).

Featherstone, M., 1991, *Consumer Culture and Postmodernism*, Sage Publications. 川崎賢一・小川葉子編著訳, 池田緑訳, 1999, 『消費文化とポストモダニズム』恒星社厚生閣。

FiBL and IFOAM - Organics International, 2020, "The World of Organic Agriculture: Statistics and Emerging Trends 2020," Frick and Bonn: FiBL and IFOAM - Organics International. (2020 年 8 月 25 日取得, https://www.fibl.org/fileadmin/documents/shop/5011-organic-world-2020.pdf).

Fiske, J., 1989, *Reading the Popular*, Harper Collins. 山本雄二訳, 1998, 『抵抗の快楽――ポピュラーカルチャーの記号論』世界思想社。

Flavin, C., A. Eric, F. Hilary, G. Gary, N. Danielle, P. Sandra, R. Micheal, S. Redhika, S. Janet, and V. Amy., 2004, *State of the World 2004*, Norton. エコ・フォーラム 21 世紀日本語版監修, 2004, 『地球白書 2004-2005』家の光協会。

Frank, R., 2007, *Richstan: A Journey Through the American Wealth Boom and the Lives of the New Rich*, Piatkus Books. 飯岡美紀訳, 2007, 『ザ・ニューリッチ――アメリカ新富裕

層の知られざる実態』ダイヤモンド社。

藤岡真之，2015，『消費社会の変容と健康志向——脱物質主義と曖昧さ耐性』ハーベスト社。

藤原信，1994，『スキー場はもういらない』緑風出版。

福田充，2012，「マスメディアのリスク情報とオーディエンスの受容——報道特性と公衆の認識」中谷内一也編『リスクの社会心理学——人間の理解と信頼の構築に向けて』有斐閣，155-172。

船井幸雄監修・船井総合研究所編，1994，『消費・商品トレンド1995-1996全予測』実業之日本社。

Funk, C. and B. Kennedy, 2016, "The New Food Fights: U.S. Public Divides Over Food Science: Differing Views on Benefits and Risks of Organic Foods, GMOs as Americans Report Higher Priority for Healthy Eating," Science & Society. (2020年8月25日取得，https://www.pewresearch.org/science/2016/12/01/the-new-food-fights/).

古川勇二，1983，『FMS——生産革命の主役』日刊工業新聞社。

古沢広祐，1995，『地球文明ビジョン——「環境」が語る脱成長社会』日本放送出版協会。

不破哲三，1988，『「資本主義の全般的危機」論の系譜と決算』新日本出版社。

外務省，2015，「我々の世界を変革する——持続可能な開発のための2030アジェンダ（仮訳）」外務省ホームページ，(2020年8月1日取得，https://www.mofa.go.jp/mofaj/gaiko/oda/sdgs/pdf/000101402.pdf)。

Galbraith, J. K., (1958) 1984, *The Affluent Society* (*4th ed.*), Houghton Mifflin. 鈴木哲太郎訳，1990，『ゆたかな社会』岩波書店。

Galbraith, J. K., 1967, *The New Industrial State,* Houghton Mifflin. 都留重人監訳，石川通達・鈴木哲太郎・宮崎勇 共訳，1968，『新しい産業国家』河出書房新社。

Giddens, A., 1991, *Modernity and Self-Identity: Self and Society in the Late Modern Age,* Polity Press. 秋吉美都・安藤太郎・筒井淳也訳，2005，『モダニティと自己アイデンティティ——後期近代における自己と社会』ハーベスト社。

Glyn, A. and J. Harrison, 1980, *The British Economic Disaster,* Pluto Press. 平井規之訳，1982，『イギリス病』新評論。

Goldthorpe, J. H., D. Lockwood, F. Bechhofer, J. Platt, 1969, *The Affluent Worker in the Class Structure,* Cambridge University Press.

Goodwin, N. R., 1995, "Overview Essay," N. R. Goodwin, F. Ackerman, and D. Kiron (eds.), *The Consumer Society,* Island Press, 1-10.

Guptill, A. E., D. A. Copelton, and B. Lucal, 2013, *Food and Society: Principles and Paradoxes,* Polity Press. 伊藤茂訳，2016，『食の社会学——パラドクスから考える』NTT出版。

グリーンコンシューマー・ネットワーク，1994，『地球にやさしい買い物ガイド』講談社。

グリーンコンシューマー全国ネットワーク，1999，『グリーンコンシューマーになる買い物ガイド』小学館。

博報堂生活総合研究所編，1985，『「分衆」の誕生——ニューピープルをつかむ市場戦略とは』日本経済新聞社。

浜井浩一・芹沢一也，2006，『犯罪不安社会——誰もが「不審者」？』光文社。

花森安治，1968，「広告が多すぎる」『暮しの手帖』1968年12月号，120-23。

原田曜平，2014，『ヤンキー経済——消費の主役・新保守層の正体』幻冬舎。

Harrison, R., 1997, "The Rise and Rise of Ethical Consumerism," Website of ECRA（Ethical Consumer Research Association）,（http://www.ethicalconsumer.org/riseof.htm）.

Harrison, R., T. Newholm and D. Shaw eds., 2005, *The Ethical Consumer,* Sage Publications.

橋本和孝，1987，『生活様式の社会理論——消費の人間化を求めて』東信堂。

波夛野豪，2019a，「はじめに」波夛野豪・唐崎卓也編『分かち合う農業 CSA——日欧米の取り組みから』創森社，1-3。

波夛野豪，2019b，「CSA という方法の源流と原型」波夛野豪・唐崎卓也編『分かち合う農業 CSA——日欧米の取り組みから』創森社，10-27。

Hebdige, D., 1979, *Subculture: The Meaning of Style,* Methuen. and Routledge?. 山口淑子訳，1986，『サブカルチャー——スタイルの意味するもの』未來社。

樋口進，2019，「病気認定されたゲーム障害の現状と今後」『国民生活』87: 6-8。

Hirst, I. R. C. and W. D. Reekie（eds.），1977, *The Consumer Society,* Tavistock Publications.

本間都，1997，『グリーンコンシューマー入門』北斗出版。

星野克美，1984，『消費人類学——欲望を解く記号』東洋経済新報社。

Huntington, E., 1917, "Climate Change and Agricultural Exhaustion as Elements in the Fall of Rome," Chambers, M（ed.），1963, *The Fall of Rome: Can It Be Explained*, Rinehart and Winston. E. ハンチントン「ローマ没落の素因としての気候上の変化と農業の疲弊」，M. チェインバーズ編（弓削達訳），1973，『ローマ帝国の没落』，創文社，115-27。

五十嵐敬喜・小川明雄，1999，『図解 公共事業のしくみ——いっきにわかる「日本病」の本質と問題点』東洋経済新報社。

井原哲夫，1983，『消費者の経済学』東洋経済新報社。

飯島伸子編，1993，『環境社会学』有斐閣。

飯野信行・飯野恵理，2019，「ライフスタイルに合った農業の展開　つくば飯野農園」波夛野豪・唐崎卓也編『分かち合う農業 CSA——日欧米の取り組みから』創森社，184-198。

井尻千男，1988，『消費文化の幻想——オーソドックスとは何か？』PHP 研究所。

池上嘉彦，1984，『記号論への招待』岩波書店。

池上嘉彦・山中桂一・唐須教光，1984，『文化記号論への招待——ことばのコードと文化のコード』有斐閣。

今田高俊・原純輔，1979，「地位の一貫性と非一貫性」富永健一編『日本の階層構造』東京大学出版会，161-97。

今村仁司，1983，「商品（消費社会）の記号論」山口昌男監修『説き語り記号論』国文社，269-91。

今村仁司，1988，「消費社会」『世界大百科事典』平凡社，13：519-20。

今村直美，2019，「食・農で地域をサポート——わが家のやおやさん　風の色」波夛野豪・唐崎卓也編『分かち合う農業 CSA——日欧米の取り組みから』創森社，159-181。

インフラ再生研究会，2019，『荒廃する日本——これでいいのかジャパン・インフラ』日経 BP。

Inglehart, R., 1977, *The Silent Revolution: Changing Values and Political Styles among Western Publics,* Princeton University Press. 三宅一郎・金子輝男・富沢克訳，1978，『静かなる革命——政治意識と行動様式の変化』東洋経済新報社。

Inglehart, R., 1990, *Culture Shift in Advanced Industrial Society,* Princeton University Press.

村山皓・富沢克・武重雅文訳，1993，『カルチャーシフトと政治変動』東洋経済新報社。

犬田充，1977，『大衆消費社会の終焉』中央公論社。

Irwin, S., 1989, *Beyond Green Consumerism,* Friends of Earth. A. ドブソン編，松尾眞・金克美・中尾ハジメ訳，1999，『原典で読み解く環境思想入門——グリーン・リーダー』ミネルヴァ書房，229-37。

石井金之助，1960，『消費は美徳デアル』東洋経済新報社。

石川弘義，（1966）1981，『欲望の戦後史——社会心理学からのアプローチ』太平出版社。

伊東光晴，1971，『現代の資本主義——やさしい経済セミナー』筑摩書房。

伊藤隆敏，1992，『消費者重視の経済学——規制緩和はなぜ必要か』日本経済新聞社。

Jones, P. d'Alroy, 1965, *The Consumer Society: A History of American Capitalism,* Pelican Books.

梶祐輔，2001，『広告の迷走——企業価値を高める広告クリエイティブを求めて』宣伝会議。

亀井昭宏・疋田聰編著，2005，『新広告論』日経広告研究所。

金子雄一，1995，「広告費とマクロ経済諸変数との関係」『日経広告研究所報』163：2-6。

環境庁企画調整局編，2000，『平成 12 年版 環境白書』ぎょうせい（2021 年 2 月 11 日取得，https://www.env.go.jp/policy/hakusyo/h12/mokuji_h12.html　第 1 章第 2 節 2）。

環境教育事典編集委員会編，1999，『環境教育事典』（新版）旬報社。

鹿島茂，1991，『デパートを発明した夫婦』講談社。

唐崎卓也，2019，「日本での CSA の成立と展開」波夛野豪・唐崎卓也編『分かち合う農業CSA——日欧米の取り組みから』創森社，28-40。

柏木重秋編著，1988，『広告概論』（新版）ダイヤモンド社。

片柳義春，2017，『消費者も育つ農場——CSA なないろ畑の取り組みから』創森社。

Katona, G., 1964, *The Mass Consumption Society,* McGraw-Hill. 社会行動研究所訳，1966，『大衆消費社会』ダイヤモンド社。

Katz, E. and P. F. Lazarsfeld, 1955, *Personal Influence: The Part Played by People in the Flow of Mass Communications,* Free Press. 竹内郁郎訳，1965，『パーソナル・インフルエンス——オピニオン・リーダーと人びとの意思決定』培風館。

経済企画庁編，1990，『平成 2 年版　国民生活白書——人にやさしい豊かな社会』大蔵省印刷局。

Kerr, C., J. T. Dunlop, F. H. Harbison, and C. A. Myes, 1960, *Industrialism and Industrial man: The Problems of Labor and Management in Economic Growth,* Harvard University Press. 川田寿訳，1963，『インダストリアリズム——工業化における経営者と労働』東洋経済新報社。

Keynes, J. M., 1936, *The General Theory of Employment, Interest and Money,* Macmillan. 塩野谷祐一訳，1995，『雇用・利子および貨幣の一般理論』東洋経済新報社。

木村めぐみ，2014，「戦後日本の広告業におけるふたつの分岐点——停滞と危機の「本質」」一橋イノベーション研究センター IIR WORKING PAPER WP#13-20。（2021 年 2 月 21 日取得，https://ideas.repec.org/p/hit/iirwps/13-20.html）。

木村精二・柴宜弘・長沼秀世，1997，『世界大戦と現代文化の開幕』（世界の歴史 26）中央公論社。

岸田秀・山崎哲，1990，『浮遊する殺意——消費社会の家族と犯罪』晩成書房。

岸志津江・田中洋・嶋村和恵，2017，『現代広告論』（第3版），有斐閣。

北山晴一，1991，『おしゃれの社会史』朝日新聞社。

Klapper, J. T., 1960, *The Effects of Mass Communication,* Free Press. NHK 放送学研究室訳，1966，『マス・コミュニケーションの効果』日本放送出版協会。

Klatzmann, J., 1996, *Surpopulation: Mythe ou Menace?,* Éditions Economica. 小倉武一訳，1996，『過剰人口——神話か脅威か？』農山漁村文化協会。

小杉素子，2012，「一般人と専門家の溝——専門家も真空にいるわけではない」中谷内一也編『リスクの社会心理学——人間の理解と信頼の構築に向けて』有斐閣，113-130。

久保村隆祐・村田昭治，1969，『広告論』有斐閣。

熊谷尚夫，1980，「経済政策の一般理論」熊谷尚夫・篠原三代平編集委員代表『経済学大辞典』（第2版）東洋経済新報社，Ⅰ：550-61。

黒田祥子，2012，「日本人の余暇時間——長期的な視点から」『日本労働研究雑誌』54(8)：32-44。

Lang, T. and M. Heasman, 2004, *Food Wars: The Global Battle for Mouths, Minds and Markets,* Earthscan. 古沢広祐・佐久間智子訳，2009，『フード・ウォーズ——食と健康の危機を乗り越える道』コモンズ。

Larson, E. D., M. H. Ross, and R.H. Williams, 1986, "Beyond the Era of Materials," *Scientific American,* 254(6): 24-31.

Leach, W., 1993, *Land of Desire: Merchants, Power and the Rise of American Culture,* Pantheon Books.

Lebergott, S., 1993, *Pursuing Happiness: American Consumers in the Twentieth Century,* Princeton University Press.

Local Harvest, 2020, Local Harvest ホームページ，（2020年9月3日取得，https://www.localharvest.org/）。

Lowe, P.D. and W. Rüdig, 1986, "Political Ecology and the Social Science: The State of the Art," *British Journal of Political Science,* 16(4): 513-50.

Lury, C., 1996, *Consumer Culture,* Polity Press.

巻正平，1987，『消費者問題読本』（第2版）東洋経済新報社。

間々田孝夫，1987，「経済システムと社会システム」中山慶子・間々田孝夫・渡辺秀樹・松本三和夫・三重野卓『社会システムと人間』福村出版，106-37。

間々田孝夫，1991，『行動理論の再構成——心理主義と客観主義を超えて』福村出版。

間々田孝夫，1996，「消費者批判論の視点」立教大学社会学部編『応用社会学研究』38：23-39。

間々田孝夫，1999，「消費社会」庄司洋子・木下康仁・武川正吾・藤村正之編『福祉社会事典』弘文堂，498-99。

間々田孝夫，2000，『消費社会論』（初版）有斐閣。

間々田孝夫，2007，『第三の消費文化論——モダンでもポストモダンでもなく』ミネルヴァ書房。

間々田孝夫，2016，『21世紀の消費——無謀，絶望，そして希望』ミネルヴァ書房。

間庭充幸，1997，『若者犯罪の社会文化史——犯罪が映し出す時代の病像』有斐閣。

Marcuse, H., 1955, *Eros and Civilization: A Philosophical Inquiry into Freud,* (2nd ed.), The

Beacon Press. 南博訳, 1958, 『エロス的文明』紀伊國屋書店。

桝潟俊子・谷口吉光・立川雅司編著, 2014, 『食と農の社会学――生命と地域の視点から』ミネルヴァ書房。

Maslow, A. H., (1954) 1970, Motivation and Personality (2nd ed., revised by R. Frager), Harper and Row. 小口忠彦訳, 1987, 『人間性の心理学――モチベーションとパーソナリティー』(改訂新版) 産能大学出版部。

McCormick, J., 1995, *The Global Environmental Movement (2nd ed.)*, John Wiley & Sons. 石弘之・山田裕司訳, 1998, 『地球環境運動全史』岩波書店。

McCracken, G., 1988, *Culture and Consumption: New Approaches to the Symbolic Character of Consumer Goods and Activities*, Indiana University Press. 小池和子訳, 1990, 『文化と消費とシンボルと』勁草書房。

McKendrick, N., J. Brewer, and J. H. Plumb., 1982, *The Birth of a Consumer Society: The Commercialization of Eighteenth-Century England*, Indiana University Press.

Meadows, D. H. , D. L. Meadows, J. Randers, and W. W. Behrens Ⅲ., 1972, *The Limits to Growth*, Universe Books. 大来三郎監訳, 1972, 『成長の限界――ローマ・クラブ「人類の危機」レポート』ダイヤモンド社。

Milbrath, L. W., 1984, *Environmentalists: Vanguard for a New Society*, State University of New York Press.

Miles, S., 1998, *Consumerism: As a Way of Life*, Sage Publications.

Miller, M. B., 1994, *The Bon Marché: Bourgeois Culture and the Department Store, 1869-1920*, Princeton University Press.

Mills, C. W., 1951, *White Collar: The American Middle Classes*, Oxford University Press. 杉政孝訳, 1957, 『ホワイトカラー――中流階級の生活探求』東京創元社。

見田宗介, 1996, 『現代社会の理論――情報化・消費化社会の現在と未来』岩波書店。

宮台真司, 1997, 『世紀末の作法――終ワリナキ日常ヲ生キル知恵』リクルート, ダ・ヴィンチ編集部。

宮嶋信夫, 1990, 『大量浪費社会――大量生産・大量販売・大量廃棄の仕組み』(増補版) 技術と人間。

宮本憲一, 1976, 『社会資本論』(改訂版) 有斐閣。

森俊範, 1990, 『広告進化論――情報化は広告をどう変えるか』TBS ブリタニカ。

Mukerji, C., 1983, *From Graven Images: Patterns of Modern Materialism*, Columbia University Press.

村井吉敬, 1988, 『エビと日本人』岩波書店。

村上泰亮, 1975, 『産業社会の病理』中央公論新社。

長沼秀世・新川健三郎, 1991, 『アメリカ現代史』岩波書店。

中原秀樹, 1994, 「消費者教育と環境教育――環境問題からのアプローチ」今井光映・中原秀樹編『消費者教育論』有斐閣, 281-97。

中西準子, 2010, 『食のリスク学――氾濫する「安全・安心」をよみとく視点』日本評論社。

中野孝次, 1992, 『清貧の思想』草思社。

中谷内一也, 2006, 『リスクのモノサシ――安全・安心生活はありうるか』日本放送出版協会。

中谷内一也，2012，「リスクと信頼——最後に行き着くところ」中谷内一也編『リスクの社
　会心理学——人間の理解と信頼の構築に向けて』有斐閣，239-255。
年金積立金管理運用独立行政法人企画部企画課，2020，「2019 年度 ESG 活動報告」年金積立
　金管理運用独立行政法人ホームページ，（2020 年 8 月 20 日取得，https://www.gpif.go.jp/
　investment/GPIF_ESGReport_FY2019_J.pdf）。
根本昭二郎・増田隆昭・小宮路雅博・丸山工，1995，『景気変動と広告』日経広告研究所。
Nicholls, A. and O. Charlotte, 2005, *Fair Trade: Market-Driven Ethical Consumption*, London:
　Sage. 北澤肯訳，2009，『フェアトレード——倫理的な消費が経済を変える』岩波書店。
日本インタラクティブ広告協会編著，2019，『必携インターネット広告——プロが押えてお
　きたい新常識』インプレス。
日本経済新聞社編，1975，『消費者は変わった——"買わない時代"の販売戦略』日本経済
　新聞社。
日本消費者連盟編，1990，『ゴルフ場はいらない——環境破壊を許さないためのガイドブッ
　ク』三一書房。
日本消費者連盟，1994，『ともに生きる地球——過剰消費よさようなら』日本消費者連盟。
日経 BP 社編，2018，『世界を動かす 100 の技術——日経テクノロジー展望 2018』日経 BP
　社。
日経コンストラクション編・インフラ再生研究会，2019，『荒廃する日本——これでいいの
　かジャパン・インフラ』日経 BP。
日経トレンディ編集部編，1998，『日経トレンディ 90 年代ヒット商品大検証——次の「エー
　ス」を探す』日経ホーム出版社。
西川潤，1974，『飢えの構造——近代と非ヨーロッパ世界』ダイヤモンド社。
野村武正，1991，『90 年代消費社会——社会派消費者の登場』中央経済社。
農林水産省，2020「有機農業をめぐる事情」，農林水産省ホームページ，（2020 年 9 月 23 日
　取得，https://www.maff.go.jp/j/seisan/kankyo/yuuki/attach/pdf/ meguji-full.pdf）。
緒田原涓一，1980，『大いなるアメリカ病』東洋経済新報社。
大平健，1990，『豊かさの精神病理』岩波書店。
大西賢一，1987，『労働は悪行である』蒼人社。
大沼進，2014，「リスクの社会的受容のための市民参加と信頼の醸成」広瀬幸雄編『リスク
　ガヴァナンスの社会心理学』ナカニシヤ出版，175-191。
大歳良充，1969，『明日の大衆消費社会』東洋経済新報社。
大塚英志，1989，『物語消費論——「ビックリマン」の神話学』新曜社。
大内力，1970，『国家独占資本主義』東京大学出版会。
Osterhaus, A. (ed.), 2006, *Business Unusual: Successes and Challenges of Fair Trade*, Fair
　Trade Advocacy Office. FLO・NEWS!・EFTA 編，北澤肯監訳，フェアトレード・リソー
　スセンター訳，2008，『これでわかるフェアトレードハンドブック——世界を幸せにする
　しくみ』合同出版。
小沢雅子，1985，『新「階層消費」の時代—消費市場をとらえるニューコンセプト』日本経
　済新聞社。
Packard, V., 1960, *The Waste Makers*, David McKay. 南博・石川弘義訳，1961，『浪費をつく
　り出す人々』ダイヤモンド社。

Parigi, P. and Rachel Gong, 2014, "From Grassroots to Digital Ties: A Case Study of a Political Consumerism Movement," *Journal of Consumer Culture*, 14(2): 236-53。

Pearsall, J. (ed.), 1998, *The New Oxford Dictionary*, Clarendon Press.

Pepper, D., 1984, *The Roots of Modern Environmentalism*, Croom Helm. 柴田和子訳, 1994, 『環境保護の原点を考える――科学とテクノロジーの検証』青弓社。

Piketty, T., 2013, *le Capital au XXIe siècle*, Éditions du Seuil. 山形浩生・守岡桜・森本正史訳, 2014, 『21 世紀の資本』みすず書房。

Poore, J. and T. Nemecek, 2018, "Reducing Food's Environmental Impacts Through Producers and Consumers," *Science*, 360(6392): 987-992.

Potter, D. M., 1954, *People of Plenty: Economic Abundance and the American Character*, University of Chicago Press.

Ray, P. H. and S. R. Anderson, 2000, *The Cultural Creatives: How 50 Million People Are Changing the World*, Three Rivers Press.

Reich, C. A., 1970, *The Greening of America*, Random House. 邦高忠二訳, 1974, 『緑色革命』早川書房。

Riesman, D., 1961, *The Lonely Crowd: A Study of the Changing American Character* (*new ed.*), Yale University Press. 加藤秀俊訳, 1964, 『孤独な群衆』みすず書房。

Ritzer, G., 1993, *The McDonaldization of Society: An Investigation into the Changing Character of Contemporary Social Life*, Pine Forge Press. 正岡寛司監訳, 1999, 『マクドナルド化する社会』早稲田大学出版部。

Ritzer, G., 2004a, *The McDonaldization of Society* (*revised new century ed.*), Pine Forge Press. 正岡寛司訳, 2008, 『マクドナルド化した社会――果てしなき合理化のゆくえ』(21 世紀新版) 早稲田大学出版部。

Ritzer, G., 2004b, *The Globalization of Nothing*, Pine Forge Press. 正岡寛司監訳・山本徹夫・山本光子訳, 2005, 『無のグローバル化――拡大する消費社会と「存在」の喪失』明石書店。

Ritzer, G, and S. Miles, 2019, "The Changing Nature of Consumption and the Intensification of McDonaldization in the Digital Age," *Journal of Consumer Culture*, 19(1): 3-20.

Rostow, W. W., (1960) 1991, *The Stages of Economic Growth: A Non-Communist Manifesto*, (*3rd ed.*) Cambridge University Press. 木村健康・久保まち子・村上泰亮訳, 1961, 『経済成長の諸段階――一つの非共産主義宣言』ダイヤモンド社。

佐伯啓思, 1993, 『「欲望」と資本主義――終わりなき拡張の論理』講談社。

佐伯彰一, 1997, 「アメリカが最も輝いて見えた時代」(解説), D. ハルバースタム著・金子宣子訳, 1993, 『ザ・フィフティーズ』(上・下) 新潮社, 387-93。

坂井素思, 1998, 『経済社会の現代――消費社会と趣味の貨幣文化』放送大学教育振興会。

Samuelson, P. A. and W. D. Nordhaus, (1989) 2009, *Economics* (*19th ed.*), McGraw-Hill. 都留重人訳, 1992-93, 『サムエルソン 経済学 (原書第 13 版)』(上・下) 岩波書店。

産経新聞社会部編, 1998, 『理工教育を問う――テクノ立国が危うい』新潮社。

佐々木典士, 2015, 『ぼくたちに, もうモノは必要ない。』ワニブックス。

佐藤健太郎, 2012, 『「ゼロリスク社会」の罠――「怖い」が判断を狂わせる』光文社。

Schmalensee, R., 1972, *The Economics of Advertising*, North-Holland.

Schnaiberg, A. and K. A. Gould, (1994) 2000, *Environment and Society: The Enduring Conflict,* St. Martin's Press. 満田久義他訳, 1999, 『環境と社会——果てしなき対立の構図』ミネルヴァ書房。

Schor, J., 2014, "Debating the Sharing Economy," Great Transition Initiative, Tellus Institute, (2020 年 8 月 1 日参照, http://www.greattransition.org/publication/debating-the-sharing-economy).

Schor, J. B., 1992, *The Overworked American: The Unexpected Decline of Leisure,* Basic Books. 森岡孝二・青木圭介・成瀬龍夫・川人博訳, 1993, 『働きすぎのアメリカ人——予期せぬ余暇の減少』窓社。

Schor, J. B., 1998, *The Overspent American: Why We Want What We Don't Need,* Basic Books. 森岡孝二監訳, 2000, 『浪費するアメリカ人——なぜ要らないものまで欲しがるか』岩波書店。

Schor, J. R., 2010, *Plenitude: The New Economics of True Wealth,* Penguin Books. 森岡孝二監訳, 2011, 『プレニテュード——新しい〈豊かさ〉の経済学』岩波書店。

Schudson, M., 1984, *Advertising, The Uneasy Persuasion: Its Dubious Impact on American Society,* Basic Books.

Schumacher, E. F., (1973) 1812, *Small Is Beautiful: A Study of Economics as if People Mattered,* Muller, Blond & White. 小島慶三・酒井懋訳, 1986, 『スモール・イズ・ビューティフル——人間中心の経済学』講談社。

Scitovsky, T., 1976, *The Joyless Economy: An Inquiry into Human Satisfaction and Consumer Dissatisfaction,* Oxford University Press. 斉藤精一郎訳, 1979, 『人間の喜びと経済的価値——経済学と心理学の接点を求めて』日本経済新聞社。

セコム株式会社, 2011, 「『セコム・ホームセキュリティ』が発売 30 周年——家庭の防犯から家族の健康までを見守るトータルな「安全・安心」を提供」『ニュースレター』セコム株式会社ホームページ, (2020 年 9 月 23 日取得, https://www.secom.co.jp/corporate/release/2010/nr_20110223.html)。

Shi, D. E., 1985, *The Simple Life: Plain Living and High Thinking in American Culture,* Gerald McCauley Agency. 小池和子訳, 1987, 『シンプルライフ——もうひとつのアメリカ精神史』勁草書房。

Shils, E., 1987, "Max Weber and the World since 1920," W. J. Mommsen and J. Osterhammel (eds.), *Max Weber and His Contemporaries,* Allen & Unwin, 547-73. 鈴木広訳, 1994, 「マックス・ヴェーバーと一九二〇年以降の世界」鈴木広・米沢和彦・嘉目克彦監訳『マックス・ヴェーバーとその同時代人群像』ミネルヴァ書房, 486-518。

消費者庁編, 2019, 『令和元年版 消費者白書』勝美印刷。

消費者庁編, 2020, 『令和 2 年版 消費者白書』勝美印刷。

Simmel, G., (1904) 1919, "Die Mode," Philosophische Kultur (Zweite um Einige Zusätze Vermehrte Auflage), *Alfred Kröner Verlag.* 円子修平・大久保健治訳, 1976, 「流行」『文化の哲学』（ジンメル著作集 7）白水社, 31-61。

Simon, J., 1970, *Issues in the Economics of Advertising,* University of Illinois Press.

綜合警備保障株式会社, 2020, 「契約件数の推移」綜合警備保障株式会社ホームページ, (2020 年 12 月 3 日取得, https://www.alsok.co.jp/ir/finance/contractor.html)。

総務省，2019，『令和元年版 情報通信白書』。

Stiglitz, J. E. and C. E. Walsh, 2006, *Economics*（*4th ed.*），Norton. 薮下史郎・秋山太郎・蟻川靖浩・大阿久博・木立力・宮田亮・清野一治訳，2012，『スティグリッツ 入門経済学』（第4版），東洋経済新報社。

Strachey, J., 1956, *Contemporary Capitalism,* Victor Gollancz. 関嘉彦・三宅正也訳，1958，『現代の資本主義』東洋経済新報社。

Stuteville, J. R. and M. D. Roberts, 1975, *Marketing in a Consumer-Oriented Society,* Wadsworth.

須田伸，2010，『次世代広告進化論』ソフトバンククリエイティブ。

末吉里花，2016，『はじめてのエシカル——人，自然，未来にやさしい暮らしかた』山川出版社。

杦本育生，2006，『グリーンコンシューマー——世界をエコにする買い物のススメ』昭和堂。

橘木俊詔・八木匡，1994，「所得分配の現状と最近の推移」石川経夫編『日本の所得と富の分配』東京大学出版会，23-55。

橘木俊詔，1998，『日本の経済格差——所得と資産から考える』岩波書店。

高田公理，1994，「大衆消費市場」川北稔編『歴史学事典1 交換と消費』弘文堂，518-20。

高橋博之，2015，『だから，ぼくは農家をスターにする——「食べる通信」の挑戦』CCCメディアハウス。

高橋久仁子，2007，『フードファディズム——メディアに惑わされない食生活』中央法規出版。

竹内淑恵，2010，『広告コミュニケーション効果——ホリスティック・アプローチによる実証分析』千倉書房。

田村正紀，1998，『マーケティングの知識』日本経済新聞社。

田中義久，1974，『私生活主義批判——人間的自然の復権を求めて』筑摩書房。

Tanner, J., H. Siegrist, and B. Veyrassat., 1998, *Geschichte der Konsumgesellschaft: Märkte, Kultur und Identität*（*15.-20. Jahrhundert*），Chronos Verlag.

暉峻淑子，1989，『豊かさとは何か』岩波書店。

Thirsk, J., 1978, *Economic Policy and Projects: The Development of a Consumer Society in Early Modern England,* Clarendon Press. 三好洋子訳，1984，『消費社会の誕生——近世イギリスの新企業』東京大学出版会。

Toffler, A., 1980, *The Third Wave,* Morrow & Company. 徳岡孝夫監訳，1982，『第三の波』中央公論社。

鳥越皓之編，1996，『環境とライフスタイル』有斐閣。

鳥居新平，1997，『シックハウス症候群——病気になる家，癒される家』徳間書店。

外山茂，1987，『日本人の勤勉・貯蓄観——あすの経済を支えるもの』東洋経済新報社。

槌田敦，1998，『エコロジー神話の功罪——サルとして感じ，人として歩め』ほたる出版。

辻謙，1981，『日本人は働きすぎか』朝日ソノラマ。

辻村英之，2012，『おいしいコーヒーの経済論——「キリマンジャロ」の苦い現実』（増補版）太田出版。

辻信一，2001，『スロー・イズ・ビューティフル——遅さとしての文化』平凡社。

常松洋，1997，『大衆消費社会の登場』（世界史リブレット48）山川出版社。

鶴見良行，1982，『バナナと日本人——フィリピン農園と食卓のあいだ』岩波書店。

堤清二，1996，『消費社会批判』岩波書店。

通商産業省工業技術院資源環境技術総合研究所編，1998，『エコテクノロジー最前線』森北出版。

内田隆三，1987，『消費社会と権力』岩波書店。

内田隆三，1993，「消費社会」森岡清美・塩原勉・本間康平編『新社会学辞典』有斐閣，742。

海野弘，1989，『黄金の五〇年代アメリカ』講談社。

海野弘，1998，『世紀末シンドローム——ニューエイジの光と闇』新曜社。

UNEP, 2010, "Assessing the Environmental Impacts of Consumption and Production: Priority Products and Materials," UNEP. （2020 年 8 月 1 日参照，http://www.unep.fr/shared/publications/pdf/DTIx1262xPA-PriorityProductsAndMaterials_Report.pdf）。

Veblen, T., 1899, *The Theory of the Leisure Class: An Economic Study in the Evolution of Institutions*, Modern Library. 高哲男訳，1998，『有閑階級の理論』筑摩書房。

Veblen, T., 1914, *The Instinct of Workmanship and the State of the Industrial Arts*, Macmillan. 松尾博訳，1997，『経済的文明論——職人技本能と産業技術の発展』ミネルヴァ書房。

Vincent, A., 1995, *Modern Political Ideologies*（*2nd ed.*），Wiley-Blackwell. 重森臣広監訳，1998，『現代の政治イデオロギー』昭和堂。

Wachtel, P. L., 1983, *The Poverty of Affluence: A Psychological Portrait of the American Way of Life*, Free Press. 土屋政雄訳，1985，『「豊かさ」の貧困——消費社会を超えて』TBS ブリタニカ。

Wallace-Wells, D., 2019, *Uninhabitable Earth: Life After Warming*, Tim Duggan Books. 藤井留美訳，2020，『地球に住めなくなる日——「気候崩壊」の避けられない真実』NHK 出版。

Warne, C. E. and Morse, R. L. D., 1993, *Consumer Movement*, Family Economics Trust. 小野信夸訳，1996，『アメリカ消費者運動の 50 年——コルストン・E. ウォーン博士の講義』批評社。

Washington, P., 1993, *Madam Blavatsky's Baboon: A History of the Mystics, Mediums , and Misfits Who Brought Spiritualism to America*, Martin Secker & Warburg. 白幡節子・門田俊夫訳，1999，『神秘主義への扉——現代オカルティズムはどこから来たか』中央公論新社。

渡辺龍也，2010，『フェアトレード学——私たちが創る新経済秩序』新評論。

Weber, M., 1904-1905, "Die Protestantische Ethik und der Geist des Kapitalismus," *Gesammelte Aufsätze zur Religionssoziologie*, J. C. B. Mohr. 大塚久雄訳，1989，『プロテスタンティズムの倫理と資本主義の精神』岩波書店。

Werner, K. and Weiss, H., 2003, *Das neue Schwarzbuch Markenfirmen: Die Machenschaften der Weltkonzerne*, Deuticke Franz Verlagges. 下川真一訳，2005，『世界ブランド企業黒書——人と地球を食い物にする多国籍企業』明石書店。

Williams, R. H., 1982, *Dream Worlds: Mass Consumption in Late Nineteenth-Century France*, University of California Press. 吉田典子・田村真理訳，1996，『夢の消費革命——パリ万博と大衆消費の興隆』工作舎。

World Commission on Environment and Development, 1987, *Our Common Future*, Oxford

　University Press. 大来佐武郎監修, 1987,『地球の未来を守るために——環境と開発に関する世界委員会』福武書店。

山田国広, 1996,『一億人の環境家計簿——リサイクル時代の生活革命』藤原書店。

山口貴久男・財津宏, 1976,『予測日本の消費者——その意識と購買パターンを探る』ダイヤモンド社。

八巻俊雄・梶山皓, 1983,『広告読本』東洋経済新報社。

八巻俊雄, 1990,『広告国際比較とグローバル戦略——広告でその国の文化がつかめる』産能大学出版部。

八巻俊雄, 1995,「広告効果の測定」『東京経済大学会誌』191：77-106。

山本明,（1966）1985,『シンボルとしての広告——「価値転轍器」復版』電通。

山本七平,（1979）1984,『勤勉の哲学——日本人を動かす原理』PHP研究所。

山本哲士, 1990,『消費の分水嶺——ひととモノの新しい関係学』三交社。

山崎正和,（1984）1987,『柔らかい個人主義の誕生——消費社会の美学』中央公論社。

Yankelovich, D., 1981, *New Rules: Searching for Self-Fulfillment in a World Turned Upside Down,* Random House. 板坂元訳, 1982,『ニュールール——自己充足の時代, 生きがいの本質が激変する！』三笠書房。

安田喜憲, 1997,『森を守る文明・支配する文明』PHP研究所。

Yearley, S., 1991, *The Green Case: A Sociology of Environmental Issues, Arguments and Politics,* Harper Collins.

横山孝雄, 1989,「消費者問題と生活文化」谷川一男編著『生活文化の経済学』嵯峨野書院, 217-50。

吉見俊哉, 1992,『博覧会の政治学——まなざしの近代』中央公論社。

吉見俊哉, 1996,「消費社会論の系譜と現在」井上俊他編『デザイン・モード・ファッション』（岩波講座現代社会学 21）岩波書店, 193-234。

吉見俊哉, 2004,『メディア文化論——メディアを学ぶ人のための 15 話』有斐閣。

吉野正治, 1984,『あたらしいゆたかさ——現代生活様式の転換』連合出版。

油井大三郎・古田元夫, 1998,『第二次世界大戦から米ソ対立へ』（世界の歴史 28）中央公論社。

湯澤明, 1994,『マルチメディア社会　広告の時代の終わり』産能大学出版部。

Zimmerman, M. M., 1955, *The Super Market: A Revolution in Distribution,* McGraw-Hill. 長戸毅訳, 1962,『スーパーマーケット——流通革命の先駆者』商業界。

あ と が き

　旧著『消費社会論』の今回の改訂では，20年以上前に書いた原稿を読み直し，不十分な部分を書き換えるという，あまり行われない作業に携わることになった。始める前は，元がきちんと書かれた書物なので，書き換えはたいした作業ではないと高をくくっていたが，いざ始めてみると大違いだった。

　至るところに「古い」と感じる記述，実例が見つかり，また，なぜそういえるのか，なぜこの問題を取り上げていないのか，と疑問に思うことも多かった。比較的ていねいでわかりやすいと自負していた自分の文体にも，多くの問題点を発見し，あわてて書かれた卒業論文を添削する時のような気分になった。

　内容的にも文章表現上も多くの修正を加えたため，作業時間は膨大となったが，それは同時に，新たに問題点を発見し，それを修正するだけの能力が，まだ自分に備わっていることに胸をなでおろした時間でもあった。

　今回の改訂にあたっては，旧著の執筆にあたっていた頃に，一緒に消費社会の勉強をしていた3名の研究者が執筆に参加してくれた。また，旧著を学生時代に読んで勉強したという四竈佑介氏に編集を担当していただいた。このように，本書が長い命脈を保ち，後続の世代に受け継がれたことは，原著者である私にとってはこの上ない喜びである。

　本書のあちこちで書いたように，消費社会はけっして固定的なものではない。消費されるもの自体にとどまらず，消費する人間，消費を支える社会の仕組みまでが，常に変化し続ける社会である。そうであるからには，本書は，今後も第2版，第3版と版を更新していくことが望ましい。私自身は遠からず引退するだろうが，本書がこれからも長く出版され，影響を与え，本書を通じて消費社会について真剣に考える人がふえていくなら，それ以上にうれしいことはない。

　最後に，今回の改訂版を企画していただき，編集にあたってたいへんお世話になった四竈佑介氏，藤澤秀彰氏，そして，最近の消費社会に関してさまざ

な情報を与えていただいた研究者，企業関係者，ゼミ卒業生など，多くの方々に，心から御礼を申し上げたい。

（間々田孝夫）

第6章の原稿に手をつけ始めてからそれほど時を経ずして，新型コロナウイルスのニュースを目にするようになった。当初，多くの人々はそれを局地的な現象として見ていたと思うが，あれよあれよという間に感染は拡大し，このあとがきを書いている現在（2021年1月）においても，収まる気配はない。まさに世界中がリスクの渦中にある。

私たちの社会は，このような大きなリスクを，10年前の東日本大震災とそれに続く原発事故，そして近年頻発している巨大台風や大雪などによる自然災害などによっても見せつけられてきた。U. ベックのいうリスク社会そのものである（ベックの『危険社会』が，早くも1980年代半ばに刊行されていることには改めて驚かされる）。

東日本大震災がそうであったように，現今のコロナ禍もまた人々の意識に，とりわけ若い人々の意識にインパクトを与え，新しい価値観，新しい生活スタイル，新しい消費スタイルを求める動きを生みだすのではないかと思う。

本文で述べたように，リスクに対処する行動は，一方で人々の間に感情的摩擦をもたらすが，他方で心理的安定，身体的快楽，人々の新たなつながりといったポジティブな側面ももたらしうる。今後，リスク社会における新しい生活，消費のありようを探るにあたっては，この両側面の存在を十分に理解することが重要であると思う。

（藤岡真之）

情報化の消費文化への影響を扱う第7章の執筆はひどく難航した。ひとえに筆者の非才に負うところが大きく，間々田孝夫先生からの有益かつ厳しいコメントに大変助けられた。その意味で本章の執筆は間々田先生との共同作業であった。

他方で，情報化の歩みはあまりに速く，多様であるため，情報化の消費文化への影響に関する研究，とりわけその全体を見通すような研究が十分蓄積され

てこなかったことも，第7章の執筆を難航させたように思われる。そして，こうした傾向は今後も続くと予想される。この開拓途上の困難な研究に対する関心がもっと広がり，また，研究が進展するのに本章が少しでも貢献できればと願っている。

　第7章を書き終えた今，改めて読み直してみると，ICTが一方的に消費文化を規定するのだという単純な技術決定論的な誤解を読者に与えないか，いささかの不安がある。情報化した消費文化は，実際には，GAFAなどの資本の論理，社会関係や社会構造の様態，コロナ禍や地球温暖化といった時代的な社会状況や自然環境条件に影響を受けながら，日常的な消費実践をとおして形成されるのであり，そのプロセスは複雑だと考えられる。こうした社会的背景を念頭におきながら第7章を読んでいただけたら幸いである。

（水原俊博）

　第9章では，旧著が出版されて以降に大きな潮流へと発展した消費の動向を取り上げている。20世紀後半から細々と展開されてきた各潮流が，21世紀に入り普及期に差しかかっている。オーガニックやヴィーガンの商品は大きな市場を形成し，フェアトレード商品やローカル食材は，大手小売店でも見られるようになった。グリーンコンシューマリズムの内容は，「エコ」として多くの消費者が意識するものとなった。「エシカル」「サステナブル」は，商品の宣伝文句として現在盛んに使われている。サブプライム・ショック，東日本大震災，コロナ禍という災厄を社会が経験するたびに，持続可能型消費を求める声がいっそう強くなってきたように感じられる。

　この段階に至って，学術サイドに求められるのは，持続可能型消費の地道な効果検証である。エコバッグ，紙ストロー，オーガニックコスメ，ライドシェアを利用することが，従来と比較してどれだけ環境に好影響をもたらすのか。多くの消費者は，「なんとなくエコ」というイメージで商品を選んでいる。

　さらに，各理念の精緻化，相互の関係性，バランスについての検討も学術的な課題である。エコやローカルを突き詰めれば，フェアトレード商品のフードマイルは許容できなくなるかもしれない。ヴィーガニズムはエコと親和性があるが，ブランド牛や皮革工芸などローカルな特産品を拒絶するものである。そ

う考えれば，収斂の方向に向かってきた持続可能型消費の中で矛盾や対立が生じるかもしれない。

　こうした問題を孕みつつも，今後も消費の持続可能性は社会目標となり続けるだろう。本書が，読者にとって，持続可能性という観点から日々の買物を考える一助になれば幸いである。

（寺島拓幸）

索　引

新・消費社会論
Consumer Society Theory Revised edition

2021 年 4 月 5 日　初版第 1 刷発行

著　者	間 々 田 孝 夫
	藤 岡 真 之
	水 原 俊 博
	寺 島 拓 幸
発行者	江 草 貞 治
発行所	東京都千代田区神田神保町 2 -17 株式会社 有 斐 閣

電話　(03) 3264-1315〔編集〕
　　　(03) 3265-6811〔営業〕
郵便番号 101-0051
http://www.yuhikaku.co.jp/

印刷・精文堂印刷株式会社／製本・牧製本印刷株式会社
©2021, T. Mamada, M. Fujioka, T. Mizuhara, T. Terashima. Printed in Japan
落丁・乱丁本はお取替えいたします。
★定価はカバーに表示してあります。

ISBN 978-4-641-17461-0